Thomas Kölsch

Homo Plasticator

Thomas Kölsch

Homo Plasticator

Antike Menschenschöpfungsmythen in der Science Fiction

Tectum Verlag

Thomas Kölsch

Homo Plasticator.
Antike Menschenschöpfungsmythen in der Science Fiction
Zugl.: Universität Bonn, Univ. Diss. 2008
ISBN: 978-3-8288-9944-5
Umschlagabbildung: John Rubery

Besuchen Sie uns im Internet
www.tectum-verlag.de

Bibliografische Informationen der Deutschen Nationalbibliothek
Die Deutsche Nationalbibliothek verzeichnet diese Publikation in der Deutschen Nationalbibliografie; detaillierte bibliografische Angaben sind im Internet über http://dnb.ddb.de abrufbar.

Danksagung

Die nun vorliegende Arbeit wäre ohne die Unterstützung von Professoren, Kollegen, Freunden und Familienmitgliedern nicht denkbar gewesen. Ihnen möchte ich an dieser Stelle von Herzen danken: Professor Dr. Dolf Oehler, der mir die Möglichkeit zur Promotion gegeben hat und der mich trotz des ungewöhnlichen Themas in allen Belangen unterstützt hat; Dr. Volker Dörr, der mir trotz eines vollen Terminplans immer mit Rat und Tat zur Seite stand; Andrea Wilmes, Wilko Ufert und Jörg Müller, die meine Arbeit akribisch korrigiert und meine Thesen in langen Diskussionen verfeinert haben; John Rubery, der sich sofort bereit erklärt hat, für mich ein grandioses Cover zu entwerfen, obwohl er mich kaum kannte; und ganz besonders meiner Familie – allen voran meinen Eltern, die immer für mich da waren und an mich geglaubt haben. Ihnen allen ist diese Arbeit gewidmet.

Inhaltsverzeichnis

1. Mythen und Science Fiction

Das Verhältnis von Science Fiction und Mythos ist paradox. Auf der inhaltlichen Ebene sind die Beziehungen zwischen diesen beiden literarischen Formen, wie ich in dieser Arbeit zeigen möchte, von enormer Relevanz für das Verständnis der modernen und zukunftsweisenden SF. Zwar haben viele der mythischen Topoi selbst eine Metamorphose vollzogen und tauchen nun in mehr oder weniger veränderter Form in den SF-Texten auf, der Bezug zu den antiken Quellen ist jedoch durchaus erkennbar.

Auf der funktionalen Ebene ist dagegen eine andere Art von Wandel immanent: Während der antike Mythos, oft als Bestandteil einer Religion, nicht in Frage gestellt wurde und seine Antworten auf die Fragen des Lebens und der Gesellschaft absolut waren, ist in der Science Fiction der Zweifel ein konstituierendes Element. Die Irrealität beziehungsweise Fiktionalität des Textes ist schon in der Bezeichnung des Genres enthalten, so dass der Leser auch die Antworten auf dieselben Fragen wie im Mythos nicht als endgültige Lösung ansehen kann. Dabei nutzt die SF zusätzlich ein Mittel der Täuschung, indem sie die Argumente wissenschaftlich falsifiziert, auch wenn, was häufig der Fall ist, die Basis dieser Wissenschaft nicht immer der Realität entspricht.

Was genau ist aber ein Mythos? Die theoretischen Ansätze zu diesem Gebiet sind so vielfältig, dass es eine eigene umfangreiche Arbeit erfordern würde, um nur die relevantesten Thesen darzustellen und zu erörtern. Monika Schmitz-Emans stellt sogar in einem Rückgriff auf Walter Burkert fest, dass eine anerkannte Definition des Mythos nicht existiere, dies jedoch eher Vor- denn Nachteil sein könne.[1] Eine intensive Untersuchung dieser These kann und soll nicht Ziel dieser Dissertation sein, die sich auf konkrete Texte bezieht und diese komparatistisch zueinander in Beziehung setzt. In Abgrenzung zu Schmitz-Emans halte ich jedoch zumindest eine rudimentäre Diskussion eines konkreten mythentheoretischen Ansatzes für sinnvoll, um in die Materie einzuführen und zugleich die Rahmenbedingungen für die vorliegende Arbeit festzulegen. Dabei steht die Anwendbarkeit auf die moderne SF allerdings immer im Mittelpunkt meines Interesses.

---

[1] Vgl. Schmitz-Emans, Monika: *Zur Einleitung: Theoretische und literarische Arbeiten am Mythos*, S. 11

> Der Mythos ist eine Ausdrucksform dafür, daß der Welt und den in ihr waltenden Mächten die reine Willkür nicht überlassen ist. Wie auch immer dies bezeichnet wird, ob durch Gewaltenteilung oder durch Kodifikation der Zuständigkeiten oder durch Verrechtlichung der Beziehungen, es ist ein System des Willkürentzugs.[2]

So definiert Blumenberg in seinem Hauptwerk *Arbeit am Mythos* den Hintergrund der antiken Erzählungen. Dabei, und das ist sowohl für Blumenberg als auch für seinen Vorgänger Ernst Cassirer relevant, findet dieser Willkürentzug auf einer sprachlichen, genauer gesagt einer narrativen Ebene statt – also im Rahmen eines poetischen Handelns, und nicht eines theologischen oder philosophischen. Für Cassirer steht dabei eine Verbindung zwischen Mythos und Sprache im Mittelpunkt. Um seine Umwelt zu erklären, schafft sich der Mensch Symbole, zu denen auch die Götter zählen. Doch erst in Verbindung mit Geschichten über diese Götter entsteht ein Mythos. Erst wenn der Gott vermittelbar wird, wenn man mit ihm in Kontakt treten kann, erst dann ist auch etwas Reflexives vorhanden.

> Der echte Mythos beginnt erst dort, wo nicht nur die Anschauung des Universums und seiner einzelnen Teile und Kräfte sich zu bestimmten Bildern, zu den Gestalten von Dämonen und Göttern formt, sondern wo diesen Gestalten ein Hervorgehen, ein Werden, ein Leben in der Zeit zugesprochen wird. Erst dort, wo es nicht nur bei der ruhenden Betrachtung des Göttlichen bleibt, sondern wo das Göttliche sein Dasein und seine Natur in der Zeit expliziert, wo von der Göttergestalt zur Götter*geschichte* und zur Götter*erzählung* fortgeschritten wird, haben wir es mit „Mythos" in der engeren und spezifischen Bedeutung des Wortes zu tun.[3]

Für Blumenberg ist Mythos per se eine Rezeptionsform – der reine, ursprüngliche Mythos ist uns nicht zugänglich. Was uns in der Überlieferung von Hesiod und Homer bis hin zu Ovid bekannt ist, stellt längst nicht mehr den eigentlichen Mythos dar, sondern nur noch eine durch orale Tradition und poetisch freie Verschriftlichung transformierte

---

2 Blumenberg, Hans: *Arbeit am Mythos*, S. 50

3 Cassirer, Ernst: *Philosophie der symbolischen Formen, II. Teil: Das mythische Denken*, S. 129

Version, deren Kern allerdings von „hochgradiger Beständigkeit" ist.[4] Die grundsätzliche Veränderlichkeit des Mythos ist in Blumenbergs Sicht jedoch nicht, wie vielfach behauptet, eine seiner Schwächen, sondern vielmehr eine seiner Stärken. Dadurch ist es ihm möglich, sich an neue soziale Strukturen anzupassen und so lange bedeutungstragend zu bleiben, wie Kern und Funktion nicht obsolet werden. Die Beendigung einer Willkürherrschaft durch die Naturmächte, die Blumenberg anspricht, ist dabei ein maßgebliches Merkmal. Frühling, Sommer, Herbst und Winter, die den Menschen in der Antike fest im Griff hatten, werden durch den Mythos sowohl personifiziert als auch zu einem Bestandteil einer Geschichte. Damit werden die Abstrakta verständlich, erzählbar. Nun erst ist es möglich, den Winter zu töten und den Frühling zu rufen, nun erst lassen sich elementare Kräfte in ein Regelwerk pressen und durch Gesetze binden, so dass Hades seine geliebte Persephone für jeweils ein halbes Jahr an die Oberfläche lassen muss, um den Kreislauf des Lebens in Gang zu halten. Nun ist der Mensch nicht länger der Welt hilflos ausgeliefert – er kann vielmehr durch Riten und Opfer Einfluss auf sie nehmen.[5] Diese Funktion wird aber durch die Erkenntnisse in den Naturwissenschaften immer weiter zurückgedrängt. Das Verständnis der elementaren Vorgänge, die unsere Welt bestimmen, ist vor allem in den letzten zweihundert Jahren enorm gewachsen. Blitzableiter als Errungenschaft der empirischen Wissenschaft lösen mystische und mythische Rituale und Gebete als Schutz vor dem Zorn des Zeus ab[6];

---

[4] Vgl. Blumenberg, S. 40

[5] Nicht zu vergessen ist an dieser Stelle auch die Macht der Sprache. Denn Geschichten können im Zweifel verändert werden. So behält der Mensch unter allen Umständen die Kontrolle, unabhängig von den Umständen. Einem langen und harten Winter kann er auch einen mythischen Hintergrund andichten, wenn die traditionellen Rituale keine Änderung erbringen. Erst wenn es Kontroll- und Erklärungsmöglichkeiten gibt, die sich gegenüber den Geschichten als überlegen erweisen, löst sich der eigentliche mythische Kern auf und hinterlässt nur noch eine Worthülse.

[6] Am Fuß der Büste, die der berühmte französische Bildhauer Jean-Antoine Houdon von Franklin 1778 anfertigte, findet sich ein zu dieser Aussage passendes Epigramm, das dem Staatsmann und Ökonom Anne Robert Jacques Turgot zugeschrieben wird:

„Eripuit coelo fulmen sceptrumque tyrannis"
(*Er entriss dem Himmel den Blitz und dem Tyrannen das Szepter*).

gigantische Schleusentore schützen auf ähnliche Weise vor der Wut Poseidons, neue Düngemittel machen Demeter überflüssig, roboterunterstützte Massenfertigungsanlagen negieren die Kunst des Hephaistos. Der Mythos als „Arbeit des Logos"[7] wird scheinbar zurückgedrängt durch die Wissenschaft, die eine viel hochkarätigere Arbeit des Logos ist. Doch der früher in einem Glaubenssytem etablierte Einfluss auf die Götter und ihren Herrschaftsbereich ist dahin, chaotische Systeme wie etwa das Wetter erscheinen durch die wissenschaftliche Erkenntnis völlig unkontrollierbar. Zwar bemüht sich die Wissenschaft, dies in den Griff zu kriegen – doch wird mit jeder Entdeckung deutlicher, wie komplex gerade jenes elementare System ist, dass es zu beherrschen gilt. Ein einfaches Gebet reicht dafür nicht aus. Das Ideal der Allmacht der Wissenschaft, an das Politik, Gesellschaft und auch viele Wissenschaftler selbst glauben, ist trotz bahnbrechender technologischer Erfolge, aber auch wegen neuer Erkenntnisse, weiter entfernt als jemals zuvor.

In Hinblick auf die Science Fiction und die vielfach angemahnte Differenz von Mythos und Logos[8] ist gerade dieser Aspekt bemerkenswert. Die SF als literarische Rezeptionsform des technischen Fortschritts, der den Mythos bezwingt, reinstitutioniert die Wissenschaft als finale Lösung zentraler Probleme der Menschheit – weist aber zugleich, zumindest in ihrer nicht-trivialen Ausprägung, auf die Gefahren des uneingeschränkten Vertrauens in die Wissenschaft hin und ruft mit dystopischer Qualität etwa das große Gefahrenpotenzial der Atombombe in Erinnerung. Nicht ohne Grund spielen viele SF-Romane in einer post-apokalyptischen Welt, in der zunehmende Technisierung und kontinuierliche Weiterentwicklung des Waffenarsenals schließlich zur Katastrophe führten.

Auf der anderen Seite stellt die SF die Kontrolle über die weltbewegenden Mächte wieder her, die zusammen mit dem Verlust des Glaubens und der „Entzauberung der Welt" im Sinne Max Webers[9]

Vergleiche zu dem Epigramm selbst auch Woods, Henry F.: *American Sayings – Famous Phrases, Slogans and Aphorisms*, S. 8

7 Vergleiche dazu Blumenberg, S. 18

8 Eine Differenz, die Blumenberg selbst so nicht anerkennt: Vergleiche sein Zitat „der Mythos ist ein Stück hochkarätiger Arbeit des Logos" (Blumenberg, S. 18).

Weber geht davon aus, dass die im Irrationalen verordnete Religion ihrer Aufgabe einer umfassenden Sinngebung und Weltdeutung in unserer Gesellschaft nicht verloren gegangen scheint. Und dieses Mal fußt diese Kontrolle nicht auf einem mystischen und somit unerklärbaren Fundament, sondern auf der in den Romanen und Kurzgeschichten transportierten nachvollziehbaren und (zumindest in der fiktiven Welt) logisch strukturierten Wissenschaft. Dort ist die Natur völlig gezähmt, bis hin zur ultimativen Herrschaft des Menschen über die Geosphäre: „Terra-Forming", das Erzwingen eines vorher festgelegten ökologischen Systems auf einem fremden Planeten.[10] Da die Welt, zumindest in der Fiktion, nun unter der vollständigen Kontrolle des Menschen steht, bleibt nur noch ein großer Bestandteil der Natur, den es zu erobern gilt – die Schöpfung von Leben.

Während in den tradierten antiken Mythen die Macht über die Erde und über das auf ihr existierende Leben in den Händen der herrschenden Götter lag, war die Erschaffung von Menschen in der griechischen Mythologie oft die Angelegenheit von Nicht-Olympiern. So war es Prometheus, der einigen Quellen zufolge aus Lehm und Wasser humanoide Gestalten schuf und sie belebte; und es war Pygmalion, der (wenn auch mit göttlicher Hilfe) erstmals eine an seine Wünsche angepasste Frau erschuf. Wenn dies auch ohne einen Gott ginge, wenn der Mensch sich zum Herrn über die Schöpfung aufschwingen könnte, wäre er selber ein Gott – der Wunsch, selbst zu transzendieren, ist ebenso wie das Machtstreben die Wurzel dieser Vorstellung. Zugleich ist es eine Bestätigung von Blumenbergs Zitat. Der Mythos ist in dieser Form noch lebensfähig, auch wenn ihn in anderer Hinsicht das Ende bereits ereilt hat. Der Mensch braucht aufgrund der Wissenschaft keine Götter mehr, keine Regelsysteme, die letztlich doch der Willkür der Angebeteten unterliegen.

---

mehr gerecht werden kann. Dies trifft meines Erachtens ebenso gut auf den Mythos zu. Vergleiche dazu Weber, Max: Wissenschaft als Beruf, S. 19

[10] Ein hervorragendes Beispiel für diesen Topos ist die „Weltraum-Utopie" *Andymon* des Ehepaars Angela und Karlheinz Steinmüller. Der Planet, den die Besatzung eines riesigen Raumschiffes umwandeln soll, ist zu Beginn eine „heiße, giftige Hölle" mit Windgeschwindigkeiten von zwölf Metern pro Sekunde und Temperaturen um 450 Kelvin (*Andymon,* S. 102). Doch mit Hilfe von Bakterien wandeln die Menschen ihn innerhalb von wenigen Jahren so um, dass sie auf Andymon leben können. Die unfreundliche Natur des Planeten muss sich dem Willen und dem Wissen der Schiffsbewohner beugen.

> Mit der Wissenschaft ist, so sieht es aus, die Affinität zum Mythos ausgestanden. Nirgendwo erscheint als Versuchung oder Ausweg, in das Formensystem und die Totalitätsfähigkeit der mythischen Geschichtsphase zurückzufallen.[11]

Ist der Mythos in einer Zeit, die laut Blumenberg für alles einen Namen gefunden hat[12], nur noch ein rein inhaltlicher Topos, oder dient seine Rezeption noch einem tieferen Zweck? Gibt es wirklich kein Unbekanntes mehr, das durch den Mythos zu benennen, keine Furcht, die noch zu vertreiben ist? Um dies zu klären, ist es meines Erachtens zunächst wichtig, zwischen verschiedenen Kategorien von Mythen zu unterscheiden. Die rein deistischen, die eine Naturgewalt zähmen oder für Wohlstand in jedweder Form sorgen sollten, indem dem Unbenannten und Unbegreiflichen ein Gott übergeordnet wurde, sind schon lange nur noch Geschichten. Im Laufe der Jahrhunderte sind immer mehr Handlungselemente des Mythos rational verständlich geworden: Der Blitz des Zeus und der donnernde Hammer des Thor muss nicht mehr gefürchtet, für eine sichere Geburt aufgrund von fortschrittlichen medizinischen Kenntnissen nur noch begrenzt gebetet werden.[13] Die Götter Griechenlandes haben ihre Schuldigkeit getan, ihre Genealogie, die einen Großteil von Hesiods *Theogonie* ausmacht, dient nur noch als Stoff-Lieferant. Selbiges gilt auch für jene Mythen, die von gottgeborenen Monstern und Helden berichten.

Anders sieht es dagegen bei den psychologischen beziehungsweise normativ-soziologischen Mythen aus, für die ein Teil der ovidschen Metamorphosen als Beispiel dienen kann. Den Typos eines Narziss findet man heutzutage immer noch, nicht zuletzt in der Verhaltensforschung, ebenso wie einen wilden Lycaon, einen von allen begehrten Adonis oder eine arrogante Niobe. Zwar geht es inzwischen

---

11 Blumenberg: *Arbeit am Mythos*, S. 58

12 Vgl. ebd., S. 45

13 Allerdings flehen religiöse Menschen sowohl bei einem heftigen Gewitter als auch bei einer schweren Geburt ihren Gott (oder in polytheistischen Glaubensgemeinschaften ihre Götter) um Beistand an. Selbst die fortschreitende wissenschaftliche Erkenntnis des gesamten Kosmos kann nicht den Drang des Menschen bekämpfen, in Situationen, in denen er keinen Einfluss auf das Geschehen hat, dennoch alles zu versuchen, um das Geschick zu seinen Gunsten zu wenden.

nicht mehr um die Erklärung für die Existenz von Tieren und Pflanzen oder um die ihnen angedichteten Charakteristika, doch ist das Hauptthema dieser Geschichten noch immer aktuell, so dass diese Mythen ihre ermahnende, erinnernde und verbildlichende Funktion nicht verloren haben.

Bleiben noch die Mythen, die sich mit tiefgehenden Fragen der menschlichen Existenz beschäftigen: Woher komme ich, wohin gehe ich, warum bin ich? Diese metaphysischen Probleme, die gewissermaßen in ihrer ursprünglichen Funktion die deistischen und die psychologischen Mythen miteinander verbinden, haben schon immer zu einem Diskurs zwischen Theologie und Wissenschaft geführt und auch innerhalb der Religionen ihre Spuren hinterlassen. Es ist sicher kein Zufall, dass sowohl Prometheus als auch Jahwe, Marduk (und in manchen Quellen Ea), Allah, der christliche Gott und diverse afrikanische Götter den jeweils ersten Menschen aus Lehm geschaffen haben sollen.[14] Die Nachkommen dieses religionsunabhängigen Adams, von Natur aus neugierig und begierig darauf, selbst die Kräfte der Götter zähmen zu können, suchen seit Beginn der Geschichtsschreibung nach Wegen, um selbst zu Schöpfern zu werden. Daher haben Mythen wie die von Prometheus, Pygmalion und dem Golem eine so starke Anziehungskraft. Wie bei allen anderen Mythen sind auch hier die religiösen Aspekte längst erloschen. Was bleibt ist eine Herausforderung, die letzten Geheimnisse der toten Götter zu ergründen.

Doch wie soll eine solche Schöpfung möglich sein – und welche Folgen ergeben sich aus einer gelungenen Belebung eines künstlichen Humanoiden? Diese Fragen waren lange Zeit nur Bestandteil mystischer, kabbalistischer und alchemistischer Diskussionen und tauchten höchstens in Märchen und Sagen auf. Die phantastische Literatur der Romantik setzte sich dagegen intensiv mit der Thematik auseinander. Immerhin konnte sie sich nicht nur auf ein wiedererstarktes Interesse und eine dementsprechende Kenntnis der alten Mythen und Märchen berufen, sondern auch auf die Automaten eines Vaucanson oder die Experimente Galvanis und Erasmus Darwins. Der geheimnisvolle Lebensfunke, den Prometheus einst dem Menschen einsetzte, schien gefunden zu sein. Die übernatürlichen Erklärungen früherer Zeiten wurden zu Gunsten von

[14] Vgl. zum Beispiel Röhrich, Lutz: *Anthropogonie*. In: Ranke, Kurt (Hrsg.): *Enzyklopädie des Märchens*. S. 579 ff.

wissenschaftlich belegbaren Ansätzen beiseite geräumt – durch Fortschritte in der Mechanik, der Anatomie, der Elektrizitätslehre und durch andere Errungenschaften der aufgeklärten Welt. Mit Mary Shelleys und Villiers de l'Isle-Adams Romanen *Frankenstein* und *L'Eve future* untersuche ich in dieser Arbeit zwei Werke des 19. Jahrhunderts, die sich diesem neuen Weg verschrieben haben, der letztlich zu der heutigen Science Fiction führte.

Dieses Genre hat immer noch einen sehr schlechten Ruf, obwohl die Zeit der Heftchen-Romane Gernsbacks längst vorbei ist. Vor allem in Deutschland haftet der SF trotz aller Anstrengungen von Seiten der Autoren das Stigma der Trivialität an, obwohl Werke wie Frank Herberts *Dune* oder Arthur C. Clarkes *2001: A Space Odyssey* sich nicht hinter den modernen Werken der Mainstream-Literatur verstecken müssen. Kritiker und Literaturwissenschaftler tendieren jedoch dazu, vor allem den Teil des Genres, der ein reines Massenphänomen ist (so wie etwa *Star Trek* oder auch *Star Wars*), mit der literarischen Hochkultur zu vergleichen und dabei abschätzig abzuwinken. Der erfolgreiche SF-Autor Theodore Sturgeon fasste diese Einstellung schon 1953 auf einer Konferenz in Philadelphia zusammen, an die sich James Gunn folgendermaßen erinnert:

> "When people talk about the mystery novel," Ted said, as I remember, "they mention The *Maltese Falcon* and *The Big Sleep*. When they talk about the western, they say there's *The Way West* and *Shane*. But when they talk about science fiction, they call it 'that Buck Rogers stuff,' and they say 'ninety percent of science fiction is crud.' Well, they're right. Ninety percent of science fiction is crud. But then ninety percent of everything is crud, and it's the ten percent that isn't crud that is important, and the ten percent of science fiction that isn't crud is as good as or better than anything being written anywhere."[15]

Dabei bietet die Science Fiction im Vergleich mit anderen Genres nicht nur eine intensive Beschäftigung mit den Grundproblemen der Menschheit, sondern schafft es gleichzeitig, beinahe prophetisch zu arbeiten und spätere wissenschaftliche Erkenntnisse oder technische erfolge vorweg zu nehmen. In vielen Fällen ist ihr dies gelungen: Arthur

[15] Gunn, James: Review zu *The Ultimate Egoist : Volume 1 The Complete Stories of Theododore Sturgeon*. In: The New York Review of Science Fiction #85, S. 20

C. Clarkes Idee eines Kommunikationsnetzwerkes auf Basis von geostationären Satelliten war 1945 ebenso Science Fiction wie der Gedanke an Industrie-Roboter in Asimovs frühen Kurzgeschichten oder die Verwendung von Laser-Waffen, die zurzeit von der US-Armee getestet werden. Unsere moderne Welt besteht inzwischen zu einem großen Teil aus SF-Elementen, auch wenn wir uns dessen nur selten bewusst sind. Jeff Prucher schreibt dazu in der Einleitung zu dem *Oxford Dictionary of Science Fiction*:

> [...] Science Fiction permeates our culture. The car you drive was made in part by industrial robots; so were the plastic toys of the kid down the street. Space travel has become a reality, and we say routinely that it is in its infancy – this though we have sent men to Luna and robots (yes, more robots) to Mars. Demonstrators march against genetically altered vegetables, blithely unaware that human selection has been altering the genetic makeup of vegetables for untold thousands of years.
>
> At lunch yesterday, two elderly women were chatting in the booth next to mine. One said, "What amazed me was how many of them had gotten both knees and both hips replaced." The second replied, "Oh, yes! Bionic people."[16]

Es ist daher notwendig, sich weitaus intensiver als bisher mit der Science Fiction zu beschäftigen und auch zu untersuchen, auf welche Quellen sich das Genre stützt bzw. wie es diese verwendet. Die vorliegende Arbeit will dabei aufzeigen, dass ein Teil der SF-Thematik nicht erst in der Neuzeit entstanden ist, sondern sich bis in die Antike zurückverfolgen lässt. Die Mythen von Prometheus, Pygmalion und dem Golem bilden mitsamt der auf ihnen fußenden literarischen Tradition ein komplexes Rezeptionspotenzial, das jenseits von modernen Fantasy-Romanen für einen großen Teil der heute gelesenen Literatur essentiell ist. Wie gehen wir heute mit den Grundfragen der menschlichen Existenz um? Wie und aus welchen Gründen streben wir immer noch danach, künstliches Leben zu erschaffen? Und wie geht der Mensch in der phantastischen und insbesondere in der SF-Literatur mit den im Fokus stehenden antiken Menschenschöpfungsmythen um? Diese Fragen sollen von den antiken Anfängen her untersucht, durch die Literatur des 19. und 20. Jahrhunderts bis in die Gegenwart verfolgt und

---

[16] Prucher, Jeff: *Brave New Words. The Oxford Dictionary of Science Fiction*. S. xxi

an einigen Beispielen analysiert werden. In theoretischer Hinsicht stehen sie damit in einem Kontrast zu Darko Suvins Poetik der Science Fiction, auf die ich im 5. Kapitel detaillierter einehen werde. Suvin sieht den Mythos der SF diametral entgegengesetzt:

> The use of estrangement both as underlying attitude and dominant formal device is found also in the *myth*, a "timeless" and religious approach looking in its own way beneath (or above) the empiric surface. However, SF sees the norms of any age, including its own, as unique, changeable, and therefore subject to a *cognitive* view. The myth [...] conceives human relations as fixed and supernaturally determined [..]. Where the myth claims to explain once and for all the essence of phenomena, SF first posits them as problems and then explores where they lead; it sees the mythical static identity as an illusion, usually as fraud, at best only as a temporary realization of potentially limitless contingencies.[17]

An dieser Stelle sei nur gesagt, dass Suvins Definition von Funktion und Form des Mythos weitaus strenger ist als jene Blumenbergs. Zwar erscheinen mir einige seiner Ausführungen sinnvoll, doch sehe ich im Gegensatz zu Suvin keinen Gegensatz zwischen Mythos und SF. Eine etwas weiter gefasste Definition erlaubt stattdessen sogar eine Integration des Problembestands verschiedener Mythen in das thematische Korpus des Genres. Diese durchlaufen, durch die Wissenschaftsgesellschaft schon zwangsläufig, eine Transformation, die aber den Kern kaum berührt, zumindest was die von mir bereits angesprochenen metaphysischen und zu einem Teil auch die psychologischen Mythen angeht. Es erscheint mir falsch, die grundlegenden Erzählmuster, die der Mythos transportiert, aus der SF zu verdrängen, nur weil sie ursprünglich einer Zeit angehörten, die eine größere Notwendigkeit für den Glauben an Götter sah. Immerhin hat Monika Schmitz-Emans schon in der Einleitung des von ihr herausgegebenen Tagungsbandes *Komparatistik als Arbeit am Mythos* darauf hingewiesen, dass „die mythische Erzählung [...] sich aus ihrer kultischen Funktion heraus[löst] und verselbstständigt".[18]

---

17 Suvin, Darko: *Metamorphoses of Science Fiction*, S. 7

18 Schmitz-Emans, Monika: *Zur Einleitung: Theoretische und literarische Arbeiten am Mythos*, S. 10

Nun mag der eine oder andere einwerfen, dass mit der Transformation und der damit verbundenen Auslöschung des erklärenden Grundgedankens die Mythen zu reinen Erzählmustern verkommen und ihren mythischen Charakter verlieren. Dieser Einwand ist meines Erachtens jedoch falsch. Blumenberg hat zwar in der Tat Recht, wenn er davon spricht, dass ein Rückfall in „das Formensystem und die Totalitätsfähigkeit der mythischen Geschichtsphase" nicht mehr möglich erscheint.[19] Die Mythen bilden nicht mehr wie in der Antike ein engmaschiges Netzwerk, das für alle Fragen eine Antwort bietet. Die Wissenschaft hat im Laufe der Jahrhunderte vielmehr eine große Anzahl von Knoten gelöst und ein neues, dichteres Netz gewoben, das von der grundlegenden Funktion her dem alten, mythischen in nichts nachsteht. Es will ebenfalls die Welt erklären, sie verständlich machen und die Angst vor dem Unbekannten nehmen. Selbst die Methodik, die Vermittlung komplexer Sachverhalte durch vereinfachende Geschichten, ist zumindest in dem Diskurs zwischen Wissenschaft und fachlich unerfahrener Öffentlichkeit gleich geblieben.[20] Auch die existenziellen Grunderfahrungen, die dem psychologischen und dem metaphysischen Mythos innewohnen, können mit der sachlichen Wissenschaftssprache nicht adäquat dargestellt werden. Die Bildhaftigkeit des Mythos ermöglicht, so sieht es auch Blumenberg, einen Umgang mit den genannten Fragestellungen.[21] Diese sind in Zeiten der modernen

---

[19] Blumenberg: *Arbeit am Mythos*, S. 58

[20] Ein gutes Beispiel ist die berühmte Geschichte von Schrödingers Katze. In diesem Gedankenexperiment befinden sich ein instabiler Atomkern, der innerhalb einer bestimmten Zeitspanne mit einer gewissen Wahrscheinlichkeit zerfällt, ein Geigerzähler, ein Kanister mit Giftgas, welches freigesetzt wird, sobald der Geigerzähler ausschlägt, und eine Katze. Gemäß der Quantenmechanik befindet sich der Atomkern nach Ablauf einer gewissen Zeitspanne im Zustand der Überlagerung (noch nicht zerfallen **und** zerfallen). Demnach sollte sich, wenn die Quantenphysik auch auf makroskopische Systeme anwendbar wäre, auch die Katze im Zustand der Überlagerung (lebendig **und** tot) befinden.

Mit dieser Geschichte veranschaulichte Erwin Schrödinger ein komplexes Problem, ohne größere mathematischer Formelgebilde einzusetzen. Insofern fungiert Schrödingers Katze in gewissem Sinne als neuzeitlicher Mythos. Die Geschichte um sie herum ist ein Modell einer komplexeren Wirklichkeit, und diese Definition lässt sich auch ohne weiteres auf den Mythos übertragen. Nur so gelingt es den Menschen, das komplexe Universum zu erfassen.

[21] Vgl. S. 6 f. in dieser Arbeit.

Wissenschaft nicht obsolet – ganz im Gegenteil, bilden sie doch unter anderem den Grundstock für noch zu erzielende Forschungserfolge. Insofern sollte es nicht verwundern, dass diese Mythen, allen voran die nicht-deistischen Schöpfungsmythen über den Titanen Prometheus, den Bildhauer Pygmalion und die von Rabbinern belebten Golems, in der Science Fiction besonders stark rezipiert werden.

Gleichzeitig gibt es aber auch Ansätze, Science Fiction selbst als neue Mythologie zu verstehen. In einem Diskussionsforum, das 1968 von der Modern Language Association zu diesem Thema abgehalten und dessen Inhalt von Thomas Clareson transkribiert wurde, sagte der Autor Lester del Rey:

> Science fiction is the myth making principal of human nature today. Previously we had back-looking myths. They always looked back to a golden age... We must have myths of some kind or another. Now we have predictive myths, forward-slanting myths. That is the spirit, the soul of sf.[22]

Aber sind „vorwärts gerichtete" Mythen überhaupt möglich? Auf welche Urfragen und Ängste sollen sie sich beziehen? So sehr ich auch den Gedanken vertrete, dass bereits existierende Mythen ihren Weg in die Science Fiction gefunden haben, ohne dabei sonderlich viel von ihrem eigentlichen Wesen verloren zu haben, so skeptisch stehe ich doch dem Ansatz einer neuen Mythologie gegenüber. Wir leben in einer derart wandelbaren Zeit, dass der theoretische moderne Mythos von gestern (zum Beispiel der einer künstlichen Intelligenz) die Wahrheit von morgen sein kann. Die Menschheit erkennt die Welt ständig neu, und während ihr die antiken metaphysischen und psychologischen Mythen durch ihre Beständigkeit Sicherheit geben und die komplexen Fragen, die sie mit sich herumträgt, symbolhaft aufbewahren, können in die Zukunft gerichtete Mythen, wie del Rey sie im Blick hat, nicht dauerhaft in ihr allgemeines Problembewusstsein integriert werden. Wenn überhaupt, kann dies in der Art und Weise geschehen, die Thomas Clareson in seinem Nachwort zum Transkript benennt:

---

[22] Clareson, Thomas (Transkription): *Science Fiction: The New Mythology*. In: *Extrapolation 10*, S. 102

> [...] all fiction, because it is fiction, in whichever current, seeks somehow to escape the literal and move to the metaphorical – the symbolic – the mystical – perception of the condition of man. Thus, the function of sf becomes the search for the metaphor(s) – the myth(s) – of the condition of man in a technological, secular society.[23]

Welche Mythen könnten nun in einer Gesellschaft anwendbar sein, in denen Retortenbabies ebenso denkbar sind wie (semi-)intelligente Roboter oder Androiden, die selbst ausgefallene erotische Wünsche ohne Zögern verwirklichen? Werden wir nicht zumindest in diesem Bereich immer mehr zu modernen Varianten von Prometheus, Pygmalion und dem Golemschöpfer? Bedarf es wirklich neuer Mythen, um das Menschschöpfungsproblem darzustellen, oder reichen die antiken, die bereits eine breite Spur in der der SF vorangegangenen phantastischen Literatur hinterlassen haben? Dies zu untersuchen ist Sinn und Zweck dieser Arbeit.

Zur Vorgehensweise: Bevor ich mich der Science-Fiction-Literatur in ihrer modernen Form zuwende, bedarf es einer Analyse dreier verschiedener Mythenstränge, die für das Motiv des künstlichen Menschen und damit für Roboter und Androiden maßgeblich sind. Prometheus-, Pygmalion- und Golemmythos entwickelten sich innerhalb der phantastischen Literatur des 18. und 19. Jahrhunderts weitestgehend parallel und vermischten sich nur selten. Erst mit Beginn der Roboterliteratur, deren erste Texte Carel Čapeks Drama *R.U.R.* und Thea von Harbous Roman *Metropolis* sind, setzt die Auflösung der Grenzen ein, die zuvor zwischen den Rezeptionsgeschichten bestanden. Ich habe dabei bewusst auf zwei Formen des künstlichen Menschen weitestgehend verzichtet, obwohl sie auf ihre Weise für die SF von nicht unerheblichem Interesse sind: die vor allem in der Romantik beliebten Automaten und die Homunkuli. Erstere sind natürlich die wahren Vorläufer der Roboter, letztere die der Retortenmenschen. Ein mythischer Hintergrund ist zudem zumindest im Automaten-Motiv gegeben, da schon Hephaistos laut Homer solche künstlichen Menschen hergestellt hat. Warum beziehe ich diese Motivstränge also nicht in meine Arbeit ein?

---

[23] Ebd., S. 115

Die Antwort lässt sich im Falle des Automaten schnell geben: Die zugrunde liegenden Mythen haben an sich in der Literaturgeschichte keine bedeutende Rezeption erfahren. Automaten wie die goldenen Dienerinnen des Hephaistos oder der Riese Talos waren im Vergleich zu den Mythen des Pygmalion oder des Prometheus unbekannt und unbedeutend. Es ist fraglich, ob sie einen besonders großen Einfluss auf die Kunstwerke eines Vaucanson oder die Olimpia in E.T.A. Hoffmanns *Sandmann* hatten. Vor allem lassen sich aber die Automaten der Romantik grob in zwei Gruppen aufteilen: jene, die wie Olimpia eine erotische, und jene, die eine bedrohliche Komponente beinhalten. Erstere Gruppe habe ich eher dem Pygmalion-Stoff zugeordnet, wie ich an gegebener Stelle noch erläutern werde, während letztere Anklänge an den Golem (beziehungsweise an eine Spielart desselbigen, den Zauberlehrling) erkennen lässt. Dies ist zugegebenermaßen nur bedingt zufriedenstellend, und insofern wäre eine weitere Untersuchung der Tradition des Automatenmotivs sicherlich sinnvoll – doch würde ein derartiges Unterfangen den Rahmen dieser Arbeit sprengen. Ich ignoriere zudem nur die mythische, mittelalterliche und romantische Tradition, nicht jedoch die Roboter. Diese stehen schließlich im SF-Kapitel im Mittelpunkt. Desweiteren finden sich zu dem Thema bereits zahlreiche Analysen, die eben jene Frage erörtern, so dass ich mich dazu entschieden habe, nicht denselben Weg zu gehen.[24]

Im Falle des Homunkulus lässt sich die Frage nach dem Ausschluss des Stoffes aus der vorliegenden Arbeit noch einfacher erklären. Es liegt einfach keine antike mythologische Grundlage für dieses mittelalterliche alchemistische Geschöpf vor. Seine Erschaffung erinnert zuweilen stark an die des Menschen durch Prometheus, der diverse Elemente mischt und daraus Gestalten formt.[25] Eine eigenständige Rezeptionslinie von den antiken Mythen bis zur Gegenwart, die Kern dieser Arbeit sein soll, fehlt jedoch, obwohl bereits im Jahre 250 Clemens Romanus von einer mehrfachen Transformation (Luft in Wasser, Wasser in Blut und schließlich Blut in Fleisch) zu berichten weiß – ein Verfahren, dass als Vorform der Schöpfung eines alchemistischen Homunkulus zu sehen

[24] Eine recht umfangreiche Bibliographie, die Arbeiten über das Automatenmotiv ebenso enthält wie einige Primärtexte, bietet *MaschinenMenschen* von Bernhard J. Dotzler, Peter Gendolla und Jörg Schäfer.

[25] Auf die konkreten Schöpfungsgeschichten in Zusammenhang mit Prometheus gehe ich im entsprechenden Kapitel genauer ein.

ist.[26] Ebenso wie beim Automatenmotiv wäre eine eigenständige Arbeit von großem Interesse: Immerhin hat sich der Homunkulus über Goethe seinen eigenen Platz in der Literatur erkämpft und von da aus seinen Weg über die phantastische Literatur (etwa Somerset Maughams *The Magician*) bis hin in die Science Fiction mit ihren Klonen und den bereits zweimal erwähnten Retortenkindern verfolgt. Im Rahmen dieser Arbeit muss ich jedoch auf eine Bearbeitung verzichten.

Strukturell ist die Arbeit in fünf Kapitel unterteilt, diese Einleitung mit eingerechnet. Die drei folgenden beschäftigen sich mit Pygmalion, Prometheus und dem Golem, bevor im letzten Kapitel die Science Fiction ins Spiel kommt.

Zuerst steht Prometheus im Zentrum der Untersuchungen. Nach einem Überblick über die mythischen Ursprünge der titanischen Gestalt folgt mit Mary Shelleys *Frankenstein* das literarische Standardwerk zu diesem Thema. Dabei gilt es, die Schöpfung des Monsters nachzuvollziehen und, auch in Hinblick auf die psychische Situation der jungen Autorin, die Motivwahl zu verstehen. Darauf folgt ein Sprung an den Rand der modernen Science Fiction, zu H.G. Wells, der seine berühmten Romane selbst als „science romances" verstand. *The Island of Dr. Moreau* scheint mir am ehesten geeignet, das Element der Schöpfung bei Wells zu untersuchen. Die Transformationsversuche, die der ebenso wahnsinnige wie geniale Wissenschaftler vornimmt, folgen dabei demselben Antrieb wie Viktor Frankensteins Experimente und sind schon allein dadurch mit dem Prometheus-Mythos verbunden. Doch was Doktor Moreau versucht, sind keine Metamorphosen. Vielmehr geht es ihm um die Manipulation der Evolution – ein Prinzip, das für Frankenstein noch keine Rolle spielte. Darwins Theorie, die er in seinem Werk *On the Origin of Species* postulierte, führte zu einer derart grundlegenden Umwälzung der Wissenschaftslandschaft, dass jegliche Literatur, die sich mit diesem Bereich auch nur ansatzweise beschäftigte, darauf zurückgreifen musste. Aus diesem Grund schließe ich das erste Kapitel mit einem Exkurs über

---

[26] Vgl. Völker, Klaus (Hrsg.): *Künstliche Menschen. Dichtungen und Dokumente über Golems, Homunculi, Androiden und liebende Statuen*, S. 454:

> In den Homilien des Clemens Romanus (etwa 250 n. Chr.) findet sich der Bericht über Simon Magus, der einen Menschen aus Luft, die er erst in Wasser, danach in Blut und schließlich in Fleisch verwandelte, erschaffen haben soll.

Darwins Evolutionstheorie und die Folgen, die diese für das Schöpfungsverständnis des Menschen hatte.

Das dritte Kapitel behandelt den Pygmalion-Mythos und die von ihm geschaffene erotisierte Männerphantasie. Diesen setze ich vom Pandora-Mythos ab, der von der Funktion her ähnlich, von der Intention her aber entgegengesetzt wirkt. Das Verhältnis zwischen der Frau als femme fatale und als Liebessklavin verfolge ich nach einem parallel zum Prometheus-Kapitel in den antiken Mythos einleitenden Teil zuerst in Villiers de l'Isle-Adams *L'Eve future*. In diesem Werk, das erstmalig den Terminus „Android" verwendet und somit, zusammen mit der detaillierten Beschreibung eines mechanischen Menschen, als früher Vorläufer der SF zu sehen ist, finden sich viele implizite Bezüge zu den genannten Mythen, während gleichzeitig das Geschöpf selbst, Hadaly, in den Mittelpunkt des Interesses rückt. Zudem bietet der Kontrast zwischen den auftretenden Frauenfiguren eine gute Gelegenheit, um neben dem Pygmalion- auch den Pandora-Mythos mit einzubeziehen. Dabei werde ich als Referenztext auf Eichendorffs Novelle *Das Marmorbild* zurückgreifen.

Die Differenz zwischen Galatea und Pandora löst der in Vergessenheit geratene Schriftsteller Kurt Münzer in seiner Kurzgeschichte *Pygmalion* endgültig auf und verschmilzt das dämonische Element, das letzterer immer wieder zugeschrieben wird, mit dem „Belebungsakt" der Figur Helena. Seine Interpretation des Mythos, die zuerst an einen bösen Streich erinnert, hinterher jedoch einen psychoanalytischen Anstrich erhält, hat zwar keinen direkten Bezug zur SF, kann jedoch als gutes Beispiel für eine von der phantastischen Literatur inspirierte Umsetzung gelten. Der hier fehlende Bezug wird zudem umso stärker im letzten Teil des Kapitels hergestellt, denn ebenso wie *The Island of Dr. Moreau* ist auch Thea von Harbous Roman *Metropolis* ein Werk aus der Frühzeit der SF. Grundlage für den berühmten Film ihres Mannes Fritz Lang, bietet der Text mit der dämonischen modernen Pandora, der künstlichen Maria, ein exzellentes Beispiel für die Gefährlichkeit eines Roboters, der mit sexuellen Reizen ausgestattet ist.

Im vierten Kapitel verlasse ich die griechische Mythologie und wende mich der hebräischen und damit dem Golem zu. Dieses Dienergeschöpf der kabbalistischen Mystiker hat eine besondere Rolle in der Rezeption des künstlichen Menschen inne, da seine Existenz in dem skriptoralen Kern des lebendigen jüdischen Glaubens, der Tora, diskutiert wird.

Während Prometheus und Pygmalion ihren religiösen Charakter spätestens mit dem Zerfall des griechischen Pantheons verloren haben, lässt sich dies vom Golem nicht ohne weiteres sagen. Allerdings ist auch er transformiert worden; der heute geläufige Mythos entspricht kaum noch der Urform aus der jüdischen Frühzeit. Keine andere artifizielle Gestalt hat einen so sklavischen Charakter wie der aus Lehm geformte Mann, obwohl sich gerade diese Unterwürfigkeit in der Tora nicht wiederfindet sondern erst in spätren Erörterungen und Geschichten zum Mythos hinzugefügt wurde. Dafür spielt sie in den Robotergeschichten der Science Fiction eine essentielle Rolle, so dass dieser Mythos für die vorliegende Arbeit von besonderem Interesse ist.

Mit diesem Sachbereich beschäftigt sich der erste Teil des Kapitels, in dem ich zudem die Wandlung eines religiösen in ein literarisches Motivs dokumentieren werde. Dabei werde ich Gustav Meyrinks berühmten *Golem* mit Absicht nicht behandeln – es gibt bereits unzählige hervorragende wissenschaftliche Texte, die sich mit der Analyse dieses Klassikers beschäftigen und insbesondere die historischen Verbindungen untersuchen, so dass es unnötig erscheint, einen weiteren Text beizufügen.[27] Stattdessen versuche ich, grundlegende Spuren des Golems in Oscar Panizzas Kurzgeschichte *Die Menschenfabrik* nachzuweisen. Diese eher unbekannte Kurzgeschichte des Autors fügt sich hervorragend in die hier zu besprechende Thematik ein, und so möchte ich die Gelegenheit nutzen, sowohl eine bisher nur bedingt untersuchte Seite in Panizzas Œuvre zu untersuchen als auch einen Einstieg in die Rezeption des Golem-Mythos zu finden.

Anschließend werde ich wie auch in den vorhergehenden Kapiteln in die Frühphase der Science Fiction vorstoßen und mich mit einem der wichtigsten Texte für das Genre beschäftigen: Carel Čapeks Drama *R.U.R.*, das die Quelle des Wortes „Roboter" ist. 1921 entstanden, erlangte das Stück schnell Weltruhm und brachte die Idee vom künstlichen Menschen als Massenprodukt ins intelektuelle Gespräch ein. Meiner Ansicht nach ist dies eine logische Weiterentwicklung des Golem-Stoffes, da schon dort für die Erweckung des Lehmwesens keine

---

[27] Ich verweise an dieser Stelle nur exemplarisch auf drei literaturwissenschaftliche Werke, die sich mit Meyrinks Interesse am Golem beschäftigen: Christine Margaret Krolicks *The Esoteric Traditions in the Novels of Gustav Meyrink* (Albany 1983), Florian F. Marzins *Okkultismus und Phantastik in den Romanen Gustav Meyrinks* (Essen 1986) und Frans Smits *Gustav Meyrink. Auf der Suche nach dem Übersinnlichen* (München 1990).

göttliche Intervention nötig war. Damit ist dieser Mythos besonders gut geeignet, das aufgeklärte und wissenschaftlich erscheinende Genre der SF mit dem Grundgedanken des menschgeschaffenen Menschens zu verbinden. Immerhin können die im Stück aufbegehrenden Roboter als moderne Äquivalente des Golems in den Legenden um Rabbi Löw angesehen werden, so dass eine, wenn auch implizite, Rezeptionsgeschichte ersichtlich wird.

Im letzten Kapitel kommen schließlich die verschiedenen Stränge zusammen. Ganz der Science Fiction gewidmet soll hier eine Einführung in die Versuche einer theoretischen Festlegung des Genres gegeben werden. Bislang scheint es allerdings keine zufriedenstellende Antwort auf die Frage nach der Funktionsweise der SF zu geben. Es konnte noch nicht einmal ausreichend geklärt werden, was überhaupt unter diesem Begriff zu subsumieren ist, geschweige denn welche poetologischen Grundlagen gelten. Zwar gibt es eine Vielzahl von Ansätzen zur Definition des Genres, die ich aus Platzgründen nur exemplarisch behandeln kann, doch kein umfassendes theoretisches Konstrukt. Allerdings werde ich besonderes Augenmerk auf Darko Suvins *Metamorphoses of Science Fiction* richten. Es ist mir dabei bewusst, dass die literaturtheoretischen Grundlagen nicht wie eigentlich üblich am Anfang der Arbeit stehen. Ich halte es jedoch für sinnvoll, auf sie erst dann einzugehen, wenn sie von essentieller Bedeutung für das Verständnis der folgenden Texte sind. Da die vorhergehenden Werke eher der phantastischen Literatur zuzuordnen sind beziehungsweise maßgeblich von ihr und nicht von anderen Science-Fiction-Werken beeinflusst wurden, erscheint mir eine frühere Behandlung nicht notwendig zu sein. Ein Leser, der, so hoffe ich, die Arbeit von Anfang bis Ende studiert, wird von Kenntnissen über die Theorie der SF in den Kapiteln über *Frankenstein,* Darwin oder *Pygmalion* nur bedingt profitieren können. Für die im weiteren Verlauf dieses vierten Kapitels behandelten Werke sind sie dagegen von besonderer Bedeutung.

Den literarischen Teil über die SF eröffne ich mit einer Analyse verschiedener Kurzgeschichten von Isaac Asimov sowie Eando Binders *I, Robot* und Lester del Reys *Helen O'Loy*. Diese Texte gelten als einflussreiche Frühwerke der Roboterliteratur und verdienen daher besondere Beachtung. Zudem finden bereits hier die erotischen Elemente des Pygmalion-Mythos Eingang in die Manufaktur und die

Vermarktung. Dies setzt sich in den behandelten Romanen des nächsten Unterkapitels fort, in dem ich mich auf die Nachfahren der *Eve future* konzentriere: Ira Levins *The Stepford Wives* und Thomas Bergers *Adventures of the Artificial Woman* beschäftigen sich gezielt mit erotischen weiblichen Robotern.

Zu guter Letzt beschäftige ich mich mit David Brins Roman *Kiln People*, einem sehr erfolgreichen Werk aus dem Jahre 2002: Bei vier der großen Auszeichnungen der Science Fiction – dem Hugo, dem Locus, dem John W. Campbell Award und dem Arthur C. Clarke Award – musste es sich jeweils nur einem anderen Werk geschlagen geben. In dem Roman sind die Menschen in der Lage, mit Hilfe einer neuen Technologie Kopien ihrer selbst herzustellen, die aber nach 24 Stunden zerfallen. Diesen „Dittos" gilt mein Hauptinteresse, da sie vielfältige ex- und implizite Bezüge zu dem Golem-Mythos aufweisen, zugleich aber auch mit dem Prometheus- und dem Pygmalion-Mythos verbunden sind.

Dabei mag auffallen, dass ich in diesem Kapitel ausschließlich amerikanische Autoren behandle, obwohl ein jedes Genre doch universell sein sollte. Doch stammt ein Großteil der SF-Literatur aus dem englischsprachigen Raum. Dort hatte das Genre nach dem zweiten Weltkrieg aufgrund der großen wissenschaftlichen Leistungen, der starken Industrie und der Vielzahl an (militärischen) Experimenten einen idealen Nährboden gefunden. Hinzu kommt die Entstehung der Pulp-Magazine: Jener Hefte, die durch grelle Farben, obskure Monster und halbnackte Frauen auf dem Cover auf sich aufmerksam machten und die SF bis heute den Vorwurf der Trivialität einbringen. Dennoch waren Hugo Gernsbacks *Amazing Stories* und in noch stärkerem Maße John W. Campbells *Astounding Science Fiction* damals die einzige Plattform für junge Autoren. Isaac Asimov, Arthur C. Clarke und Robert Heinlein begannen zum Beispiel alle mit Kurzgeschichten für Campbells Magazin, bevor sie ihren Siegeszug durch die Science Fiction begannen.

All dies fehlte in West-Europa ebenso wie in den Ländern der ehemaligen Sowjetunion. Zwar haben auch einige bedeutende Autoren des früheren Ostblocks ein weltweites Publikum erreicht (unter ihnen Stanisław Lem, Iwan Jefremov (*Andromedanebel*) und Evgenij Ivanovič Zamjatin), doch kann ich schon allein aufgrund von Sprachbarrieren diese Texte nicht im Original behandeln, selbst wenn sie in den thematischen Rahmen dieser Arbeit hineinpassen würden. Eine Ausnahme werde ich nur bei Karel Čapeks *R.U.R.* machen, da dieses Werk für die Geschichte der Roboter und Androiden in der SF von essentieller Bedeutung ist. Hier nehme ich ausnahmsweise mit einer deutschen Übersetzung vorlieb.

In Mitteleuropa sieht die Lage nicht anders aus. Nur wenige Autoren können hier mit ihren SF-Romanen Erfolge erzielen, sicherlich nicht zuletzt deshalb, weil sie sich durch eine intensive Übersetzungspolitik der Verlage nur mit Mühe gegen die Masse an SF-Literatur aus dem englischsprachigen Raum durchsetzen können. Zudem hat sich das Genre aufgrund des Mangels an europäischen Pulp-Magazinen nur über den Einfluss von Autoren wie eben Asimov, Heinlein, Dick, Clarke und Herbert etablieren können, eine Entwicklung, die auch der Leserschaft nicht entgangen ist. Die Tendenz, zu amerikanischer SF zu greifen, ist einfach durch Angebot und Tradition vorgegeben. In diesem umkämpften Markt beenden viele europäische Autoren aus wirtschaftlichen Gründen ihre Karriere vorzeitig.[28] Mit der Literatur-Auswahl im SF-Kapitel schließe ich mich eben jener Tendenz an. Der komparatistische Aspekt wird dadurch nicht getrübt, stehen die besprochenen anglo-amerikanischen Werke doch in der Tradition von griechischen und hebräischen Mythen.

---

[28] Es ist schon bezeichnend, dass die wahrscheinlich berühmteste SF aus Mitteleuropa die deutsche Heft-Serie *Perry Rhodan* sein dürfte, die seit 1961 ununterbrochen in wöchentlichem Rhythmus erscheint. So dauerhaft und erfolgreich sie auch ist, besteht an ihrer geringen literarischen Qualität kein Zweifel.

2. Der künstliche Mensch und der moderne Prometheus

Die Schöpfung eines künstlichen Humanoiden ist ein uralter Menschheitstraum, nimmt der Schöpfer so doch dem Gott eine der wichtigsten, wenn nicht gar die wichtigste Bastion des Handelns weg. Interessanterweise finden sich in der Mythologie dabei oft Unterschiede zwischen der Konstruktion und der späteren Funktion eines Mannes und der einer Frau. Vor allem eines fällt auf: Während die künstliche Frau in erster Linie eine Automate bzw. eine Androide ist, findet sich beim künstlichen Mann ein durchaus organischer Schöpfungsprozess.[1] Erstere werde ich im nächsten Kapitel eingehender behandeln; an dieser Stelle soll der künstliche Mann im Mittelpunkt stehen, der vor allem in der Tradition des Prometheus-Mythos zu finden ist. Dabei steht ein Wesen im Zentrum der nun folgenden Diskussion: das namenlose Geschöpf des Victor Frankenstein. Ebenso zentral für die gesamte Thematik wie der noch zu behandelnde Roman *L'Eve future* (und ebenso oft von Literaturwissenschaftlern und Autoren als der erste wahre Science-Fiction-Roman bezeichnet) beschreibt *Frankenstein* keine mechanische, sondern eine biologisch-chemische Reproduktion. Sowohl auf die Alchemisten und ihren Wunsch nach dem Homunkulus als auch auf die biblische Schöpfungsgeschichte (in besonderem Maße repräsentiert durch *Paradise Lost*) und die Experimente des Erasmus Darwin zurückgehend steht der Roman am Beginn einer Entwicklung, die parallel zu der Robotik eines Villiers de l'Isle-Adam über Autoren wie etwa H.G. Wells ihren Teil zum künstlichen Menschen in der Literatur beiträgt. Wie ich später noch erläutern werde, kommen beide Stränge erst wieder bei Autoren wie Philipp K. Dick mit seinen Replikanten oder bei den Geschichten über Cyborgs, halb Mensch, halb Maschine, zusammen.

Doch welche Beziehung besteht zwischen *Frankenstein* und seinen Nachfolgern und dem Prometheus-Mythos? Dies genauer herauszustellen ist Aufgabe des Kapitels, doch sei an dieser Stelle der offensichtliche Hinweis auf den Untertitel von Mary Shelleys Roman gegeben: Er lautet *The modern Prometheus*. Eine eindeutige Zuordnung dieser Bezeichnung zu einem der beiden Hauptcharaktere gibt es allerdings nicht: Sowohl Victor Frankenstein als auch sein Geschöpf tragen

---

[1] Wie schon im vorhergehenden Kapitel nehme ich hier die moderne Science-Fiction mit ihren Robotern, Androiden und Klonen aus der Beobachtung heraus und werde mich mit dieser Wandlung des Motivs in einem eigenen Kapitel zu einem späteren Zeitpunkt beschäftigen.

prometheische Züge, und so muss nicht nur der Schöpfer, sondern auch der Rebell Prometheus in diese Untersuchung einbezogen werden.

Ich werde nun zuerst den antiken Mythos untersuchen und dabei herauszufinden versuchen, wie Prometheus, sofern er denn als Schöpfer zutage tritt, den Menschen belebt. Darüber hinaus scheint mir auch die eigentliche Genese des Mythos von Interesse zu sein. Anschließend soll die Figur des Frankenstein[2] seiner zentralen Position gerecht werden, bevor ich zu H.G. Wells' *The Island of Doctor Moreau* und der Beziehung zwischen diesen Texten übergehe. Schließlich folgt ein kleiner Exkurs, der die literarische Ebene kurzfristig verlässt, meines Erachtens aber für das Verständnis eines Faktors, der für die Science Fiction unerlässlich ist, nicht ignoriert werden sollte: Ich werde versuchen, die Einflüsse der Evolutionstheorie Charles Darwins auf die moderne Literatur zu verdeutlichen und insbesondere das Umdenken in Fragen der Schöpfung in den Mittelpunkt zu stellen. Mit dem Sieg des Darwinismus über die radikal-klerikale Lehrmeinung zog sich die Kirche nahezu vollständig aus der wissenschaftlichen Forschung zurück; dies ermöglichte erstmals die Veröffentlichung von Entdeckungen, die dem christlichen Glauben zuwiderliefen. Die heute stattfindende Entschlüsselung des menschlichen Genoms und die potenziellen Eingriffsmöglichkeiten in die menschliche Schöpfung wären weder ohne Darwins theoretischen Ansatz noch ohne die Verteidigung der *Origin of Species* gegen die Anfeindungen der Kirche denkbar gewesen. Insofern bereitete er den Weg für den modernen Prometheus und für eines der gängigsten Motive in der Science Fiction. Neben einem historischen Überblick werde ich dabei zur Verdeutlichung des literarischen Einflusses von Darwins Werk kurz auf Samuel Butlers *Erewhon* sowie auf Kurt Vonneguts *Galapágos* zu sprechen kommen.

---

[2] Da Frankenstein sowohl Titel als auch Protagonist dieses bedeutenden Romans ist und es somit leicht zu Missverständnissen kommen kann, weise ich an dieser Stelle gezielt darauf hin, dass ich Werke grundsätzlich kursiv schreibe und so vor allem in diesem Fall eine Differenzierung zu der Romanfigur gleichen Namens vornehme.

2.1 *Der antike Prometheus*

Prometheus ist eine in der griechischen Mythologie einzigartige Gestalt. Als Titan symbolisiert er die wilde und ungeordnete Macht des zweiten Göttergeschlechts, die er aber in den Dienst des Zeus (des Gesetzgebers) stellt, um seine Brüder und Schwestern zu besiegen und in den Tartarus zu verbannen. Zugleich steht er jedoch auf Seiten der Menschheit, wie er sowohl durch den Opferbetrug als auch durch den Feuerraub beweist. Karl Kerényi weist bezeichnenderweise auf die Ähnlichkeit zwischen Prometheus und Christus hin, die sich beide für die Menschen opfern. Während letzterer jedoch zu diesem Zwecke Mensch wurde, bleibt der Titan für immer ein Gott, obwohl er, für Kerényi paradoxerweise, dennoch Qualen und Demütigung erleiden muss so wie Christus am Kreuz.[1] Durch seine Göttlichkeit lässt sich jedoch erklären, warum Prometheus die Angriffe des Adlers, der jeden Tag ein Stück seiner stetig nachwachsenden Leber frisst, bis zu seiner Befreiung überstehen kann. Eine gewisse Distanz zu den von ihm beschützten Menschen bleibt allerdings bestehen. Erst Christus, der menschgewordene Sohn Gottes, überwindet diese und kann daher für die Sünden aller leiden, während Prometheus nur für seine eigenen Vergehen am Berg hängt.

Als Schöpfer lässt sich Prometheus zuerst bei Ovid nachweisen, auch wenn schon Philemon, Menander und Kallimachos diesen Teil des Mythos gestaltet haben sollen.[2] Durch die *Metamorphosen*, eines der einflussreichsten Werke der Weltliteratur überhaupt, wurde die Vorstellung vom Schöpfungsakt des Titanen schon im Mittelalter weit verbreitet:

> natus homo est, sive hunc divino semine fecit
> ille opifex rerum, mundi melioris origo,
> sive recens tellus seductaque nuper ab alto
> aethere cognati retinebat semina caeli.
> quam satus Iapeto, mixtam pluvialibus undis,
> finxit in effigiem moderantum cuncta deorum.

---

[1] Vgl. Kerényi, Karl: *Prometheus*, S. 9: „Prometheus erscheint nie als Mensch. [...] [I]hm [kommt] das Gottsein selbstverständlich zu. Die Paradoxie beginnt da, wo er dennoch die Menschheit vertritt und als Gott Ungerechtigkeit und Qualen und Demütigung – Kennzeichen der menschlichen Existenz – erleidet."

[2] Vgl. Lücke, S. 674

(Und es entstand der Mensch, sei's daß ihn aus göttlichem Samen
Jener Meister schuf, der Gestalter der besseren Weltform,
Sei's daß die Erde, die jugendfrische, erst kürzlich vom hohen
Äther geschieden, die Samen, die himmelsverwandten, bewahrte.
Denn sie mischte des Iapetus Sohn mit dem Wasser des Regens,
Formte sie dann nach dem Bild der alles regierenden Götter.)[3]

Ein erdgeborenes Wesen, gezeugt durch göttlichen und himmelsverwandten Samen, mit Hilfe von Wasser erschaffen von des Iapetus Sohn: Ist es Zufall, dass der Feuerbringer Prometheus, der in Athen mit Hephaistos zusammen verehrt wurde, drei der vier Elemente in seine Schöpfung mit einbezieht und selbst das fehlende repräsentiert? Die „himmelsverwandten Samen", die einen direkten Bezug zur Kastration des Himmelsgottes Uranos durch seinen Titanensohn Kronos herstellen, sind elementarer Bestandteil der hier tradierten Schöpfung und schreiben den Menschen damit symbolisch in eine Genealogie mit den Göttern ein – allerdings nicht in eine Verwandtschaft mit den Olympiern, die, repräsentiert durch ihr Oberhaupt Zeus, den Menschen nicht unbedingt wohlwollend gegenüberstehen. Als Produkt des Spermas des Uranos gehören sie vielmehr in die Generation des Titanengeschlechts, stellen also zu einem gewissen Teil ebenfalls die ungezügelte Urgewalt dar.[4] Auch die Erde, zweites an der Schöpfung beteiligtes Element, gehört zu den alten Kräften.[5] So wie die Titanen auch entstammen die Menschen der Verbindung von Uranos und Gaia, wenn auch eine „Geburtshilfe" von Nöten war. Ebenfalls an der Schöpfung beteiligt war mittels des beigemischten Regens ein dritter der erstgeborenen Götter: Okeanos. Da Prometheus zu späteren Zeiten den Menschen das Feuer bringen sollte und für diese Tat verehrt wurde, vervollständigt er durch sein eigenes Wesen die menschliche Schöpfung, da nun alle vier Elemente von maßgeblicher Beteiligung sind.

---

3 *Metamorphosen*, I, 78-83, Übersetzung von Hermann Breitenbach.

4 Eine der olympischen Göttinnen wurde übrigens ebenfalls aus dem Samen des Uranos gezeugt: Aphrodite. Als Göttin der Lust und der Leidenschaft, nicht aber der züchtigen Ehe (dafür war Hera zuständig) ist auch sie Teil der Urkraft, die erst durch Gesetze gebändigt werden muss.

5 Gaia war nach Chaos die zweite Entität in der griechischen Kosmogonie, die eine Rolle in der Schöpfung spielte. Sie selbst gebar Uranos, mit diesem wiederum die Titanen. Vergleiche dazu Hesiod, *Theogonie*, Vers 116-139.

Auch wenn der Schöpfungsakt des Prometheus im Mittelpunkt der Untersuchungen steht, scheint dieser Feuerraub durchaus auch einer genaueren Betrachtung wert zu sein, da zumindest eine Interpretation eine sexuelle und damit organisch schaffende Ebene erkennen lässt.[6] Hans van de Braak sieht die Bestrafung des Prometheus für diese Tat in Analogie zu der des Tityos im Tartarus.[7] Beiden wird bei lebendigem Leibe die immer wieder nachwachsende Leber von einem Raubvogel angefressen.[8] Van de Braak schlussfolgert, dass aus einer ähnlichen Strafe auch ein ähnliches Vergehen zu erkennen ist, und somit wäre der Feuerraub äquivalent zu der Vergewaltigung einer Ehefrau des Zeus: Im Falle des Tityos war dies Leto. Da das Feuer schon in der Antike aufgrund seiner Wildheit (aber auch seiner Wärme) mit der Sexualität, genauer gesagt mit dem Verlangen, in Verbindung gebracht wurde, erscheint diese Verbindung durchaus logisch. Dazu passt auch, dass die Griechen die Leber als Sitz der Leidenschaften ansahen, sie aber auch für Weissagungen einsetzten.[9] Hat sich Prometheus also eines „Sexual-

---

[6] Das Feuer hat in verschiedenen Quellen unterschiedliche Bedeutungen. Nach Fulgentius ist es mit der Seele des Menschen gleichzusetzen – Prometheus belebt die aus Ton geschaffenen Menschen mit dem Feuer der Himmlischen. Appollodor nimmt dagegen den Begriff „Feuer" wörtlich; Prometheus gibt den Menschen also ein zum Überleben Notwendiges. Bei Platon schließlich ist das Feuer eng mit der Kunstfertigkeit verbunden (daher gehören beide Gaben auch eigentlich Athene (Weisheit) und Hephaistos (Handwerk)). Der Mensch existiert schon, ist aber den Tieren gleich. Erst durch das Feuer erhebt er sich über diese. (Vergl. Lücke, Hans-K. und Susanne: *Antike Mythologie. Ein Handbuch. Der Mythos und seine Überlieferung in Literatur und bildender Kunst,* Hamburg 1999, S. 675 ff.) Eine sexuelle Interpretation findet sich bei Lücke und Lücke nicht, entbehrt aber nicht einer gewissen Logik. Siehe dazu den folgenden Absatz.

[7] Van de Braak, Hans: *The Prometheus Complex. Man's Obsession with superior technology,* S. 15. Vergleiche hierzu auch Weiske, Benjamin Gotthold: *Prometheus und sein Mythenkreis,* S. 291 f. Dieser weist noch darauf hin, dass Prometheus in späteren Mythenvarianten auch die Begierde nach Athena zur Last gelegt wurde – ein weiterer erotischer Moment. Dennoch ist Weiske der Meinung, dass der grundlegende Sinn hinter der Wahl der Leber als Ziel der Bestrafung nur der Schmerz selbst sei, den ein Gequälter dort verspüre.

[8] In der Tat ist es so, dass die Leber eines der wenigen menschlichen Organe ist, das sich regenerieren kann.

[9] Vgl. Michel, Simone: *Die Magischen Gemmen. Zu Bildern und Zauberformeln auf geschnittenen Steinen der Antike und Neuzeit,* S. 154. Die Autorin verweist auch auf die Seelenlehre Platons und den Mithraskult, nach denen die Venus

verbrechens" schuldig gemacht? Unwahrscheinlich, denn schließlich wird dies in anderen Mythen ohne Umschweife ausgesprochen, nicht hinter Metaphern versteckt. Dennoch scheint mir eine erotisch-sexuelle Implikation im Zusammenhang mit der Schöpfertätigkeit des Prometheus äußerst interessant. Immerhin finden sich auch im oben zitierten Mythos durch den himmlischen Samen, der von der Allmutter Gaia bewahrt wird, weitere Andeutungen dieser Art.

Doch zurück zur eigentlichen Schöpfung. Neben Ovid wissen auch weitere Autoren um die Bedeutung des Prometheus für die Existenz des Menschen: Fulgentius, Apollodor, Pausanias und Hyginus sind dabei besonders hervorzuheben.[10] In all diesen Quellen ist auffallend, dass Zeus, Herrscher der Götter, auf die Schöpfung keinerlei Einfluss ausübt. Er erteilt noch nicht einmal den Auftrag, Mann und Frau zu erschaffen, sieht man einmal von Platons philosophischem Dialog *Protagoras* ab.[11] In mehreren Quellen, so etwa bei Hesiod, ist Zeus den Menschen sogar eher feindlich gesonnen: Er vernichtet die Generationen des silbernen und des bronzenen Zeitalters oder bestraft, wie Hans-K. und Susanne Lücke anführen, eine ganze Stadt für die Taten eines Einzelnen.[12] Auch bei Aischylos wird er als Tyrann dargestellt, der die bereits existierenden Menschen vernichten will:

> βροτῶν δὲ τῶν ταλαιπώρων λόγον
> οὐκ ἔσχεν οὐδέν', ἀλλ' ἀιστώσας γένος
> τὸ πᾶν ἔχρῃζεν ἄλλο φιτῦσαι νέον.

„Personifikation der in der Leber des Menschen sitzenden Ἐπιθυμία (libido, Begierde)" sei (ebd.).

10 Vgl. Fulgentius, *Mitologiarum* 2, 6 (*Fabula Prometei*); Apollodor, *Bibliotheke* 1,7,1,1; Pausanias, *Helládos Periégésis* 2.14.4; Hyginus, *Fabulae* 142

11 Auch dort wird Zeus jedoch nicht als Auftragsgeber benannt, wenn auch wahrscheinlich ist, dass alles zumindest mit seinem Wissen geschieht. Vielmehr sind es unbenannte (aber allem Anschein nach olympische) Götter, die hier aktiv sind.

12 Vgl. Lücke, S. 698

(Der mühsel'gen Sterblichen jedoch
gedachte er mitnichten, sann vielmehr sie zu
vertilgen, zu erzeugen sich ein neu Geschlecht.)[13]

Damit unterscheidet sich der griechische Mythos der Schöpfung des Menschen grundlegend von den Mythen anderer Religionen, in denen der Gottvater zumindest einen kleinen Anteil an der Entstehung von Mann und Frau hat. In der nordischen Mythologie etwa entsteht das Menschengeschlecht durch die Zusammenarbeit der drei Brüder Odin (Gott des Himmels), Hönir (Wasser) und Lodur (Feuer), die Mann und Frau aus einer Ulme bzw. einer Esche schnitzen.[14] Im babylonischen

---

[13] Aischylos, *Προμηθευς Δεσμωτης*, Vers 231 ff., Übersetzung von Walther Kraus.

[14] Diese beiden ersten Menschen heißen Ask (auch: Askr) und Embla. Ihre Erschaffung taucht sowohl in der Prosa-Edda des Snorri Sturluson auf als auch in der Völuspá (dem ersten der 16 Götterlieder im Codex Regius, wahrscheinlich um 1000 nach Christus entstanden) auf. Während in der Edda die drei Götter Odin, Vili und Vé heißen, tauchen sie in der Völuspá unter den Namen Odin, Hönir und Lodur auf. Der Schöpfungsakt selbst, die Belebung und das Verleihen der Seele durch die Götter, ist jedoch im Grunde identisch:

Þá svarar Hárr: „Þá er þeir gengu með sævarströndu Borssynir, fundu þeir tré tvau ok tóku upp trén ok sköpuðu af menn. Gaf inn fyrsti önd ok líf, annarr vit ok hræring, þriði ásjónu, mál ok heyrn ok sjón, gáfu þeim klæði ok nöfn. Hét karlmaðrinn Askr en konan Embla, ok ólst þaðan af mannkindin, sú er byggðin var gefinn undir Miðgarði."

(And Hárr answered: "When the sons of Borr were walking along the sea-strand, they found two trees, and took up the trees and shaped men of them: the first gave them spirit and life; the second, wit and feeling; the third, form, speech, hearing, and sight. They gave them clothing and names: the male was called Askr, and the female Embla, and of them was mankind begotten, which received a dwelling-place under Midgard.") Prosa-Edda, Gylfagining IX, Übersetzung von Arthur Gilchrist Brodeur.

17. Unz þrír kvámu / ór því liði / öflgir ok ástkir / æsir at húsi, / fundu á landi / lítt megandi / Ask ok Emblu / örlöglausa.

18. Önd þau ne áttu, / óð þau ne höfðu, / lá né læti / né litu góða; / önd gaf Óðinn, / óð gaf Hœnir, / lá gaf Lóðurr / ok litu góða.

(17. Then from the throng | did three come forth, / From the home of the gods, | the mighty and gracious; / Two without fate | on the land they found, / Ask and Embla, | empty of might.

Schöpfungsmythos *Enuma Elisch* erschafft der Gott Ea im Auftrag Marduks die ersten Menschen aus Lehm und dem Blut eines Gottes. Auf Islam, Juden- und Christentum gehe ich in diesem Zusammenhang nicht weiter ein, da die gängigen Schöpfungsgeschichten allgemein bekannt sein dürften und keiner weiteren Erörterung bedürfen. Zeus jedoch hält sich aus diesem die Welt umwälzenden Prozess völlig heraus, ebenso wie auch alle anderen Olympier. Einzige Ausnahme ist in einigen Texten Athena, die die von Prometheus hergestellten Lehmfiguren mit Leben erfüllt.

Die Gestalt des Prometheus ist dabei nicht nur in der griechischen Mythologie von besonderem Interesse. Die Schöpfung ist zugleich verknüpft mit einem Umgehen der göttlichen Ordnung oder gar mit einem Aufbegehren gegen diese: Sie ist ein Akt der Rebellion für die Freiheit des Menschen. Zusammen mit dem Feuerraub, den vor allem Platon mit dem Aufkommen der Zivilisation in Verbindung bringt, stellt der Prometheus-Mythos somit ein Beispiel für all diejenigen dar, die versuchen, der Natur ihre Geheimnisse zu entlocken, so wie es etwa Victor Frankenstein tut.

Während in den meisten Quellen Prometheus die Menschen direkt erschafft, lässt Platon ihn im *Protagoras* zusammen mit seinem Bruder Epimetheus im Auftrag der Götter die verschiedenen Fähigkeiten an alle Lebewesen verteilen. Auf Bitten von Epimetheus überlässt Prometheus diesem die Aufgabe, nur um am Ende festzustellen, dass der Mensch vergessen wurde. Um diesem zumindest etwas mitzugeben, stiehlt Prometheus das Feuer und die damit gekoppelte „kunstreiche Weisheit" von Hephaistos und Athene. Hier erscheint Prometheus weniger als Schöpfer des Menschen denn als Initiator des Bewusstseins sowie als Zivilisationsbringer.

> ἀπορίᾳ οὖν σχόμενος ὁ Προμηθεὺς ἥντινα σωτηρίαν τῷ ἀνθρώπῳ εὕροι, κλέπτει Ἡφαίστου καὶ Ἀθηνᾶς τὴν ἔντεχνον σοφίαν σὺν πυρί—ἀμήχανον γὰρ ἦν ἄνευ πυρὸς αὐτὴν κτητήν τῳ ἢ χρησίμην γενέσθαι—καὶ οὕτω δὴ δωρεῖται ἀνθρώπῳ. τὴν μὲν οὖν περὶ τὸν βίον σοφίαν ἄνθρωπος ταύτῃ ἔσχεν, τὴν δὲ πολιτικὴν οὐκ εἶχεν· ἦν γὰρ παρὰ τῷ Διί.

---

18. Soul they had not, | sense they had not, / Heat nor motion, | nor goodly hue; / Soul gave Othin, | sense gave Hönir, / Heat gave Lothur | and goodly hue.) Völuspá 17-18, Übersetzung von Henry Adams Bellows.

(Gleichermaßen also der Verlegenheit unterliegend, welcherlei Rettung er dem Menschen noch ausfände, stiehlt Prometheus die kunstreiche Weisheit des Hephaistos und der Athene, nebst dem Feuer, denn unmöglich war, daß sie einem ohne Feuer hätte können angehörig sein oder nützlich, und so schenkt er sie dem Menschen. Die zum Leben nötige Wissenschaft also erhielt der Mensch auf diese Weise, die bürgerliche aber hatte er nicht.)[15]

Der Mythos nimmt somit den Theorien heutiger Verhaltensbiologen vorweg, die davon ausgehen, dass die Entdeckung der Nutzbarmachung des Feuers einer der essentiellen Aspekte für das Überleben der Spezies Mensch war. Seine Verwendung als Waffe, Licht- und Wärmequelle erlaubte es den frühen Menschen nicht nur, sich gegen große Raubtiere besser zu wehren, sondern gab ihnen auch Zugang zu Höhlen sowie kalten Gegenden. Mit dem Einsetzen der Schmiede- und Töpferkunst, deren Gott Prometheus in Griechenland war[16], beginnt das Entstehen der ersten Reiche, so wie Platon dies beschreibt. Vorwegnehmend sei bei der Gelegenheit kurz darauf hingewiesen, dass sich in *Frankenstein* die Idee des zivilisationsbringenden Feuers ebenfalls wiederfindet. Mit der Entdeckung des Feuers im Wald beginnt für das namenlose Geschöpf Victors der eigentliche Lernprozess. Der Umgang mit dem menschlichsten der vier Elemente, das sich ernähren muss und ohne Brennmaterial stirbt, ist das erste, was es bewusst durch Beobachtung und durch Reflektion lernt.[17] Dadurch wandelt es sich vom Tier, dessen Verhalten es bis dahin imitierte, zu einem menschlichen Wesen.

Zu Platons Überlegungen passt auch ein Zitat aus der Suda, einer byzantinischen Enzyklopädie, die vermutlich um 970 niedergeschrieben wurde:

---

15 Platon, *Protagoras*, 321c – 321d, Übersetzung von Friedrich Schleiermacher, 1805

16 Hans-K. und Susanne Lücke gehen davon aus, dass Hephaistos erst später Prometheus als Schmiede- und Feuergott abgelöst hat. Dazu passt auch die Ablösung des Fackellaufs bei den Promethien, eines attischen Festes, durch einen ebensolchen bei den Hephaistien 421/420 vor Christus. Vgl. Lücke, S. 673

17 Vgl. dazu *Frankenstein*, S. 101. Die enge Beziehung zwischen dem Menschen und dem Feuer findet sich übrigens nicht nur in der Literatur, sondern auch in der Umgangssprache. Das Feuer „verzehrt" oder „verschlingt" Holz und andere brennbare Materialien, es „wütet" oder „schützt". Umgekehrt werden dem Menschen viele Eigenschaften nachgesagt, die mit dem Feuer assoziiert sind: etwa eine „brennende" Leidenschaft oder ein „feuriges" Gemüt.

Προμηθεύς: ὅτι ἐπὶ τῶν Κριτῶν τῶν Ἰουδαίων παρ' Ἕλλησιν ἐγνωρίζετο Προμηθεύς, ὃς εὗρε πρῶτος τὴν γραμματικὴν φιλοσοφίαν. περὶ οὗ λέγουσιν, ὅτι ἀνθρώπους ἔπλασε, καθό τινας ἰδιώτας ὄντας ἐποίησεν ἐπιγινώσκειν σοφίαν.

(According to the Judges of the Judaeans, Prometheus was known amongst the Greeks [as the one] who first discovered scholarly philosophy. He it is of whom they say that he moulded men, inasmuch as he made some idiots understand wisdom.)[18]

Der Mythos des Menschenschöpfers Prometheus wird bereits hier als Metapher für den Beginn des logischen Denkens interpretiert, als „Vordenker" im wahrsten Sinne des Wortes (Prometheus bedeutet „der Vorausdenkende"). Dem alten Feuergott, dessen zerstörerisches Element bereits in der friedfertigen Töpferkunst gezähmt wurde, wird in der Suda der letzte Bezug zu seinen Ursprüngen genommen. Seine Schöpfungsbemühungen stehen nun in keinem Zusammenhang mehr zu seiner ursprünglichen Tätigkeit. Er, dessen Feuer vom Schmiedegott Hephaistos übernommen wurde, steht selbst nun in der Nachfolge der Athene.[19]

Die Schöpfung also als Metapher für die Erlangung der Weisheit – einen solchen Bezug hätte man eher bei der Variante des Pygmalion-Mythos vermutet, die George Bernard Shaw zu seinem gleichnamigen Stück bewog. Schon Boccaccio stellt diese Beziehung her, indem er Prometheus zwar die Schöpfung des Menschen aberkennt (denn der ist in seinen

---

[18] Suda, Stichwort „Prometheus", Adler-Nummer pi, 2506, englische Übersetzung von Jennifer Benedikt. Zitiert nach http://www.stoa.org

Die Suda enthält über 31.000 Lemmata und ist damit das umfangreichste byzantinische Lexikon. Lange wurde das Werk einem gewissen Suidas zugeschrieben – dieser Autor ist aber nicht weiter bekannt und wahrscheinlich das Resultat eines Lesfehlers. Die Suda selbst gilt nicht als sehr zuverlässig, da sie oft Textfragmente nicht aus der Originalquelle, sondern aus den Arbeiten anderer Scholaren übernommen hat. Dennoch ist es ein bedeutendes Zeitdokument, da viele der früheren Quellen die Jahrhunderte nicht überlebt haben. Viele Informationen über die römische und die griechische Welt sind nur über die Suda zugänglich.

[19] Vgl. Platon, *Protagoras*, wie oben zitiert.

Augen das Werk des allmächtigen Gottes), ihn dafür aber zu denen kommen lässt, die aus dem Paradies verstoßen wurden. Diese „schaffe er erneut, gleichsam wie aus Stein".[20] Der Menschenschöpfer, der Wissensbringer und der Bildhauer treffen in diesem Vergleich aufeinander. Da Prometheus, wie bereits erwähnt, wahrscheinlich ein Gott des Handwerks und insbesondere der Schutzpatron der Töpfer und Schmiede war, ist hier eine erste Verbindung mit dem Handwerker-künstler Pygmalion zu erkennen. Viel wichtiger ist auf dieser Ebene jedoch die Verwandschaft mit dem dritten Schöpfer künstlicher Wesen in der griechischen Mythologie: Hephaistos. Diese Beziehung verdient eine etwas nähere Betrachtung, da der olympische Schmiedegott letztlich nicht nur den Wirkungsbereich des Titanen übernimmt, sondern auch durch die Konstruktion von Pandora, mit der wir uns noch im anschließenden Kapitel eingehender beschäftigen werden, die Taten von Prometheus nachzuahmen versucht. Diese erste Frau, als Bestrafung der Menschen aufgrund von Prometheus' Feuerdiebstahl von Zeus geplant und – natürlich – von dessen Konkurrenten ins Leben gerufen, ist die einzige Schöpfung von Hephaistos, die nicht explizit mechanischen Ursprungs ist. Damit nimmt der Olympier nach der Macht über das Feuer und der Verehrung durch die Schmiede einen weiteren Aspekt des Prometheus-Mythos in sich auf.

Die endgültige Machtübernahme beschreibt schließlich Aischylos, der Hephaistos den Prometheus an die Felswand schmieden lässt. Zwar vollzieht der Olympier diese finale Strafe nur mit äußerstem Widerwillen und auf Anweisung des Zeus, doch wird der Symbolgehalt der Szene durch diese Ablehnung nur noch mehr aufgeladen. Die Fesselung ist nicht nur eine Bestrafung, sie ist gleichzeitig auch die Beseitigung eines nicht-olympischen Gottes, der die uneingeschränkte Herrschaft des Zeus nicht anzuerkennen scheint. Die Fesselung des Prometheus

---

[20] *Circa quos secundus Prometheus insurgit, id est doctus homo, et eos tanquam lapideos suscipiens quasi de novo creet, docet et instruit, et demonstrationibus suis ex naturalibus hominibus civiles facit, moribus scientia et virtutibus insignes, adeo ut liquido pateat alios produxisse naturam, et alios reformasse doctrinam.*

Giovanni Boccaccio: *Genealogie deorum gentilium libri*, 4,44. Zitiert nach Vincenzo Romano, S. 199.
In der Renaissance war Boccaccios Text nach Ansicht von Ernst Osterkamp für das Verständnis des Prometheus-Mythos von größter Bedeutung (vgl. Osterkamp, Ernst: *Lucifer: Stationen eines Motivs*, S. 17). Seiner Aussage nach wurde der Titan für die ihm zugesprochene Schöpfung nie verteufelt, sondern vielmehr in die Nähe von Adam gestellt. Dies wird noch im Zusammenhang mit *Frankenstein* und dessen Verbindungen zu Miltons *Paradise Lost* von Interesse sein.

versinnbildlicht die Machtlosigkeit des Titanen, die endgültige Dominanz der ordnenden Olympier über den archaischen Gott. Ersetzt wird dieser durch Hephaistos, der dem gesetzgebenden Zeus durch Familienbande verpflichtet ist. Der hinkende Schmied, der aufgrund seines abstoßenden Äußeren immer wieder von den anderen Göttern ausgelacht wird, steigt zwar durch die Tat zum alleinigen Feuergott auf, unterwirft sich, und somit das unbeständige Feuer, aber einem anderen Willen. Die vier Elemente sind von nun an in der Gewalt der Olympier und unterstehen somit der ordnenden Legislatur des Zeus.

Hephaistos wird nun endgültig zum Nachfolger des Prometheus. Dazu gehört, jenseits vom reinen Mythos, im kultischen Sinne nicht nur die Übernahme des Patronats über die Handwerker, sondern auch die des schon erwähnten Fackellaufes, der ursprünglich bei den Promethien, ab 421/420 vor Christus aber bei den Hephaistien stattfand. Strittig ist allerdings noch die Herkunft der Mythen um die beiden konkurrierenden Götter. Hans-K. und Susanne Lücke vermuten, Hephaistos sei asiatischen Ursprungs[21]; Robert von Ranke-Graves dagegen geht zumindest bei Hephaistos' Namen von einem griechischen aus und setzt den Gott selbst in Beziehung zu einem Aspekt der Mond-Dreifaltigkeit.[22] Prometheus dagegen könnte, so mutmaßt Ranke-Graves, seinen Ursprung in dem Sanskrit-Text *Bhāgavata Purāna* haben. Der Name des Titanen wäre vielleicht eine missverstandene Version des Sanskritwortes *pramantha,* das „Feuerreiber" bedeute, oder aber eine Abwandlung des Namens *Pramanthu.*[23] Ein Blick auf das entsprechende Purana[24] zeigt jedoch, dass zumindest die Verbindung zu den dort auftretenden Brüdern Manthu und Pramanthu weit hergeholt ist – ihre Namen tauchen nur im Rahmen einer größeren Genealogiekette im fünfzehnten Kapitel des fünften Cantos auf, ohne weitere Attribute. Hinzu kommt, dass die Puranas selbst erst zwischen 400 und 1000 nach Christus niedergeschrieben wurden. Zwar sind die Inhalte älteren Ursprungs, doch bei der vorliegenden Quellenlage halte ich es für zu spekulativ, die Gestalt des griechischen Titanen mit einem möglicherweise in

---

21 Vgl. Lücke, S. 317

22 Vgl. Ranke-Graves, S. 76

23 Vgl. Ranke-Graves, S. 131

24 Ein Purana ist ein religiöser hinduistischer Text. Er ist primär der Anbetung einer Gottheit gewidmet und erzählt Geschichten in Versform. Das *Bhāgavata Purāna* ist einer der berühmtesten dieser Texte.

vorchristlicher Zeit verwendeten Sanskritnamen in Verbindung zu bringen, der noch nicht einmal in der Genealogie, in der er im *Bhāgavata Purāna* auftaucht, eine relevante und zumal weder feuerbringende noch schöpferische Rolle spielt.[25] Dagegen ist der Verweis auf *pramantha* durchaus interessant, auch wenn der Aspekt der Menschschöpfung in diesem Zusammenhang nicht auftaucht. Dennoch würde der Bezug zu „Feuerreiber" den Akt des Feuerraubs ebenso erklären wie die Verehrung des Prometheus als Gott der Handwerker, die mit diesem Element arbeiten müssen. Denkbar wäre jedoch, dass Prometheus als Schutzpatron der Töpfer Hephaistos weichen musste, weil durch letzteren die immer wichtiger werdende Schmiedekunst geschützt wurde. Beide Handwerkergötter benötigten das Feuer für ihre Arbeit, doch muss es letztlich einem von ihnen allein zugesprochen werden. Hephaistos als Olympier und Sohn des Zeus wäre in diesem Fall allein schon aufgrund der militärischen Bedeutung der Metallverarbeitung die weitaus logischere Wahl als der Trickster Prometheus.[26] Ob die Verdrängung des titanischen Gottes durch den olympischen Schmied nun allerdings aufgrund einer kulturellen Verschiebung der Bedeutung der Handwerkskünste stattfand oder ob sie durch einen Eroberungsfeldzug ausgelöst wurde, lässt sich im Rahmen dieser Arbeit nicht feststellen.

---

[25] Nur sein Bruder Manthu wird als Vater einer weiteren Generation erneut aufgeführt. Vergleiche dazu http://bhagavata.org/canto5/chapter15.html#Text 14-15

[26] „Trickster" ist die allgemeine Bezeichnung für ein listiges Wesen, das üblicherweise die Zwiespältigkeit symbolisiert. Ein Trickster kann als Betrüger und Betrogener, Heil- und Schadensbringer oder als Schöpfer und Zerstörer auftauchen. In diese Kategorie fällt etwa der germanische Gott Loki oder der indianische Coyote. „Der Trickster steht in engem Zusammenhang mit einem Kulturheros, ist Teil oder Widersacher von diesem." (Brockhaus Religionen, S. 648) Prometheus selbst besitzt zumindest einige Züge eines Tricksters: er ist in seinen Handlungen gegenüber Zeus oft verschlagen und listig, ist ein Schöpfer und Heilsbringer. Es erscheint mir daher zulässig, ihn als solchen zu bezeichnen.

2.2 *"The modern Prometheus" – Frankenstein und sein Geschöpf*

Frankenstein gehört zweifellos zu den einflussreichsten Werken des 19. Jahrhunderts – auch 190 Jahre nach Mary Shelleys ersten Notizen zu dem Roman ist die Titelfigur, wenn auch inzwischen in teilweise stark verzerrter Form, einem Weltpublikum bekannt. Selbst Menschen, die den Roman nie gelesen haben, kennen Frankenstein und das aus Leichenteilen zusammengesetzte Monster. Für diese Arbeit ist das Werk aber aufgrund des Untertitels *The Modern Prometheus* und der Schöpfungs-Thematik einer der zentralen Texte. Doch warum Prometheus? Was brachte die junge Mary Shelley im Jahre 1818 dazu, gerade dieser mythologischen Figur soviel Aufmerksamkeit zu widmen? Und warum wurde der rebellische Titan zu einem essentiellen Vorbild für die Hauptfigur ihres erfolgreichsten Werkes? Diese Fragen sind zu klären, bevor eine detailliertere Analyse des Prometheus-Mythos im Text selber vorgenommen werden kann.

Einer der wichtigsten Einflüsse für den kreativen Funken, der sich während eines regnerischen Sommers in einem Landhaus nahe Genf in Marys Hirn entzündete, war eine Diskussion mit Byrons Leibarzt John Polidori über die galvanischen Experimente des Erasmus Darwin. Dieser soll mittels elektrischer Entladungen tote Frösche zum Zappeln gebracht haben. Der Lebensfunke schien entdeckt worden zu sein. Mary war zwar skeptisch, doch gleichzeitig fasziniert von dieser Möglichkeit. In ihrem Vorwort zur *Frankenstein*-Ausgabe von 1831 schrieb sie:

> I speak not of what the Doctor really did, or said that he did, but, as more to my purpose, of what was then spoken of as having been done by him [...]
> Perhaps a corpse would be re-animated; galvanism had given token of such things: perhaps the component parts of a creature might be manufactured, brought together, and endued with vital warmth.[1]

Diese Diskussion führte noch in derselben Nacht zu ihrem berühmten Traum, der eine der Schlüsselszenen im Roman wurde: Der Student (Victor Frankenstein), der vor seiner Kreatur kniet und erkennt, was er Schreckliches getan hat – doch zu spät. Das Monster ist bereits zum Leben erwacht.

---

1 *Frankenstein*, S. 8

Nun folgt das für diese Arbeit Interessante: Mary Shelley verbindet diesen Traum sowie die Experimente Darwins mit ihrer Kenntnis des Prometheus-Mythos und schafft so, im Gegensatz zu den beiden großen Autoren in ihrem Umkreis, eine neue Form des Mythos: Der moderne Prometheus nutzt die Wissenschaft anstelle der Götterkraft. *Der gefesselte Prometheus* des Aischylos und Ovids *Metamorphosen* waren ihr ebenso vertraut wie Percy Shelley und Byron. 1816 schrieb Letzterer sein Gedicht *Prometheus,* während Shelley vom Mythos noch viel stärker beeinflusst wurde, was ihn letztlich dazu veranlasste, sein Versepos *Prometheus Unbound* zu schreiben.

> It was these two aspects of the story – his revolts against the gods, against 'destiny', and his desire to be the benefactor and saviour of humanity – that drew both Byron and Percy Shelley, but especially the latter, to the Promethean legend.[2]

Für Mary war dagegen der *prometheus plasticator* des Ovid der relevante Aspekt; zumindest in Hinblick auf Victor Frankenstein. Er ist der Lebensschöpfer, der Rebell gegen die Natur, der unermüdliche Forscher, der für seine Taten aber im Gegensatz zum mythischen Titanen keine Verantwortung übernimmt. Dies, nicht die Schöpfung selber, ist in Shelleys Meisterwerk der Grund für sein Leiden. Mit dieser Konstellation bestimmte sie primär Victor Frankenstein zum „Modern Prometheus".[3] Ich habe jedoch den Eindruck, dass auch das namenlose Geschöpf einige prometheische Züge aufweist. So versucht es, der Wohltäter „seiner" Menschheit zu sein, indem es als guter Geist Agatha und Felix hilft. Dies wird ihm letztlich allerdings übel vergolten. Zwar ist die Grundlage dafür sein schreckliches Äußeres und nicht, wie bei Prometheus, der Zorn des Zeus über einen versuchten Betrug, das Resultat ist jedoch ähnlich: Sowohl das Geschöpf als auch Prometheus werden für ihre Hilfe bestraft und ausgestoßen.

---

2 *Frankenstein* (Einleitung), S. xxiv

3 Bezüglich des Ausdrucks „new Prometheus" vgl. La Mettrie, *L'Homme machine,* und Kant (*Geographische und andere naturwissenschaftliche Schriften,* S. 89), der, wie viele andere seiner Zeitgenossen auch, mit diesem Titel Benjamin Franklin bedachte.

«S'il fallu plus d'art à Vaucanson pour faire son Fluteur, que pour son Canard, il eût dû en emploier encore davantage pour faire un Parleur; Machine qui ne peut plus être regardée comme impossible, surtout entre les mains d'un noveau Prométhée.» (La Mettrie, *L'Homme Machine,* S. 92 f.)

Neben den prometheischen Motiven des Leidens und des Schaffens bezieht Mary Shelley noch einen weiteren Aspekt mit in die Geschichte ein, einen Aspekt, der zwar schon lange diskutiert wurde, bis zu diesem Zeitpunkt aber noch nie in Verbindung mit der griechischen Mythologie gebracht wurde: Sie behandelt Milton folgend die Frage des Geschöpfs nach der Rechtmäßigkeit der Schöpfung durch den Schöpfer.

> Did I request thee, Maker, from my clay
> To mould me man? Did I solicit thee
> From darkness to promote me?[4]

Mit welchem Recht bringt der Schöpfende Leben in die Welt? Und welche Verantwortung erwächst aus diesem Akt? Diese Fragen stellt nicht nur Adam in *Paradise Lost,* sondern auch das Monster in *Frankenstein.* In einem Haushalt aufgewachsen, in dem Milton zur Pflichtlektüre gehörte, waren Mary Shelley diese Verse nicht nur bestens bekannt, sondern auch für ihre Erziehung prägend, und so war die Verbindung von *Paradise Lost* mit den darwinschen Experimenten und der daraus resultierenden Vorstellung eines *modernen Prometheus* durchaus logisch. Wenn der Mensch wirklich in der Lage ist, neues Leben aus totem Stoff zu schaffen, so wie es der Titan einst getan haben soll, so sind die Fragen, die das miltonsche Terzett aufwirft, von besonderer Relevanz. Der *moderne Prometheus* soll sie nun beantworten und wird daher von seinem Geschöpf zur Rede gestellt. Er hat es mit Hilfe des himmlischen Feuers zum Leben erweckt – doch verbirgt der Prometheus-Mythos mehr als nur diesen schöpferischen Akt. Der Feuerbringer soll gleichzeitig auch der Wissens- beziehungsweise Zivilisationsbringer sein, und dieser Aufgabe verweigert sich Victor Frankenstein. Er übernimmt nicht, wie Prometheus, die Verantwortung für seine Schöpfung. Der Titan erhebt sich zweimal zum Schutz der Menschen gegen Zeus: Einmal beim Opfermahl in Mekone, wo er das nahrhafte Fleisch für die hungernden Menschen versteckt und den Ambrosia essenden Olympiern die Knochen und das Fett anbietet, und einmal, indem er das Feuer vom Olymp zurückholt, das Zeus dort aus Ärger über den Opferbetrug versteckt hatte. Sein Interesse gilt dem Wohlbefinden der von ihm geschaffenen Wesen, und indem er sie zuerst mit dem versteckten Fleisch nährt und ihnen anschließend das als

---

[4] Milton, *Paradise Lost*, X.43-45, S. 145

Wärme- und Lichtquelle[5] dienende Feuer zukommen lässt, erhält er sie am Leben. Prometheus übernimmt also nicht nur Verantwortung für seine Schützlinge, sondern gleichzeitig auch für seine eigenen Taten, die zwar zum Wohle der Menschheit gedacht waren, jedoch bei ihnen auch viel Leid auslösten.

All dies fordert das Monster auf den eisigen Gletschern der Alpen von Frankenstein ein. Während eine weitere kulturelle Bildung für das Geschöpf nicht weiter wichtig ist, da es sich selbst bereits so viel beigebracht hat, dass es sich mit Frankenstein auf einem sprachlich hohen Niveau ohne Probleme verständigen kann, erwartet es dennoch von seinem Schöpfer, dass es ihm gegenüber nicht unbeteiligt bleibt. Es verlangt von Frankenstein Hilfe, und zuerst ist dieser auch, nach einigem Drängen, dazu bereit. Er will dem Geschöpf seinen Wunsch nach einer Gefährtin gewähren und zum zweiten Mal zum Schöpfer werden. Doch während seiner Arbeit überdenkt er diese Einstellung und entscheidet sich gegen eine Vollendung des weiblichen Geschöpfes, aus Angst, eine neue Pandora zum Leben zu erwecken. Ihn schaudert vor dem Gedanken, dass aus ihrem „Krug" neue Plagen entfliehen könnten.[6] Der Gedanke, ihr die Möglichkeit zur Vermehrung vorzuenthalten und damit dieser Sorge ein Ende zu bereiten, kommt ihm dabei überhaupt

---

[5] Eine Lichtquelle in zweifacher Hinsicht: erhellend und aufklärerisch ist das Feuer sowohl in realer als auch in symbolischer Gestalt für die Entwicklung der Menschheit maßgeblich gewesen.

[6] Zu dem Interpretationsfehler, der aus dem „Krug" der Pandora eine „Büchse" machte, vergleiche Seite 104 f. in dieser Arbeit. Eine Interpretation des „pithos" als Gebärmutter ist im Zusammenhang mit *Frankenstein* dementsprechend ergiebig: schließlich ist eine der Hauptbefürchtungen Victor Frankensteins, die von ihm geschaffene Frau des Monsters könnte diesem Kinder gebären. "[...] a race of devils would be propagated upon the earth, who might make the very existance of the species of man a condition precarious and full of terror." (*Frankenstein*, S. 160) Vergleicht man dies mit folgender englischer Übersetzung des Hesiod in seinen *Werken und Tagen* in Bezug auf Pandora, so zeigen sich einige Ähnlichkeiten:

> But the woman took off the great lid of the jar with her hands and scattered, all these and her thought caused sorrow and mischief to men. [...] But the rest, countless plagues, wander amongst men; for earth is full of evils, and the sea is full. (Hesiod, *Works and Days*, Z. 94-101)

Die Parallelen zwischen den beiden Zitaten erlauben meines Erachtens, die Befürchtungen Frankensteins auf den Pandora-Mythos zurückzuführen.

nicht. Letztlich handelt es sich bei diesem Argument nur um eine Ausrede – er scheut vor einer neuen Schöpfung zurück, da er auch in diesem Fall nicht bereit wäre, die Verantwortung für sein Handeln zu übernehmen und für sein Geschöpf, sein Kind, zu sorgen. Als moderner Prometheus steht er somit weit hinter seinem antiken Vorbild zurück.

Wieso nun hat der Aspekt der Verantwortung für Mary Shelley eine große Rolle gespielt? Anne K. Mellor vertritt in ihrer Arbeit über sie die These, dass neben den Einflüssen durch Rousseau, Godwin, Hartley und Locke vor allem die Frage relevant wird, ob ein Elternteil ein Kind unabhängig vom Äußeren lieben kann.[7] Da Mary selbst in dem Jahr vor dem Beginn der Arbeit an *Frankenstein* nacheinander zwei Kinder zur Welt gebracht hatte (von denen eines wenige Tage nach der Geburt starb), ist eine Verbindung zwischen ihren eigenen Ängsten als (werdende) Mutter und dem Roman sehr wahrscheinlich. Ob sie jedoch auf diese Weise Einzug gefunden hat, ist einer genaueren Analyse würdig. Anne Mellor argumentiert:

> This dream economically fuses Mary Shelley's myriad anxieties about the process of pregnancy, giving birth, and mothering. It gives shape to her deepest fears. What if my child is born deformed, a freak, a moron, a "hideous" thing? Could I still love it, or would I been horrified and wish it were dead again? What will happen if I can't love my child? Will my child die (as my first baby did)? Could I *wish* my own child to die, to destroy itself? Could I kill it? Could it kill *me* (as I killed my mother, Mary Wollstonecraft)?[8]

Mellor begründet diese Fragen vor allem mit Marys Erwartungen einer erneuten Schwangerschaft in der Zukunft. Dass die Fragen für Mary selbst sicherlich von großer Relevanz waren und sie für die Bearbeitung gewisser Themen indirekt eine Rolle gespielt haben mögen, möchte ich nicht bestreiten. Meiner Meinung nach zeigen sich jedoch auf literarischer Ebene keine Anzeichen, dass etwa Victor Frankenstein, der ein derart deformiertes „Kind" zur Welt bringt, sich mit dieser Thematik beschäftigt hat. Ihm geht es nirgendwo im Roman um ein eigenes Kind – denn in diesem Fall wäre er sich seiner Verantwortung als Vater vollauf bewusst, seinem eigenen Erzeuger Alphonse nacheifernd. Ihn

---

7 Vgl. Mellor, *Mary Shelley. Her life, her fiction, her monsters*. S. 48

8 Mellor, S. 41

interessiert die Vaterschaft nicht; stattdessen meidet er sogar immer wieder die Nähe seiner geliebten Elisabeth, die als einzige als Mutter seiner Kinder in Frage kommen würde. Frankenstein gefällt sich als Schöpfer, doch er sieht diesen Akt als wissenschaftliche Herausforderung an, als Beweis seiner Macht, den Tod überwinden zu können. Sein Geschöpf hat dementsprechend den Stellenwert eines modernen Homunkulus. Insofern ist Anne Mellors Ansatz also nicht falsch, muss aber im richtigen Kontext gelesen werden. Innerhalb der Welt des Romans selbst hat ihre These eigentlich keinen Platz – nicht zuletzt auch deshalb, weil es dort keine handelnde Mutter gibt. Nach dem Tod von Caroline Beaufort, der Mutter Victors, zu Beginn des dritten Kapitels (und nur bei ihr lässt sich im Text selbst ein Hauch von Mutterangst erahnen) treten nur noch Ersatzmütter auf: Elisabeth, die sich um die Familie Frankenstein kümmert, oder Justine, die solche Gefühle für den kleinen William hegt.[9]

Zurück zur ursprünglichen Frage: Warum war das Thema „Verantwortung" für Mary Shelley von besonderer Bedeutung? Es gibt in biographischer Hinsicht weitere, über die Schwangerschaft hinausgehende Aspekte, die zur Beantwortung dieses Problems herangezogen werden sollten. So scheint etwa Marys Verhältnis zu ihrem Vater gespalten gewesen zu sein. Zwar berichtet Muriel Spark in ihrer Biographie Mary Shelleys, dass diese ihren Vater geliebt habe und er sich intensiv um die Erziehung und das Wohlergehen seiner Tochter gesorgt habe. Auf der anderen Seite steht jedoch außer Frage, dass Mary sich in ihrer Jugend außerhalb ihres Elternhauses am wohlsten gefühlt hat. In der Einleitung zu der *Frankenstein*-Ausgabe von 1831 schreibt sie selbst von ihren langen Besuchen in Schottland bei einer befreundeten Familie und nennt die Landschaft der Highlands verklärend ihre "eyry of freedom"[10]. Auch Muriel Spark gibt zu, dass Mary in der Nähe von Dundee, weit entfernt von ihrer Stiefmutter Mary Jane Clairmont, einige der glücklichsten Monate ihres Lebens verbrachte. Die Liebe ihres Vaters

---

[9] Es gibt jedoch eine Lesart, die mit Anne Mellors These konform gehen könnte: Die Idee von Frankensteins Geschöpf, das die Überwindung des Todes darstellen würde, könnte in jener Nacht geboren worden sein, in der Caroline Beaufort starb – kurz bevor Victor zum Studium nach Ingolstadt aufbrechen sollte. Die Mutterfigur zerstörend nimmt es schließlich durch Victors Tun Gestalt an, nur um letztlich alle anderen „Mütter" und Kinder in der Familie Frankensteins auszulöschen.

Sonderlich sinnvoll erscheint mir diese Interpretation allerdings nicht.

[10] *Frankenstein*, S. 6

scheint nicht ausgereicht zu haben, um die Atmosphäre zu Hause für Mary erträglich(er) zu gestalten. Nach seiner Heirat mit Mary Jane Clairmont zog Godwin sich, so führt zumindest Anne Mellor an, gerne in sein Studierzimmer zurück und überließ die weitere Erziehung seiner Tochter der neuen Miss Godwin. Fühlte Mary sich dadurch vernachlässigt? Denkbar wäre dies zumindest.

Dafür würde auch sprechen, dass sich später, nachdem die damals noch minderjährige Mary Shelley mit Percy Bysshe Shelley durchgebrannt war, die Beziehung zu William Godwin drastisch verschlechterte. Zu einer Zeit, in der Mary dringend seine Unterstützung benötigt hätte, weigerte er sich, sie zu sehen, und verbot ihr zeitweilig jegliche private Kontaktaufnahme zu ihm. 1814 flieht das Liebespaar nach Frankreich, 1816 entsteht die Grundidee zu *Frankenstein*. Anne Mellor behauptet sogar, Godwin würde die Ansicht seiner Frau teilen, die Mary als große Enttäuschung und als alleinigen Grund für ihr Unglück ansah.[11] Ihres Erachtens war Godwin zutiefst verärgert über seine ungehörige Tochter:

> Godwin could see Mary only as a home-wrecker who broke up Shelley's marriage with Harriet, and as a disobedient daughter who flouted his explicit injunction against their dishonorable and „licentious" love.[12]

Sofern diese Einstellung Mary gegenüber zutraf, bleibt offen, ob sie von dieser emotionalen Tiefe gewusst hat. Dennoch wird sie bemerkt haben, dass ihr Vater sich von ihr abwandte und diese Ablehnung auch nach dem Tod ihres ersten Kindes beibehielt. Sein Kontaktverbot war der offensichtlichste Ausdruck des gespannten Verhältnisses, doch ist es wahrscheinlich, dass Mary auch von anderer Seite über ihres Vaters Gefühle informiert wurde. Sie stand die ganze Zeit über in brieflichem Kontakt mit ihrer Stiefschwester Fanny Imlay, der Tochter Mary Wollstonecrafts aus einer Affaire vor der Heirat mit Godwin. Fanny blieb Godwin bis zu ihrem Selbstmord im Oktober 1816 treu und wohnte bei ihm und Miss Godwin.

Ein weiterer möglicher Informant über die Zustände im Hause Godwins in der Skinner Street war Charles Clairmont, der älteste Sohn der neuen Miss Godwin. Nachdem Mary und Shelley nach England zurückgekehrt waren, besuchte er die beiden gelegentlich und hielt sie so über Godwins

---

[11] Vgl. Mellor, S. 22

[12] Mellor, S. 22

Verhalten auf dem Laufenden. Die Kluft zwischen ihrem Vater und ihr verletzte Mary sehr, wie Muriel Spark und auch Anne Mellor mit einem Brief von Mary an Shelley belegen:

> [...] perhaps she [Mary, Anm. d. Verf.] will one day have a father till then be everything to me love – & indeed I will be a good girl and never vex you any more I will learn Greek and – .[13]

Erst nach der Fertigstellung des Romans begann sich das Verhältnis zwischen Vater und Tochter wieder etwas zu entspannen. Der Versuch einer literarischen Lösung der Probleme mit ihrem Vater während des eigentlichen Schreibvorgangs erscheint mir daher nicht unplausibel. Victor Frankensteins Ablehnung seines Geschöpfes, seines künstlich gezeugten Sohnes, würde dann mit der Gefühlskälte Godwins gegenüber Mary Shelley korrespondieren. Anne Mellors Untersuchungen bestätigen diese These: Die Identifikation Marys mit der alleingelassenen Kreatur zeige sich unter anderem in den von ihr übernommenen Korrekturen Percy Shelleys, die im zweiten der drei Bücher von *Frankenstein* weit weniger zahlreich waren als in den beiden anderen. Mellor führt dies darauf zurück, dass Mary in dem Bericht des Monsters am ehesten mit ihrer eigenen Stimme spreche. "Mary was clearly drawing on her own experiences of emotional isolation in the Godwin household." Sowohl zu dieser These als auch zu der im nächsten Absatz folgenden passt das oben bereits verwendete Zitat aus dem Brief von Mary an Shelley. Fast schon verzweifelt ist sie auf der Suche nach einer Vaterfigur, sowohl für sich selbst als auch für ihre eigenen Kinder. Sie sehnt sich nach Liebe, Geborgenheit und einem ruhigen und traditionellen Familienleben ähnlich dem der De Laceys, einem Leben, das ihr seit jeher verwehrt wurde.

Anne Mellor sieht noch jemand anderen als potenzielle Quelle für das Motiv des Fluchtdrangs vor der Verantwortung, das sich in Viktor Frankenstein manifestiert: Percy Shelley. In der Sekundärliteratur zu *Frankenstein* ist unumstritten, dass Victor viele Züge Percys widerspiegelt. Mellor sieht dies auch in Victors Verhalten gegenüber dem Monster und belegt ihre These mit Percys Verhalten nach dem Tod von Marys erstem Kind, Clara:

---

[13] *My best Mary*, S. 20; (Fragment eines Briefes vom 28. Oktober 1814 an Percy Shelley). Vergleiche auch Spark, S. 57

> But the next morning, as Mary recorded in her Journal, "Find my baby dead. Send for Hogg [ein Freund von Shelley und während der Schwangerschaft auch von Mary, Anm. d. Verf.]. Talk, a miserable day." The very next day, Percy and Claire were gone again, despite Mary's depression.

> We see already a pattern that would recur. Percy Shelley seems to have been singularly unconcerned with the welfare of his female children, and unmoved by their deaths. [...] [Mary] would later represent Percy Shelley's lack of parental concern for his offspring in the fictional form of Victor Frankenstein's abandonment of his creature.[14]

Wie schon angedeutet suchte Mary auch in Percy einen Vaterersatz, und umso mehr dürfte es sie getroffen haben, dass ihr Geliebter eine ebenso starke Zurückhaltung gegenüber ihrem (toten) Kind an den Tag legte wie auch ihr leiblicher Vater. Gerade weil sie Percy bedingungslos liebte, litt sie unter seiner Gefühlskälte. Zudem setzte ihr zu, dass er anscheinend eine sexuelle Beziehung zu ihrer Stiefschwester Claire Clairmont aufgebaut hatte, während sie als Schwangere seine Bedürfnisse nicht länger befriedigen konnte. Zumindest verbrachte er sehr viel Zeit mit Claire und ließ Mary in Gesellschaft seines Freundes Thomas Hogg zurück.[15] Es bleibt jedoch zu fragen, ob Mary diese Tatsache Percy zum Vorwurf machte oder ob ihre Liebe zu ihm stärker war. Weder Muriel Spark noch Anne Mellor berichten von Streit oder Unstimmigkeit zwischen den beiden, weder in den Tagebucheinträgen noch in den erhaltenen Briefen lassen sich Hinweise auf eine Problematisierung von Percys Verhalten finden. Insofern scheint es doch zumindest fragwürdig, dass Mary statt einer Aussprache ihre Emotionen hinsichtlich Percys Desinteresse am Tod ihrer Tochter bewusst in literarischer Form verarbeitete.

---

[14] Mellor, S. 32

[15] Dabei muss allerdings darauf aufmerksam gemacht werden, dass Shelley eine Art der freien Liebe propagierte, wie sie uns etwa aus den 60er und 70er Jahren des zwanzigsten Jahrhunderts bekannt ist. Er war nur allzu bereit, Mary mit Hogg in sexueller Hinsicht zu teilen, während er dementsprechend auch keine Hemmungen hatte, sich intensiv Claire zu widmen. Ob es zwischen den beiden jemals zu einer sexuellen Handlung gekommen ist, ist nicht bekannt. Jedoch steht fest, dass Claire in Shelley verliebt war und sicherlich keine Hemmungen hatte, ihn ebenso zu verführen wie einige Zeit später Lord Byron. Vergleiche dazu auch Mellor, S. 29-32, und Spark, S. 62-65

Ob es ein reales Vorbild für das Monster gibt, lässt sich insbesondere auf der Basis der möglichen Verbindung zwischen Percy Shelley und Viktor Frankenstein erörtern. Folgt man dieser Analogie, muss das Monster eine Person repräsentieren, die einen zerstörerischen Einfluss auf Shelley ausübte, gleichzeitig jedoch in irgendeiner Weise mit ihm verbunden ist. Mary fällt diese Rolle wahrscheinlich nicht zu (auch wenn U.C. Knoepflmacher hier anderer Meinung ist[16]); sie ist eher in der Gestalt Elizabeths zu erkennen. Wer jedoch könnte ihrer Ansicht nach versuchen, Percys beziehungsweise Victors Geliebte und Ehefrau zu töten, um sich gewissermaßen seine alleinige Aufmerksamkeit zu sichern? Und wer könnte als (geistiges) Geschöpf seiner Vorstellungskraft angesehen werden? Ich denke, dass Claire Clairmont für diese Rolle durchaus geeignet zu sein scheint, zumindest wenn man Marys Eifersucht und die allgemeine Abneigung gegen ihre Stiefschwester mit einbezieht. Es steht außer Frage, dass Mary Claire gehasst hat.[17] Inwieweit sich diese Gefühle schon 1816/17 manifestiert haben, wäre allerdings genauer zu untersuchen. Verschiedene Biographen belegen jedoch, dass Mary Claires Versuche, Percy für sich zu gewinnen (womit sie während Mary Schwangerschaft erfolgreich war), zumindest erahnt hat.[18] Da Shelley Claire zu diesem Verhalten auch von Anfang an ermutigte (er war es immerhin, der sie bei der ersten Flucht von England nach Frankreich mitnehmen wollte) und ihre geistige Entwicklung als eine Art Mentor verfolgte und förderte, kann man sie durchaus sein Geschöpf nennen. Mary behagte dies verständlicherweise gar nicht. Schon die Reise in die Schweiz, bei der die Idee zu *Frankenstein* entstand, wurde auf Drängen Claires durchgeführt, die es geschafft hatte, Byrons Geliebte zu werden (trotz Byrons mangelnder Zuneigung zu ihr). Nach der Rückkehr nach England im Dezember 1816 bat Mary Percy um ein Haus mit Garten und *absentia Clariae* – ein Wunsch, dem er nicht entsprach.[19] In den folgenden Jahren wurde die Belastung durch Claire für Mary sogar noch schlimmer. Während Percy weiterhin eine enge Beziehung zu Claire hatte, wünschte Mary sich nur, dass sie die Shelleys verlassen würde. Dies geschah jedoch erst 1820. In den vorhergehenden Jahren litt Mary jedoch weiterhin unter den Launen ihrer Stiefschwester sowie unter der engen Bindung zwischen ihr und Percy. Es erscheint

---

[16] Vgl. Knoepflmacher, *Thoughts on the Aggression of Daughters*, S. 94

[17] Vgl. Mellor, S. 34: Sie zitiert dort Marys Schwiegertochter, die bei einem Besuch Claires das Zimmer verlassen will und von Mary mit den Worten "She has been the bane of my life since I was two!" zurückgehalten wird.

[18] Vgl. etwa Mellor, S. 32 f. und Spark S. 59 f.

[19] Vgl. Mellor, S. 34, und *Letters of Mary Shelley*, I:22

daher nicht abwegig, das Monster Frankensteins mit Claire Clairmont in Beziehung zu setzen. Allerdings ist es wichtig darauf hinzuweisen, dass sie nur einen Teil seines Charakters ausmacht. Dominiert wird das Monster von einer Art Dualität, bestehend aus dem miltonschen Adam und dem gefallenen Engel Luzifer.

Victor Frankenstein dagegen setzt sich aus zwei tragischen Heldengestalten zusammen: dem miltonschen Luzifer und Prometheus. Mit der Beziehung zu letzterem will ich mich der Überschrift des Kapitels entsprechend nun weiter beschäftigen.[20] Zwar finden sich auch in Frankensteins Geschöpf Elemente des Mythos wieder.[21] Diese sind jedoch nur marginal vorhanden, bleiben weitestgehend versteckt und sind nicht, wie etwa Muriel Spark behauptet, offensichtlich:

> The most obvious theme is suggested by the title, *Frankenstein – Or, The Modern Prometheus.* (That casual, alternative *Or* is worth noting, for though at first Frankenstein is himself the Prometheus, the vital fire-endowing protagonist, the Monster, as soon as he is created, takes on the role. His solitary plight – "… but am I not alone, miserably alone?" he cries – and more especially his revolt against his creator, establish his Promethean features. So, the title implies, the Monster is an alternative Frankenstein.)[22]

---

[20] Schon vor *Frankenstein* gab es Verbindungen zwischen den beiden mythischen Gestalten, jedoch mit einer deutlich negativeren Konnotation. Während in der Romantik Luzifer gerne als tragischer Held gesehen wurde und somit eine Verbindung mit dem ebenfalls positiv besetzten Prometheus diese Tendenzen verstärkt, hat Jacques-Auguste de Thou, wie Ernst Osterkamp in seiner Untersuchung des Luzifer-Motivs feststellt, in seiner Aischylos-Adaption *Parabata Vinctus* den Titanen dämonisiert (Vgl. Osterkamp, S. 10-48). Dies ist in der Rezeptionsgeschichte des Mythos allerdings eine Ausnahme.

[21] Insbesondere sein rebellisches Wesen, für das die romantischen Dichter Prometheus so bewunderten, fällt in diesen Bereich, oder auch die titanische Gestalt. Zudem tritt das Monster in zwei Fällen als (dämonischer) Feuerbringer auf. Das Heim der De Laceys brennt es nieder, den Scheiterhaufen seines Schöpfers entzündet es selbst. Die beiden „Familien", denen es sich zugehörig betrachtete, setzt es den Flammen aus, verbrennt jene die es lehrten und jenen der es schuf. Auf diese Weise führt es den eigentlichen Prometheus-Mythos ad absurdum, wird zum Anti-Prometheus, zum satanischen Feuerbringer.

[22] Spark, *Child of Light*, S. 134

Meines Erachtens finden sich in diesem kurzen Absatz mehrere Fehldeutungen, die ich zumindest am Rande ansprechen möchte. Zuerst einmal halte ich es für zweifelhaft, dass das „*Or*" überhaupt ein Hinweis auf das Monster ist, wie Muriel Spark hier behauptet. Der Untertitel „The Modern Prometheus" bezieht sich sehr viel eher auf Frankenstein, dem somit eine zusätzliche Bezeichnung, eine Namensergänzung beziehungsweise ein Titel verliehen wird. Er ist es, der tote Materie zum Leben erweckt und damit den prometheischen Akt vollzieht, und er ist es, der sich gegen die natürliche Ordnung auflehnt. Die beiden weiteren Argumente, die Muriel Spark hier für ihre These anbringt, haben dagegen mit dem ursprünglichen Mythos überhaupt nichts zu tun. Prometheus erhebt sich nicht gegen seinen Schöpfer: Er rebelliert gegen den Herrscher Zeus, der einer anderen, späteren Generation der Götter angehört und der entweder sein Neffe oder sein Cousin ist.[23] Der schöpferischen Macht der Gaia, die die Mutter der Titanen ist, bleibt er jedoch immer treu verbunden. Auch die Einsamkeit, die Muriel Spark als Erkennungsmerkmal des Prometheus anführt, findet sich weder im Mythos noch bei Aischylos. Vielmehr ist der von ihr zitierte Ausspruch des Monsters ein direkter Bezug auf Miltons *Paradise Lost* und den Bericht Adams über seine ersten Erinnerungen und seine Einsamkeit.[24]

Der wahre „moderne Prometheus" ist Victor Frankenstein, denn dieser nimmt sich das Recht heraus, Leben zu erschaffen und somit gegen die natürliche Ordnung zu verstoßen. Spätestens in seinem Bericht an den Polarforscher Walton ist ihm das Dämonische seiner Taten bewusst.

> Who shall conceive the horrors of my secret toil as I dabbled among the unhallowed damps of the grave or tortured the living animal to animate the lifeless clay?[25]

"Unhallowed"[26], "horrors" – diese und ähnliche Schlüsselworte der schwarzen Romantik zeigen deutlich, dass Frankenstein sich mit seinen Taten in grauenerregende Gebiete vorgewagt hat. Während seiner

---

23 Die genaue Verwandschaftsbeziehung hängt davon ab, welche Genealogie man zugrunde legt.

24 Vgl. *Paradise Lost*, 8, V. 430 ff.

25 *Frankenstein*, S. 53

26 Verschiedene deutsche Wörterbücher übersetzen "unhallowed" (im Sinne von "unholy, wicked") mit dem eigentlich nicht existenten Wort „unheilig". Tatsächlich besitzt es aber eine weitaus negativere Konnotation.

„Schaffensperiode" hält er sich vorwiegend in Leichenhäusern oder in seiner einsamen Kammer auf, die er mit einer Zelle vergleicht und die vom Rest des Hauses abgesondert liegt.[27] Einsamkeit und Verschwiegenheit sind für ihn essentiell geworden. Hinzu kommt sein blutiges und übelkeitserregendes Unterfangen: "[…] often did my human nature turn with loathing from my occupation […]."[28] Dennoch empfindet er gegen Ende des Romans kein echtes Bedauern für seine Taten:

> Even now I cannot recollect, without passion, my reveries while the work was incomplete. I trod heaven in my thoughts, now exulting in my powers, now burning with the idea of their effects. (S. 204)

> During these last days I have been occupied in examining my past conduct; nor do I find it blameable. (S. 209)[29]

Dabei ist sein Vorhaben ohne Zweifel blasphemisch. Ähnlich wie auch Edison in Villiers de l'Isle-Adams *L'Eve future* (so viel nehme ich an dieser Stelle vorweg) will er Gott spielen, will sich anbeten lassen und erwartet absolute Dankbarkeit:

> No one can conceive the variety of feelings which bore me onwards, like a hurricane, in the first enthusiasm of success. Life and death appeared to me ideal bounds, which I should first break through, and pour a torrent of light into our dark world. A new species would bless me as its creator and source; many happy and excellent natures would owe their being to me. No father could claim the gratitude of his child so completely as I should deserve theirs.[30]

Im Gegensatz zum antiken Prometheus, der für die Schöpfung keine Gegenleistung erwartet, fordert Frankenstein die Dankbarkeit der von ihm erdachten „neuen Rasse" unmissverständlich ein. Die Anklage des Monsters hatte er daher nicht erwartet:

---

[27] *Frankenstein*, S. 53: „In a solitary chamber, or rather cell, at the top of the house, and separated from all the other apartments by a gallery and staircase […]."

[28] Ebd.

[29] *Frankenstein*, Seitenzahlen wie angegeben.

[30] *Frankenstein*, S. 52

> 'I expected this reception,' said the daemon. 'All men hate the wretched; how, then, must I be hated, who am miserable beyond all living things! Yet you, my creator, detest and spurn me, thy creature, to whom thou art bound by ties only dissoluble by the annihilation of one of us. You purpose to kill me. How dare you sport thus with life? Do your duty towards me, and I will do mine towards you and the rest of mankind.'[31]

Sie entspricht inhaltlich dem miltonschen Epigraph, der das Frontispiz des Romans schmückt. Liest man diesen im Zusammenhang des Versepos, werden die Ähnlichkeiten zu der zitierten Stelle in *Frankenstein* noch verstärkt. Zur Erinnerung:

> Did I request thee, Maker, from my Clay
> To mould me Man, did I sollicite thee
> From darkness to promote me, (or here place
> In this delicious Garden?)[32]

Adam beweint in diesem Teil des zehnten Buches von *Paradise Lost* die Folgen des Sündenfalls. Die Welt wird von Unwettern heimgesucht, die vorher zutraulichen Tiere meiden ihn oder sehen ihn nur mit „stieren Blicken" an. Er, der einst der Welt „zum größten Ruhme gereichte"[33], ist nun der Fluch derselben – eine Wandlung, mit der auch Frankensteins Geschöpf droht, sollte es nicht seinen Willen bekommen. Die Beziehungen zwischen Adam und dem Monster sind in der Tat mannigfaltig ("I ought to be thy Adam, but I am rather the fallen angel, whom thou drivest from joy for no misdeed."[34]), eine entsprechende Analyse würde aber im Zusammenhang mit dieser Arbeit zu weit führen. Mein Ansinnen bei der Erwähnung der drei für den Roman so wichtigen Verse war, noch einmal auf die neue Wendung hinzuweisen,

---

[31] Ebd, S. 96

[32] *Paradise Lost* X, 743-746. Der Vers in Klammern gehört nicht mehr zu dem frankensteinschen Epigraph; ich habe ihn jedoch der Vollständigkeit halber mit angegeben. Es ist zudem auffallend, dass er bei Mary Shelley fehlt: Es unterstreicht einmal mehr die Düsternis der von ihr beschriebenen Welt, die Frankenstein als "our dark world" beschreibt. Vergleiche dazu Das Zitat zu Fußnote 30 in diesem Kapitel.

[33] *Das verlorene Paradies* X, V. 910, S. 319

[34] *Frankenstein*, S. 97

den der Prometheus-Mythos hier durch die Verbindung mit der christlichen Mythologie erhält.

Maßgeblich für den „modernen Prometheus" scheint auch ein eigentlich offensichtlicher Faktor zu sein, der aber bis jetzt noch nicht in dieser Arbeit Erwähnung gefunden hat: Kein Gott, sondern ein Mensch ist der Schöpfer neuen Lebens. Diese auf den ersten Blick triviale Erkenntnis ist für die Bedeutung *Frankensteins,* für die ihm nachfolgende wissenschaftlich geprägte Literatur und schließlich sogar für die Science Fiction essentiell. Glaube und Religion spielen bei der Schöpfung neuen Lebens keine Rolle mehr. Nicht länger geht es um einen unerklärlichen Akt oder um ein von Magie oder anderen übernatürlichen Kräften beeinflusstes Experiment, obwohl dieses Element noch gegen Ende von *L'Eve future* wieder auftaucht. Vielleicht ist es kein Zufall, dass weder Villiers de l'Isle-Adam noch Mary Shelley (und auch nicht der bald zu behandelnde H.G. Wells) Menschen von tiefgehender Religiosität waren, sich aber sowohl mit dem christlichen Glauben als auch mit den antiken Mythen aufgrund ihrer Erziehung, ihrer Schriftstellerei und ihrer grundsätzlichen Neugier am Wesen des Menschen eingehend beschäftigt haben.

Obwohl das Wirken Gottes aus der im Roman dargestellten Schöpfung ausgeschlossen ist, geht das Göttliche nicht verloren. Vielmehr wird es auf den Menschen selbst übertragen, der durch sein zunehmendes Verständnis der ihn umgebenden Welt seine Scheu, aber auch zu einem Teil seine Ehrfurcht vor der Schöpfung überwunden hat. Es ist daher keine Überraschung, dass Frankenstein zuerst die von ihm geschätzten Alchemisten, insbesondere Cornelius Agrippa, und ihre halb magischen, halb wissenschaftlichen Rituale, die er im heimatlichen Genf zu imitieren versucht, verdrängen muss, stellen sie doch die letzte Bastion des Aberglaubens in der Welt der Wissenschaft dar.[35] So argumentiert

---

[35] Dabei ist hervorzuheben, dass die Schriften und Taten von Cornelius Agrippa, Albertus Magnus und Paracelsus unterschätzt werden. Agrippa etwa gelang es 1519, eine als Hexe beschuldigte Frau freisprechen zu lassen, einer seiner Schüler, Johann Weyer, schrieb mit *De praestigiis daemonum* ein grundlegendes Werk zur Verteidigung von Hexen. Paracelsus war zu seiner Zeit vor allem einer der wichtigsten Ärzte; dies wird seit 1952 mit der Paracelsus-Medaille als höchster Auszeichnung der deutschen Ärzteschaft gewürdigt. Albertus Magnus schließlich war der Lehrer von Thomas von Aquin, Bischof von Regensburg und Begründer der christlichen Aristotelik. Er wurde 1931 von Papst Pius XI. heilig gesprochen und zum Kirchenlehrer ernannt. Inwieweit Mary Shelley darüber Bescheid wusste, bleibt zwar offen; Es ist allerdings nicht auszuschließen, dass sie

zumindest Professor Krempe gegenüber seinem Studenten – Professor Waldman dagegen gesteht ihnen zwar Fehler zu, ermuntert Frankenstein aber indirekt durch ein nachfolgendes Lob, sein Interesse am „Elixier des Lebens", das durch die Lektüre der alchemistischen Texte geweckt wurde, nicht erschüttern zu lassen: "[...] the labours of men of genius, however erroneously directed, scarcely ever fail in ultimately turning to the solid advantage of mankind."[36] Im Falle Frankensteins trifft dies wohl nicht zu.

Schon während der langwierigen Schöpfungsprozedur fühlt Frankenstein allerdings, dass er nicht nur gegen die natürliche Ordnung verstößt, sondern dass er sein Leben durch die Experimente in große Gefahr bringt. Die rückblickend erzählte symbolbelastete Darstellung seiner selbst, wenn auch durch die Erlebnisse mit seinem Geschöpf nachhaltig geprägt, spricht eine deutliche Sprache:

> [...] I appeared rather like one doomed by slavery to toil in the mines, or any other unwholesome trade than an artist occupied by his favourite employment. Every night I was oppressed by a slow fever, and I became nervous to a most painful degree; the fall of a leaf startled me, and I shunned my fellow-creatures as if I had been guilty of a crime.[37]

Frankenstein ist sich also bewusst, von welcher Art seine Unternehmungen in Ingolstadt sind, doch sein Drang nach Anerkennung und seine Neugier führen ihn letztlich ins Verderben. In dieser Hinsicht ist er wie Faust, der seine Seele Mephistopheles überschreibt, um die letzten Geheimnisse der Welt zu erfahren. Nicht umsonst steht er in der Tradition der Alchemisten, denen Faust und vor allem dessen Schüler Wagner zugehörig sind. Gleichzeitig ist Frankenstein jedoch, ebenso übrigens wie Percy Shelley nach seiner Zeit in Eton, Anhänger der modernen Wissenschaften und insbesondere Student der Chemie. Roberto Masari weist in diesem Zusammenhang darauf hin, dass die Wahl von Ingolstadt als Studienort Frankensteins eine

---

zumindest teilweise über das Leben und Wirken der genannten Alchemisten informiert war und dies in *Frankenstein* einarbeitete. Vergleiche zu den Geister- und Teufelsbeschwörungen sowie dem beginnenden Interesse Victors am Elixier des Lebens *Frankenstein*, S. 39 f.

[36] *Frankenstein*, S. 48

[37] Ebd, S. 55

überraschende Verbindung zum historischen Faust aufweist, der 1528 wegen Scharlatanerie von dieser Universität verwiesen wurde.[38] Auffällig sei ebenso, so Masari, dass in Ingolstadt 1776 der Illuminaten-Orden gegründet wurde, dessen Ziel „das Streben nach geistiger Vervollkommnung und der Kampf für die politische Forderung nach natürlichen Rechten des Menschen" war.[39]

Inwieweit Mary Shelley mit dem Leben des historischen Faust vertraut war, ist unbekannt, jedoch steht außer Frage, dass sie den ersten Teil von Goethes *Faust* kannte: Percy Shelley begann 1815, die *Faust*-Ausgabe von 1808 ins Englische zu übersetzen. Vorher wird ihr das Drama nicht bekannt gewesen sein, vermutet Masari – andere Werke des deutschen Dichterfürsten dagegen schon. Nicht umsonst gehört zu den drei Texten, die zu der Erziehung von Frankensteins Geschöpf beitragen, *Die Leiden des jungen Werther*. Wahrscheinlich war Shelley auch Marlowes *The Tragical History of Dr. Faustus* aus dem Jahre 1604 vertraut, gilt dieser doch als größter elisabethanischer Dramatiker neben Shakespeare. In einem Haushalt, in dem Miltons Werke zur Standardlektüre gehörten, werden voraussichtlich auch die Dramen Marlowes gelesen worden sein.

Auf jeden Fall ist Frankenstein eine Faust-Figur. Sein Wissensdurst entspricht dem des Faust, der die innersten Geheimnisse zu lösen versucht:

> Drum hab ich mich der Magie ergeben,
> Ob mir durch Geistes Kraft und Mund
> Nicht manch Geheimnis würde kund;
> Daß ich nicht mehr, mit saurem Schweiß,
> Zu sagen brauche, was ich nicht weiß;
> Daß ich erkenne, was die Welt
> Im Innersten zusammenhält.[40]

Frankenstein begehrt Ähnliches. Nach der ersten Vorlesung von Professor Waldman sieht er seinen weiteren Weg vor sich:

---

[38] Vgl. Masari, S. 66

[39] Ebd.

[40] *Faust*, V. 377-383

> [...] treading in the Steps already marked, I will pioneer a new way, explore unknown powers, and unfold to the world the deepest mysteries of creation.[41]

Im Gegensatz zu Faust, der seinem aufklärerischen Denken zu Gunsten eines Handels mit dem Teufel entsagt, hat Frankenstein den Weg der Magie und der Alchemie endgültig hinter sich gelassen. Er wendet sich stattdessen als einer der ersten literarischen Charaktere überhaupt der Naturwissenschaft zu. Das Unheimliche des Romans wird dadurch erklärbar, auch wenn Frankenstein den Leser über die genauen Vorgänge bei der Erweckung seines Geschöpfes im Unklaren lässt. Dennoch lässt sich von Prometheus über Faust[42] bis hin zu Frankenstein eine klare Entwicklung feststellen: Fort vom göttlich-mystischen Wirken über das mystisch-alchemistische bis hin zum naturwissenschaftlichen Denken wird die Schöpfung den Göttern langsam aus den Händen genommen. Das Unerklärliche, das im Mythos zusammengefasst und symbolisch dargestellt wurde, kann in *Frankenstein* nun auf (pseudo-) wissenschaftliche Weise erklärt werden, eine Entwicklung, die sich bei Villiers de l'Isle-Adams *L'Eve future* mit der detaillierten Beschreibung des Aufbaus von Hadaly fortsetzt, wie ich noch zeigen werde. Aus diesem Grund stellen zahlreiche Kommentatoren diese beiden Texte an den Beginn der Science Fiction – einer literarischen Gattung, in der die traditionellen Mythen transformiert werden, wie im Folgenden noch zu zeigen sein wird. Von einer Entmythisierung kann jedoch nicht die Rede sein – zumindest nicht, wenn man den Mythenbegriff von Hans Blumenberg zugrunde legt:

> Mythen sind Geschichten von hochgradiger Beständigkeit ihres narrativen Kerns und ebenso ausgeprägter marginaler Variationsfähigkeit.[43]

Der „narrative Kern" der in dieser Arbeit besprochenen Mythen ist, soviel kann sicher schon zu diesem frühen Zeitpunkt festgestellt werden, von diamantener Härte. Sie sind zum essentiellen Bestandteil des Vermächtnisses der westlichen Kultur geworden, Ausdruck von meta-

---

41 *Frankenstein*, S. 47

42 Um genau zu sein ist es Fausts Famulus Wagner, der auf alchemistischem Wege einen Homunkulus erschafft. Ich verwende jedoch den Namen Fausts an seiner statt, da dieser in der prometheischen Tradition viel stärker verwurzelt ist.

43 Blumenberg, Hans: *Arbeit am Mythos*, S. 40

physischen Fragen, die unwiederruflich mit dem Menschsein an sich verknüpft sind. In ihrer weiterentwickelten Form haben sich diese Mythen an die veränderte Gesellschaftsstruktur der Moderne angepasst, ohne jedoch ihren Sinn zu verlieren. Immerhin sieht Blumenberg selbst den Mythos ja als "Arbeit des Logos", so dass ersterer auch unter veränderten Umständen (also unter einem geänderten Logos) existieren kann. Eine Beantwortung der ihnen zugrunde liegenden Fragen ist jedoch mit heutigen Erkenntnissen noch immer nicht möglich. Es bedarf einer erfolgreichen Menschenschöpfung durch den Menschen, um den Prometheus-, aber auch den Pygmalion- und den Golem-Mythos zu einem Abschluss zu bringen. Dies ist literarisch jedoch nur in zwei Spielarten der modernen Fiktion möglich: der Fantasy und der SF. Während erstere ein verklärtes Bild liefert, angereichert mit mystischen Elementen jenseits des Möglichen, gelingt es letzterer gelegentlich, die Fragen nach der Schöpfung auf einer wissenschaftlichen Basis zu besprechen, die von der unseren zwar weit entfernt, jedoch zugleich antizipierbar ist. Insofern ist die SF, zu der ich in diesem Zusammenhang auch alle modernen Utopien zähle, in meinen Augen der einzige verbleibende Zufluchtsort des Prometheus, an dem er seine wahre Identität beibehalten kann.

Bevor ich jedoch der moderneren Science Fiction und ihrer Mythenrezeption ein eigenes Kapitel widme, möchte ich noch etwas länger bei den Texten der „ersten Generation" dieser doch recht jungen Gattung verweilen.

2.3 Prometheus auf der „Insel des Dr. Moreau“

Herbert George Wells gilt, neben dem eine Generation früher schreibenden Jules Verne, als Pionier der Science-Fiction-Literatur. Seine Romane, wie etwa *War of the Worlds* und *The Time Machine*, gehören schon längst zur kanonischen Literatur und wurden in der Vergangenheit regelmäßig, mehr oder weniger erfolgreich, verfilmt. Unvergessen ist das von Orson Welles inszenierte Radiohörspiel zu *War of the Worlds*, das in New York 1939 eine Massenpanik auslöste. Richard J. Hand zitiert ungenannte Historiker, die davon ausgehen, dass etwa 1,7 Millionen Zuhörer der fiktiven Geschichte über die Landung der Marsmenschen Glauben schenkten.[1] Der „Erfolg“ des Radiobeitrags schlug hohe Wellen: Hand spricht von etwa 12.500 Zeitungsartikeln, die sich im folgenden Monat mit dem Hörspiel und seinen Folgen beschäftigten, und zitiert andere Arbeiten, die darauf hinweisen, dass aufgrund der Dramatisierung von *War of the Worlds* viele Amerikaner zuerst nicht an die Authentizität der Meldungen über Pearl Harbor glaubten.

Doch auch außerhalb seiner *science romances*, wie Wells seine berühmtesten Werke klassifizierte, ist der Einfluss des britischen Autors auf die europäische Literatur enorm. Er verfasste eine Vielzahl von Essays, schrieb über europäische Politik, sprach ausführlich mit Lenin und Stalin, war Präsident von PEN (Poets, Essayists, Novelists) und Kandidat der Labor-Partei bei den Parlamentswahlen 1922 und 1923. Patrick Parrinder und John S. Partington haben, um nur ein weiteres Beispiel zu nennen, im Rahmen der Reihe *The Reception of British Authors in Europe* ein 400 Seiten starkes Werk herausgegeben, das die Einflüsse von Wells im mitteleuropäischen Raum ebenso nachweist wie in Russland, Polen, Tschechien und Ungarn. In der Einleitung nennt Parrinder Yevgeny Zamyatin, Karel Čapek, André Gide, Paul Valéry, Maxim Gorky, Mikhail Bulgakov und Stanisław Lem als einige der Autoren, deren Beziehungen zu Wells in dem Sammelband betrachtet werden.[2] Mit George Bernard Shaw, Henry James und Joseph Conrad verband Wells sowohl Freundschaft als auch (literarische) Rivalität. Andere Autoren sahen mit Ehrfurcht zu Wells auf oder waren sich zumindest seiner fortwährenden Bedeutung für die Literatur sicher.

---

1 Vgl. Hand, Richard: *Terror on the Air!: Horror Radio in America, 1931-1952*, S. 7

2 Vgl. Parrinder, Patrick/Partington, John S.: *The Reception of H.G. Wells in Europe*, S. 2

Bemerkenswert ist in dieser Hinsicht folgendes Zitat von Jorge Luis Borges über die phantastischen Werke des britischen Autors:

> De las vasta y diversa biblioteca que nos dejó, nada me gusta más que su narración de algunos milagros atroces: *The Time Machine, The Island of Dr. Moreau, The Plattner Story, The First Men in the Moon.* Son los primeros libros que yo leí; tal vez serán los últimos... Pienso que habrán de incorporarse, como la fórmula de Teseo o la de Ahasverus, a la memoria general de la especie y que se multiplicarán en su ámbito, más allá de los términos de la gloria de quien los escribió, más allá de la muerte del idioma en que fueron escritos.[3]

Mein Interesse gilt jedoch im Folgenden weniger der Rezeption von Wells' Werken durch moderne Autoren (in der Tat sind übrigens Wells' Geschichten in das „globale Gedächtnis der Menschheit" eingegangen, wie Borges prophezeite), als vielmehr den Einflüssen einiger früherer Literaten auf Wells selbst. Insbesondere steht die implizite Vereinnahmung und Umgestaltung des Prometheus-Mythos in *The Island of Doctor Moreau* im Fokus meiner Analyse. Der titelgebende Wissenschaftler, abgeschieden vom Rest der Welt lebend, versucht in frankensteinisch-prometheischer Manier eine neue Rasse zu züchten, indem er Tiere durch Vivisektion zu Menschen umzuwandeln versucht. Dies gelingt ihm nur zum Teil: Moreau erschafft Hybrid-Wesen, Tiere, die durch eine aufrechte Haltung und eine durch Manipulation des Gehirns gesteigerte Intelligenz menschenähnlich wirken. Doch mit der Ankunft des Schiffbrüchigen Edward Prendick verliert der Wissenschaftler die Kontrolle über seine Geschöpfe. Seine neueste Kreation, eine Mischung aus Puma und Mensch, ist letztlich zu stark und tötet ihren Schöpfer.

Moreau vergeht sich gleich mehrfach an der Natur, indem er nicht nur eine, sondern eine Vielzahl an „neuen" Spezies schafft: Wildschwein-Menschen, Satyrn, Jaguar-Männer und Affenmenschen bevölkern seine Insel. Völlig neu sind sie indes nicht, denn die Vorstellung solcher Hybridwesen findet sich bereits in den Mythen und der Folklore der

---

3 Borges, Jorge Luis: *Otras Inquisiciones.* In: Borges, Jorge Luis: *Prosa completa 3,* S. 99 f.

meisten Völker.[4] Besondere Aufmerksamkeit ist dabei auf die Affen- und die Wildschweinmenschen zu lenken. Während erstere einen direkten Bezug zu den Theorien Darwins über die Evolution des Menschen darstellen[5], weisen letztere eine über Prometheus hinausgehende mythologische Verbindung auf: Sie erinnern an die Männer des Odysseus, die auf der Insel der Circe von der Zauberin in Schweine verwandelt werden. Hinzu kommt der Hinweis auf Comus, mit dessen Meute Pendrick die Halbmenschen als Gesamtheit vergleicht.[6] Comus war ein Sohn des Dionysos, in einem gleichnamigen Stück von John Milton jedoch zudem Sohn der Circe, der in Begleitung von Tiermenschen umherschweifte.

Moreau hat also zumindest unbewusst oft klassische Vorbilder im Hinterkopf. Dies verwundert nicht, besteht doch seine kleine Bibliothek aus "editions of the Latin and Greek classics".[7] Er ist, ebenso wie Victor Frankenstein, ein sehr gebildeter und belesener Mann und ein brillanter Wissenschaftler, der in seiner Zeit in London große Erfolge erzielen konnte.[8] Nachdem jedoch seine absonderlichen Experimente, denen er damals nachging, ans Licht gekommen waren, zog er sich auf eine einsame Insel zurück, um sich dort erneut an die Arbeit zu machen. Ähnliches gilt schon für Frankenstein: Nachdem seine Kreatur das erste Mal gemordet und sich somit offenbart hat, begibt er sich auf einen entfernten Felsen vor der schottischen Küste, um dort dem Wunsch des Monsters zu entsprechen und ihm eine Gefährtin zu schaffen. Auch wenn die Motivation eine andere als die Moreaus ist, sind die Parallelen doch auffallend. Dies setzt sich sogar noch fort: Sowohl Frankenstein als auch Moreau lehnen ihre Schöpfungen als unvollkommen ab. Letzterer versucht zwar zuerst noch, sie zu unterrichten, entzieht sich aber schnell seiner Verantwortung als Schöpfer, wenn die Tiermenschen seinen Anforderungen nicht länger genügen:

---

4 So gehört der Satyr zur griechischen Mythologie, hat aber auch Eingang in den christlichen Aberglauben gefunden, der die gehörnte und ziegenfüßige Gestalt mit dem Teufel assoziierte. Der Jaguar-Mann entstammt dagegen dem südamerikanischen Sagenkreis.

5 H.G. Wells war eine Zeit lang Schüler T.H. Huxleys, einem der größten Anhänger von Charles Darwin.

6 Vgl. *Moreau*, S. 52

7 Ebd., S. 32

8 Vgl. ebd., S. 34

> I turn them out when I begin to feel the beast in them, and presently they wander there. […] They only sicken me with a sense of failure. I take no interest in them. […] There is a kind of upward striving in them, part vanity, part waste sexual emotion, part waste curiosity. It only mocks me… […][9]

Prendrick als moralischer Konterpart zu Moreau kann diese Einstellung nicht verstehen. "But he was so irresponsible, so utterly careless. His curiosity, his mad, aimless investigations, drove him on […]." Eine ähnliche Aussage würde auch auf Frankenstein zutreffen, der ebenfalls durch Neugier dazu verleitet wird, seine Forschungen fortzusetzen, bis dies in der Erschaffung seines Monsters und damit seiner Nemesis kulminiert.

The Island of Doctor Moreau verwendet also zuerst einmal indirekt, nämlich vermittelt durch die Figur des Frankenstein, Elemente des Prometheus-Mythos. Doch auch eine direkte Verbindung ist ersichtlich, obwohl die dazu notwendigen antiken Quellen nur bedingt zur gängigen Prometheus-Literatur gehören. So berichtet Aesop davon, dass Prometheus auf Anweisung von Zeus Menschen und Tiere schuf, letztere aber in der Überzahl. Einige Tiere musste er zur Wiederherstellung des Gleichgewichts nachträglich in Menschen verwandeln. Ihre Seelen bleiben aber die der Tiere, die sie einst waren:

> Προσμηθεὺς κατὰ πρόσταξιν Διὸς ἀνθρώπους ἔπλασε καὶ θηρία. Ὁ δὲ Ζεὺς θεασάμενος πολλῷ πλείονα τὰ ἄλογα ζῷα ἐκέλευσεν αὐτὸν τῶν θηρίων τινὰ διαφθείροντα ἀνθρώπους μετατυπῶσαι. Τοῦ δὲ τὸ προσταχθὲν ποιήσαντος, συνέβη ἐκ τούτου τοὺς μὴ ἐξ ἀρχῆς ἀνθρώπους πλασθέντας τὴν μὲν μορφὴν ἀνθρώπων ἔχειν, τὰς δὲ ψυχὰς θηριώδεις.
> Πρὸς ἄνδρα σκαιὸν καὶ θηριώδη ὁ λόγος εὔκαιρος.
>
> (*Prometheus formte auf Geheiß des Zeus Menschen und Tiere. Als Zeus sah, dass es viel mehr Tiere als Menschen waren, befahl er ihm, einige Tiere wieder zu zerstören und Menschen daraus zu gestalten. Der tat, wie ihm geheißen, und so kam es, dass die, die nicht von Anfang an zu Menschen geformt worden waren, zwar die Gestalt von Menschen haben, aber den Charakter von*

[9] *The Island of Doctor Moreau*, S. 78 f.

Tieren.
Die Fabel überführt tierische und jähzornige Menschen.)[10]

Auch bei Horaz findet sich nach Angaben von Hans-K. und Susanne Lücke eine ähnliche Lesart: In seinen Liedern (*Carmina*) habe Prometheus dem von ihm geschaffenen menschlichen Wesen Attribute von Tieren gegeben.[11] Moreau folgt in seinen Experimenten allerdings eher dem Weg von Aesops Prometheus.[12] Er versucht sogar, dessen Fehler zu vermeiden, indem er sich bemüht, auch die tierische Seele zu vertreiben. Dabei scheitert er jedoch, die Dominanz der animalischen Instinkte überwindet mit der Zeit die von Moreau durch Hypnose und Indoktrination aufgepfropften menschlichen Züge. Wie Frankenstein ist er ein unvollkommener Prometheus, selbst einem Monster ähnlicher als seine eigenen Geschöpfe.

Der Mythos, der für den Text in meinen Augen eine Grundlage bietet, wird durch die wissenschaftliche Grundlage in *The Island of Doctor Moreau* einer seiner Funktionen beraubt: der Deutung und Benennung von unerklärlichen Geschehnissen. Damit scheint er auf den ersten Blick obsolet geworden zu sein: Während in der Antike der Mythos etwa dazu diente, die Frage nach dem Ursprung der Menschheit zu klären, scheint er in der modernen Literatur und insbesondere in der Science Fiction „nur noch" als Stoff- und Motivquelle zu dienen. Da alles erklärbar geworden ist, hat das Mythische als „der Inbegriff derjenigen Leistungen, die surrogativ nötig und möglich sind, um eine Welt zu

---

10 Aesop: *Fabeln*, Übersetzung von Thomas Voskuhl, S. 226 ff. (Die Fabel hat nach Perry die Nummer 240 und korrespondiert mit Nummer 322 nach Chambrys Ausgabe (dort S. 141).)
Zur Zitation: Es gibt mehrere Sammlungen der Aesopschen Fabeln mit jeweils unterschiedlichen Nummerierungen und einem unterschiedlichen Umfang. Die zitierte Fabel ist im griechischen Original anscheinend nur noch in Emile Chambrys umfangreicher Ausgabe zu finden. Der vorliegende Text entstammt der mehrbändigen Ausgabe von 1925/1926, die Nummerierung entspricht jedoch der gängigeren späteren einbändigen.
Die Nummerierung der englischen Übersetzung folgt der Edition von Ben Edwin Perry, dessen Sammlung der Fabeln Aesops maßgeblich für alle Folgeübersetzungen ist.

11 Vgl. Lücke, Hans-K. und Susanne: *Antike Mythologie*, S. 674

12 Es ist sehr wahrscheinlich, dass Wells mit den Fabeln Aesops vertraut war – die älteste englische Übersetzung geht auf 1484 zurück.

ertragen und in einer Welt zu leben, die noch keine Theorie erschlossen hat" (Blumenberg), nicht länger seinen ursprünglichen Platz.[13]

> Mit der Wissenschaft ist, so sieht es aus, die Affinität zum Mythos ausgestanden. Nirgendwo erscheint als Versuchung der Ausweg, in das Formensystem und die Totalitätsfähigkeit der mythischen Geschichtsphase zurückzufallen.[14]

Was also geschieht genauer mit dem klassischen Mythos? Ist er wirklich obsolet geworden, oder hat er sich einfach einen neuen Platz in der modernen Literatur gesucht? Dies habe ich bereits in der Einleitung zu erörtern versucht. Meines Erachtens erfüllen vor allem die Mythen von der Menschenerschaffung und diejenigen, die unsere Urängste darstellen, weiterhin ihre Funktion: darzustellen und zu warnen. Die Frage, was den Menschen zum Menschen macht, was ihn vom Tier unterscheidet, ist seit der Antike trotz der Erkenntnisse der Wissenschaft nicht zufriedenstellend geklärt. Es gibt zwar, folgt man der Evolutionstheorie, keinen schöpferischen Gott mehr, sei es nun der biblische oder Prometheus, doch gleichzeitig ist durch die Entdeckung der Nähe des Menschen zum Affen die Frage nach der eigentlichen Identität des Menschen wichtig geworden. Ende des 19. Jahrhunderts, zur Zeit von H.G. Wells, standen diese Fragen vor allem aufgrund von Darwins *Origin of Species* im Mittelpunkt, und so verwundert es nicht, dass Wells in *The Island of Doctor Moreau* die Problematik aufgreift.[15] Damit steht er jedoch in eben jener Tradition, die bis zum Prometheus-Mythos zurückreicht – vor allem zu der Variante, die Platon erzählt und in der der Titan das Feuer als Symbol der Erleuchtung von Hephaistos und Athene entwendet. In *The Island of Doctor Moreau* fehlt die Erleuchtung – jenes Menschwerden, das Moreau mit seinen Vivisektionen zu erlangen versucht. Nicht umsonst gibt es auf der gesamten Insel kein Feuer, mit

---

[13] *Arbeit am Mythos*, S. 58

[14] Ebd.

[15] Wie im Kapitel über die moderne Science Fiction dargelegt wird, findet sich insbesondere bei den Robotergeschichten dieses Thema in noch viel stärkerem Maße wieder. Erneut sind es künstliche Wesen, die bestrebt sind, menschlicher zu wirken. Auch Hollywood hat die Faszination dieser Fragestellung entdeckt und Science-Fiction-Texte als Grundlage für einige sehr erfolgreiche Filme genommen, zum Beispiel bei *Blade Runner* (basierend auf Phillip K. Dicks *Do Androids dream of electric sheep*) oder *I, Robot* (basierend unter anderem auf Isaac Asimovs gleichnamiger Geschichte). Ebenfalls zu nennen sind *A.I.* sowie die *Star-Trek*-Filme mit dem Androiden Data.

Ausnahme des Gebäudekomplexes, der von den Tiermenschen als „Haus der Pein" beschrieben wird und der dem von ihnen als Gott verehrten beziehungsweise gefürchteten Moreau gehört – eine Inversion des Olymp, von dessen Spitze Prometheus das Feuer entwendet? Erst gegen Ende des Romans kommt es zu zwei Bränden, die aber in diesem Fall nicht die Zivilisation bringen, sondern vielmehr dafür sorgen, dass sich Prendrick als letzter menschlicher Überlebender den Tiermenschen anschließen muss. Das Feuer als ambivalentes Element: Sowohl Wärme, Licht und Zivilisation fördernd als auch vernichtend findet es sich, wie schon erörtert, in *Frankenstein,* rein destruktiv in *The Island of Doctor Moreau.* In letzterer Funktion bringt es barbarische und animalische Instinkte zum Vorschein: Frankensteins Monster tanzt mit einem brennenden Ast um das verlassene Haus der De Laceys, bevor er dieses in Brand setzt, seinen eigenen Worten nach bar jeglicher Vernunft.[16] Ähnlich agieren Montgomery, der sich nach dem Tod Moreaus mit einigen Tiermenschen betrinkt, und Prendick, der ohne weiteres Nachdenken das Haus verlässt und so durch die von ihm umgestoßene Öllampe das Gebäude in Brand zu steckt. Das Ziel des modernen Prometheus Moreau, Erkenntnis und Menschlichkeit zu den Tiermenschen zu bringen, wird letztlich durch das dem Mythos entliehene Feuer, dieses Mal in inverser Funktion, zunichte gemacht. Montgomery stirbt am Lagerfeuer[17], Prendick wird durch die Zerstörung des Hauses auf dieselbe Stufe wie die anderen Tiermenschen geworfen. Das Element fungiert nicht länger, wie noch im antiken Mythos, als kontrollierte Gabe, sondern vielmehr als wild loderndes Symbol der Zerstörung. Die lenkende Hand eines erzieherischen Gottes fehlt, und Prendick als letzter gebildeter Mensch ist nicht in der Lage, gegen die Elementarkraft des Feuers anzukommen.

Doch nicht nur der erziehende, auch der schöpfende Gott des Christentums im Weltbild des 19. Jahrhunderts ist, wie schon erwähnt, für viele Menschen obsolet geworden. Es gab zu große Diskrepanzen zwischen den Glaubensgrundsätzen (besonders denen der Unfehlbarkeit und vollständigen Wahrhaftigkeit der Bibel) und den Ergebnissen Darwins. Doch ist die allgemeine Leugnung eines schöpferischen Gottes mit Hinweis auf die Evolutionstheorie problematisch. Nicht umsonst

---

[16] Vgl. *Frankenstein,* S. 134

[17] Vor allem aber stirbt er durch die Wirkung, die Brandy (ein Bezug zum Feuer steckt schon im Namen) auf die Tiermenschen hat. Das „Feuerwasser" brennt gewissermaßen in die Barrieren, die durch das Gesetz entstanden sind und die die animalischen Triebe im Zaum halten sollen.

hatte Darwin zu seiner Zeit mit erheblichen Behinderungen von Seiten der Kirche und mit großem Widerstand durch religiöse Menschen zu kämpfen – heute manifestiert sich diese religiös-orthodoxe Überzeugung zum Beispiel im Glauben der Kreationisten, die immer noch behaupten, dass Gott die Erde vor 6000 Jahren erschaffen habe. Und sie stehen nicht alleine da – 64 Prozent der US-Amerikaner würden den Kreationismus, in welcher Form auch immer, im Schulunterricht befürworten, 42 Prozent glauben, dass das Leben in seiner jetzigen Form seit Anbeginn der Zeit existiert hat. Dies hat eine Umfrage ergeben, die das renommierte Pew Research Center zwischen dem 7. und dem 17. Juli 2005 duchführte.[18] Der Weltschöpfungsmythos spielt im Leben vieler Menschen immer noch eine große Rolle. Aber warum?

Wissenschaftliche Theorien und Erklärungen bestehen üblicherweise aus Kausalketten. Unterschiedliche Luftströmungen führen zu elektrischen Spannungen innerhalb von Gewitterwolken beziehungsweise zwischen den Wolken und der Erde. Daraus resultiert ein Blitz als Potenzialausgleich. Der Vorgang wird so (sehr vereinfacht) einigermaßen akkurat dargestellt, auch wenn die genauen Vorgänge bei einer Blitzentladung immer noch unklar sind.[19] Aus A folgt B folgt C. Physikalisch gesehen ist die Erklärung ausreichend, und insofern ist der Mythos des Blitzeschleuderers Zeus nicht länger notwendig. Spätestens Benjamin Franklin stieß Zeus von seinem Thron, als er mit dem Blitzableiter ein Gerät entwickelte, das vor der Waffe des zornigen Gottes schützen konnte.[20] Was bleibt? Eine nüchterne und aus poetologischer Sicht relativ uninteressante Darstellung eines Blitzschlags. Sie ist erklärend, aber nicht sinnbildend. Zeus dagegen gibt einem Gewitter Sinn: Er blitzt vor Wut, stürmt und demonstriert seine Macht, ein für jeden Menschen nachvollziehbares Verhalten.

Zudem liefert der Mythos mehr als nur eine Erklärung von natürlichen Phänomenen. In ihn haben sich Menschen mit all ihren Ängsten, Vorstellungen und Bedürfnissen eingeschrieben. Die Mythen setzen Ereignisse, die sich zum Teil inzwischen auch wissenschaftlich erklären

---

[18] Vgl. http://people-press.org/reports/display.php3?ReportID=254

[19] Für genauere Informationen ist etwa die Webseite des Österreichischen Blitzortungssytems ALDIS (www.aldis.at) zu empfehlen

[20] Vgl. dazu Fußnote #6 auf Seite 11. Hier noch einmal das Epigramm am Fuße der Büste Franklins, das die obige Aussage stützt:

„Eripuit coelo fulmen sceptrumque tyrannis"
(*Er entriss dem Himmel den Blitz und dem Tyrannen das Szepter*).

lassen, in eine direkte Beziehung zu uns. Im Falle des Prometheus etwa geht es um mehr als nur um den Akt der Schöpfung. Der Mensch ist ein Kind der Erde, der Gaia, geformt aus Lehm. Er wird bedroht von den Naturgewalten, vertreten durch den Blitzeschleuderer und Himmelsherrscher Zeus, doch dank des Feuerraubs kann der Mensch das Element, das von keinem der Söhne des Kronos kontrolliert wird[21], verwenden und sich so Werkzeuge herstellen und eine Kultur aufbauen. All dies ist Bestandteil des Mythos, und auch wenn der ursprüngliche Glaubenssatz von der wahrhaftigen Schöpfung des Menschen aus Lehm (sei es durch Prometheus oder durch den jüdisch-christlichen Gott) nicht länger Bestand hat, bleibt der Mythos als symbolische Form der Unabhängigkeit des Menschen von den Göttern dennoch bestehen.

Zurück zu *The Island of Doctor Moreau*. Hauptthema des Romans ist, wie schon angedeutet, die Macht der animalischen Instinkte im angeblich zivilisierten Menschen. Die Mischwesen des Moreau zeigen dabei natürlich die stärkste Ausprägung, doch schon zu Beginn der Erzählung von Prendick wird der Verlust der Ethik zugunsten des Überlebenswillens deutlich. Wie Michael Draper erkannt hat, ist der Gedanke an Kannibalismus, der den drei Schiffbrüchigen der *Lady Vain* nach mehreren Tagen ohne Nahrung und Wasser als logische Folge erscheint, ein Zeichen der zerbrechenden Menschenwürde, die eine zivilisierte Gesellschaft ausmacht.[22] Das Töten und Verzehren eines Mitmenschen bleibt Prendick durch einen Zufall erspart, da seine beiden Mitüberlebenden in einem Kampf gemeinsam über Bord des Rettungsbootes fallen. Er selbst wird kurz darauf von Montgomery gerettet – und gerät so auf ein Schiff, dessen Besatzung ebenfalls jegliche Menschlichkeit verloren zu haben scheint. Der Kapitän der *Ipecacuanha*[23] wirft Prendick bei Moreaus Insel kurzerhand über Bord und setzt ihn erneut

---

[21] Zeus und seine beiden Brüder Poseidon und Hades teilen nach dem Sieg über die Titanen die Welt unter sich auf. Zeus erhält den Himmel und damit die Kontrolle über das Element der Luft, Poseidon die Ozeane (Wasser) und Hades die Unterwelt (Erde). Das Feuer als letztes der Elemente hat keine eigene Sphäre und bleibt somit unbeachtet. Zwar gibt es mit dem Zeussohn Hephaistos nach der Fesselung des Prometheus einen olympischen Feuergott – dieser steht aber wiederum, wie schon erläutert, in enger Verbindung zu Prometheus und somit auch zu der menschlichen Existenz.

[22] Vgl. Draper, Michael: *H.G. Wells*, S. 43

[23] Der Name des Schiffes bezieht sich auf eine aus Brasilien stammende Wurzel, die seit dem Ende des 17. Jahrhunderts als Brechreiz erzeugendes Mittel eingesetzt wurde.

der Gefahr des chaotischen Meeres aus, die nur durch die Rettung durch Moreau und Montgomery aufgehoben wird. Ohne es zu diesem Zeitpunkt zu wissen, treibt Prendick zwischen Skylla und Charybdis, zwischen dem grauenerregenden Ozean und der nicht minder gefährlichen Insel. Skylla gewinnt, und so gelangt Prendick noch tiefer in den Bereich des Animalischen: zu Moreau und seinen Tiermenschen.

Die von Moreau durchgeführten partiellen Metamorphosen von Tier zu Mensch sind seiner Meinung nach erfolglos, da das Tierische immer wieder zum Vorschein kommt. Dennoch gelingt es den von ihm verstoßenen Monstern, eine Art von Gesellschaft aufzubauen, die auf einem rudimentären moralischen Kodex von religiöser Struktur beruht, deren Ursprung jedoch als Parodie christlicher Religion nicht auf Liebe und Zusammengehörigkeit, sondern auf Furcht basiert.[24] Die Tiermenschen tragen diese Verhaltensregeln in Form einer Litanei regelmäßig vor und indoktrinieren Neuankömmlinge wie etwa Prendick, indem sie ihn in das Ritual mit einbeziehen. Ziel des Kodex ist die Etablierung einer Form von Menschlichkeit, die den tierischen Instinkten diametral entgegengesetzt ist. Für Moreau dagegen ist die Tatsache, dass seine Tiermenschen überhaupt noch danach streben müssen, menschlich zu sein, ein Beweis seines Versagens. Dieses Streben ist jedoch vor allem für die folgende Science- Fiction-Kultur essentiell.

Das Bedürfnis, seine eigenen Beschränkungen zu überschreiten und trotz eines mechanischen Inneren zu transzendieren, ist der Wunsch zahlloser Roboter und Androiden – ein Wunsch, den sie mit den Menschen teilen. Allein schon durch diese Tatsache verwischt die Grenze zwischen Mensch und künstlichem Geschöpf. Die Problematik aus Phillip K. Dicks Erzählung *Do Androids dream of electric sheep?* und dem darauf basierenden Film *Blade Runner* vorwegnehmend stellt Wells wiederholt die Abgrenzung zwischen Mensch und Tier in Frage. Besonders Prendick steht zwischen den Fronten: Zwar ist er ein Mensch, trägt bei seinem ersten Zusammentreffen mit der Gesellschaft der Tiermenschen jedoch weder Pistole noch Peitsche, die Symbole der Macht Moreaus. Die Tiermenschen nehmen daher von vornherein an, dass Prendick einer von ihnen sei, und diskutieren nur über seine Stellung innerhalb ihrer Gemeinschaft. Nach dem Tod Moreaus und Montgomerys wird die vorherige Annahme schnell Realität. Prendick erzählt von sich selbst: "In this way I became one among the Beast People in the Island of Doctor Moreau."[25] Die Wortwahl erscheint hier auffällig: Er lebte nicht unter

---

24 Vgl. Draper, S. 44

25 *The Island of Doctor Moreau*, S. 118

ihnen, sondern **wurde** einer der Tiermenschen. Die Annäherung zwischen Mensch und Tier ist in diesem Moment am größten. In den darauf folgenden Monaten fallen die Tiermenschen wieder in ihre animalischen Verhaltensmuster zurück, woraufhin Prendick sich an den Ort begibt, dem er zuvor zu entfliehen versuchte: zu den Überresten des „Hauses der Pein", dem Labor des Doktor Moreau, das immer noch von allen gefürchtet wird. Als jedoch die letzten Spuren menschlichen Verhaltens aus den Tiermenschen entweichen, fühlt sich Prendick auch dort nicht länger sicher und flüchtet zurück ins Meer, aus dem er einst von Montgomery gerettet wurde.

Während seines Aufenthaltes bei Moreau verschwimmen in Prendicks Wahrnehmung zeitweilig die animalischen Elemente seiner Nachbarn. Er gewöhnt sich an ihre fremdartige Erscheinung, verliert die Abneigung gegen die „Monster", die er mit Frankenstein teilt:

> I say I became habituated to the Beast People, so that a thousand things that seemed unnatural and repulsive speedily became natural and ordinary to me. I suppose everything in existence takes its color from the average hue of our surroundings [...].
>
> I would see one of the bovine creatures who worked the launch treading heavily through the undergrowth, and find myself trying hard to recall how he differed from some really human yokel trudging home from his mechanical labours [...].[26]

Zwar führt der Anblick so unübersehbarer tierischer Elemente der „Beast-Men" wie etwa Klauen unweigerlich zu einer erneuten ablehnenden Haltung, doch hindert dies Prendick letztlich nicht, in seiner Not bei ihnen Hilfe zu suchen. Er akzeptiert ihre Andersartigkeit, so wie sie die seine akzeptieren und ihn bei sich aufnehmen. Dabei ist auffallend, dass die Prendick abschreckenden Merkmale fast ausschließlich äußerlicher Natur sind – also Zeichen von Moreaus unvollkommenen Fähigkeiten in der kosmetischen Chirurgie. Die den Tiermenschen mangelnde Intelligenz nimmt Prendick dagegen als gegeben an, ebenso wie die ihnen innewohnenden Instinkte, die ihren Gesetzen gegenüberstehen. Ganz anders sind seine Empfindungen nach seiner Rückkehr in die Zivilisation. Auch hier sieht er sich in seiner Einbildung Tiermenschen gegenüber, die zwar äußerlich wie Menschen

---

[26] *The Island of Doctor Moreau*, S. 84

aussehen, ihn ihrem Wesen nach jedoch an seine Erlebnisse auf Moreaus Insel erinnern:

> I would go out into the streets to fight my delusion, and prowling women would mew after me, furtive craving men glance jealously at me, weary pale workers go coughing by me with tired eyes and eager paces like wounded deer dripping blood, old people, bent and dull, pass murmuring to themselves and all unheeding a ragged tail of gibing children. Then I would turn aside into some chapel, and even there, such was my disturbance, it seemed that the preacher gibbered Big Thanks even as the Ape Man had done […].[27]

Erneut heben sich die Grenzen zwischen Mensch und Tier auf, erneut wird der Prometheus-Mythos des Horaz und des Aesop reflektiert. Während in der zivilisierten Welt jedoch das äußere Erscheinungsbild der Prendick umgebenden Gestalten das von Menschen ist, ist das tierische Erbe immer noch spürbar, auch wenn es von der gesellschaftlichen Ordnung in Zaum gehalten wird. Der hier wirkende *prometheus plasticator* hat im Gegensatz zu Moreau eine viel bessere Arbeit fertiggestellt.[28] Das Ergebnis ist jedoch letztlich das gleiche: eine „Bestie in Menschengestalt“. Der Mensch würde ohne einen Moralkodex zum steinzeitlichen Wilden mutieren, vermutet Wells in seinem Artikel *Human Evolution, an Artificial Process*:

> In this view, what we call Morality becomes the padding of suggested emotional habits necessary to keep the round Palaeolithic savage in the square hole of the civilised state. And Sin is the conflict of the two factors – as I have tried to convey in my *Island of Doctor Moreau*.[29]

Für diese Arbeit ist dabei nicht uninteressant, dass Wells in dem Zusammenhang in dem vorhergehenden Absatz von einem "artificial man" spricht. Für ihn unterscheidet sich der zivilisierte Mensch von dem

---

[27] *The Island of Doctor Moreau*, S. 131

[28] Es sei noch einmal darauf hingewiesen, dass H.G. Wells als Schüler von T.H. Huxley und Anhänger des Darwinismus nicht an einen Schöpfergott gleich welcher Art glauben konnte. Ich spreche dennoch hier vom *Prometheus plasticator*, da die Ähnlichkeit zwischen der mythologischen Figur und Doktor Moreau, wie ich herausgestellt zu haben hoffe, markant ist.

[29] Wells, *Early Writings*, S. 217

steinzeitlichen nur durch Tradition, Vorstellung und logisches Denken[30] – also gewissermaßen durch die Errungenschaften der Kultur, deren Bringer dem Mythos zufolge Prometheus war. Allerdings lässt Wells die Götterwelt in seinen Erörterungen unberücksichtigt, geht aber in seinen sozio-anthroposophischen Essays auch auf Distanz zu Darwin. Für ihn, so erklären Robert M. Philmus und David Y. Hughes, war "man-making [...] a human enterprise rather than a natural process." Die Evolutionstheorie ist für Wells immer noch maßgeblich, jedoch geht er bei der Entwicklung eines Moralkodexes von der Möglichkeit menschlicher Einflussnahme aus. In dieser Hinsicht befürwortet er einen „modernen" Prometheus. Moreau gilt dabei als groteskes Beispiel, doch ist Wells von der grundlegenden Idee überzeugt. In *The Limits of Individual Plasticity* schreibt er:

> We overlook only too often the fact that a living being may also be regarded as raw material, as something plastic, something that may be shaped and altered, that this, possibly, may be added and that eliminated, and the organism as a whole developed far beyond its apparent possibilities.[31]

Auch wenn es für Wells ein soziales Gefüge ist, das die angesprochenen Veränderungen vornimmt und verfeinert und somit einen quasi-evolutionären Prozess steuert, handelt es sich meines Erachtens zugleich um einen prometheischen Prozess – um die Arbeit eines "modern Prometheus".

---

[30] Vgl. Wells, *Early Writings*, S. 217

[31] Ebd., S. 36. Der Großteil des aus diesem Sammelband zitierten Essays *The Limits of Individual Plasticity* bildet zusammen mit *The Province of Pain* das vierzehnte Kapitel von *The Island of Doctor Moreau*, in dem Moreau seine Vorgehensweise erklärt und rechtfertigt.

2.4 *Darwin, Paley und Prometheus*

Einer der wichtigsten Texte für die Entwicklung der modernen Science Fiction ist nicht etwa ein fiktionaler, sondern ein wissenschaftlicher Text. Charles Darwins *On the Origin of Species*[1] beeinflusste das Denken der Welt grundlegend, seine Evolutionstheorie war für die Biologie ebenso bahnbrechend wie Newtons Theorien für die Physik. Doch auch Theologie, Soziologie, Literatur, eigentlich alle Bereiche des menschlichen Lebens wurden durch Darwins Entdeckung von einer Umwälzung erfasst, die noch bis heute andauert. Hermann Josef Schnackertz eröffnet seine Arbeit über Darwinismus und den literarischen Diskurs folgendermaßen:

> Wie auch immer die Leistungen des Darwinismus im einzelnen beurteilt werden mögen, so scheint doch Einigkeit darüber zu bestehen, daß er weit über die Grenzen der Biologie hinaus eine noch immer anhaltende Wirkung entfaltet und das Verständnis von Natur, Mensch und Gesellschaft grundlegend verändert hat.
>
> […] Was von Darwin als biologische Erklärungshypothese intendiert war, löst eine unkontrollierbare Vielfalt diskursiver Reaktionen aus, die nahezu alle Bereiche der viktorianischen Kultur betreffen. […] Der Evolutionsgedanke bewirkt eine Temporalisierung des Weltbildes, beeinflußt die Fragestellungen der Humanwissenschaften und führt zu einer institutionellen Ausdifferenzierung ihrer verschiedenen Disziplinen.[2]

Für die vorliegende Arbeit ist *On the Origin of Species* deshalb von immenser Bedeutung, da ein Großteil der seitdem publizierten Literatur, insbesondere aber die Science Fiction, ohne dieses Werk nicht denkbar gewesen wäre. Dabei geht es nur zum Teil um die inhaltlichen Aspekte, auch wenn diese in Bezug auf genetische Mutationen, die Weiterentwicklung von Spezies durch natürliche oder künstlich erzeugte Prozesse und das Streben künstlichen Lebens nach einer Verbesserung und Vermenschlichung eines der Hauptthemen dieser Literaturgattung

---

[1] Im Text werde ich das Werk manchmal aus Gründen der besseren Lesbarkeit verkürzt *Origin of Species* nennen.

[2] Schnackertz, Hermann Josef: *Darwinismus und literarischer Diskurs: Der Dialog mit der Evolutionsbiologie in der englischen und amerikanischen Literatur*. S. 9

maßgeblich mitbestimmen. Von viel größerer Bedeutung ist jedoch die Tatsache, dass die darin aufgestellte Theorie inzwischen allgemein akzeptiert wird und auf nahezu alle Bereiche der menschlichen Gesellschaft Einfluss genommen hat. Das Umdenken, dass Schnackertz erwähnt, hat zu einem neuen Selbstbewusstsein der Wissenschaft geführt, so dass ein Wissenschaftler heute seine Entdeckungen nicht mehr aus Angst vor der Missbilligung der Kirche zurückhält. Zum Zeitpunkt des Erscheinens von *On the Origin of Species* im Jahre 1858 war ein solches Verhalten noch äußerst selten.

Eine der grundlegenden Veränderungen, die durch Darwins Werk zum Vorschein kam, war die Schwächung der Idee eines Schöpfergottes. Nicht dass dies in Darwins Sinne gewesen wäre, der Zeit seines Lebens darum bemüht war, trotz seiner als häretisch angesehenen Theorien ein gutes Verhältnis zur Kirche zu haben. Dennoch standen sich Ende des neunzehnten Jahrhunderts Theologie und Evolutionstheorie in einer offenen Auseinandersetzung gegenüber. Während viele konservative Christen Darwins Ansatz als Blasphemie empfanden, stand die Mehrheit der Wissenschaftler auf dessen Seite. Für die Kirche ging es bei den Streitgesprächen in den 20 Jahren nach Erscheinen von *On the Origin of Species* um nichts Geringeres als um die Vormachtstellung des schöpfenden Gottes, für die Wissenschaftler um das Recht auf freie Forschung und Publikation der Ergebnisse, das, wie ich gleich noch erläutern werde, etwa bei Darwins Vorgänger Buffon ein Jahrhundert zuvor hinter den Wünschen der Theologen zurückstehen musste. Die Wissenschaftler konnten sich schließlich durchsetzen. Heutzutage glauben nur noch streng konservative Christen, die Mehrzahl davon im "Bible Belt" der USA ansässig, dass die Welt entsprechend den Berechnungen von Bischof James Ussher im Jahre 4001 vor Christus erschaffen[3] und dass der Mensch aus Lehm geformt wurde. Dagegen sind die Belege für die Evolutionstheorie überwältigend, auch wenn die Anhänger des „Intelligent Design", die den Glauben der Kreationisten mit wissenschaftlich anmutenden Ansichten zu untermauern versuchen, das gerne anders sehen. Doch auch sie werden nicht bestreiten können, dass Darwins Lehren die Welt grundlegend verändert haben. Kein Schöpfergott – das heißt dann auch kein Prometheus. Wie kommt es aber dann, dass trotz dieser Implikation die Anzahl der Geschichten über künstliche Menschen, seien es Roboter, Androiden, Klone oder Cyborgs,

---

[3] Ussher (1581-1656) stellte diese Zeitrechnung in seinem 1650 erschienenen Werk *Annales veteris testamenti, a prima mundi origine deducti* auf.

seit Beginn des zwanzigsten Jahrhunderts eine ungeahnte Vielfalt erreichten? Wenn der Mensch nicht mehr bestrebt sein kann, Gott nachzuahmen oder sich zu einem modernen Prometheus aufzuschwingen, wie kommt es dann zu dem Wunschdenken, selber Schöpfer zu werden? Es klingt paradox, dass gerade die Science Fiction in ihrem wissenschaftlich-visionären Stil oft die Evolutionstheorie zugunsten eines prometheischen Handelns aufzugeben scheint. Diese Fragestellung soll im Folgenden zumindest in Grundzügen erörtert werden. Dabei werde ich zuerst versuchen, die Grundlage für Darwins Theorie grob zu skizzieren und dann die Theorie selbst darzustellen, wobei ich mich bemühen werde, die Erklärungen einfach zu halten. Anschließend werde ich auf ein paar Reaktionen auf Darwins *Origin of Species* eingehen und mich insbesondere mit dem Ansatz Paleys beschäftigen, der zwar lange vor Darwin formuliert, von diesem aber eingehend studiert wurde, um seine eigene Theorie vor Angriffen aus religiöser Richtung zu schützen. Nicht umsonst, denn tatsächlich wurde Paleys Idee vom Gott als Uhrmacher immer wieder herangezogen, um Darwins Theorie zu entkräften.[4] Selbst heutzutage ist Paley bei Kreationisten noch sehr beliebt. Zuletzt möchte ich kurz auf zwei Texte eingehen, die zwar nur am Rande zum Gesamtkonzept der Arbeit passen, aber meines Erachtens den Einfluss Darwins sehr deutlich machen: Samuel Butlers *Erewhon* und Kurt Vonneguts *Galápagos*.

Darwins Theorie war an sich nicht wirklich neu. Schon lange vor ihm hatten sich Wissenschaftler mit der Veränderlichkeit der Arten beschäftigt, unter ihnen Charles' eigener Großvater, Erasmus Darwin. Zwar kam er nicht auf den Mechanismus der natürlichen Auslese, doch stellte er in seinem Buch *Zoonomia* (1794-1796) die These auf, dass Organismen nicht, wie die Kirche damals lehrte, von Gott in einer festgelegten Gestalt geschaffen wurden, sondern dass sie sich vielmehr über einen langen Zeitraum entwickeln und verändern können.

> [...] would it be too bold to imagine, that in the great length of time, since the earth began to exist, perhaps millions of ages before the commencement of the history of mankind, would it be too bold to

[4] Paley ist allerdings nicht der Erste, der diese Analogie verwendete. Schon Cicero geht in *De Natura Deorum* auf die Perfektion der Schöpfung ein und schließt aus dem planvollen Funktionieren einer Uhr, dass auch das Weltall nicht sinn- und planlos sein könne (Vgl. *De Natura Deorum,* Buch 2, Kapitel 34). Paley geht jedoch weit über diesen Ansatz hinaus.

imagine, that all warm-blooded animals have arisen from one living filament, which THE GREAT FIRST CAUSE endued with animality, with the power of acquiring new parts attended with new propensities, directed by irritations, sensations, volitions, and associations; and thus possessing the faculty of continuing to improve by its own inherent activity, and of delivering down those improvements by generation to its posterity, world without end?[5]

Eine solche Idee war allerdings nur deshalb möglich, weil die von Bischof Ussher postulierten 6000 Jahre seit der Schöpfung der Welt von anerkannten Geologen immer wieder in Frage gestellt wurden. Einer der ersten dieser Wissenschaftler war James Hutton, der 1788 in *Theory of the Earth* feststellte, dass die Oberfläche der Erde durch langwierige und immer noch anhaltende Prozesse verformt wurde und dass somit etwa Schluchten nicht, wie bis dahin angenommen, durch kataklysmische Ereignisse entstanden sein konnten. Doch erst 1809 gelang es Sir Charles Lyell mit seinen *Principles of Geology*, die wissenschaftliche Welt endgültig davon zu überzeugen, dass die Erde Millionen von Jahren alt ist. Für die Evolutionstheorie war dies essentiell, denn nur mit einem ausreichend großen Zeitraum seit der Erschaffung der Welt ließen sich die langwierigen Veränderungen in Organismen erklären. Erasmus Darwin war mit Huttons Werk vertraut, ebenso wie mit den Werken von Georges Buffon und Carl von Linné. Während Linné jedoch an die Beständigkeit der Arten glaubte, setzte Buffon ihm die Idee einer evolutiven Stufenleiter entgegen und nahm in dieser Theorie unter anderem eine Verwandtschaft zwischen Mensch und Affe an. Dafür, so schreibt Leo Henkin in seinem für dieses Kapitel maßgebliche Werk *Darwinism in the English Novel 1860-1910*, wurde Buffon von der theologischen Fakultät der Sorbonne hart angegriffen und musste in einem 1753 erschienenen Band seiner *Histoire Naturelle* seine Theorie zurücknehmen:

Je déclare,
1.º Que je n'ai eu aucune intention de contredire le texte de l'Écriture ; que je crois très-fermement tout ce qui y est rapporté sur la création, soit pour l'ordre des temps, soit pour les circonstances des faits ; et que j'abandonne ce qui, dans mon livre, regarde la formation de la terre, et

---

[5] Erasmus Darwin, *Zoonomia*, zitiert nach Krause, Ernst: *Erasmus Darwin. Translated from the German by W. S. Dallas, with a preliminary notice by Charles Darwin*. London 1879, S. 183 f.

> en général tout ce qui pourroit être contraire à la narration de Moïse, n'ayant présenté mon hypothèse sur la formation des planètes que comme une pure supposition philosophique. [6]

Die Zeit für eine solche Theorie war offensichtlich noch nicht gekommen. Erasmus Darwins ähnlich klingende Aussage stieß jedoch 40 Jahre später nicht mehr auf so großen Widerstand, und auch Jean-Baptiste de Lamarck konnte 1809 seine *Philosophie Zoologique* schreiben und publizieren, ohne in Konflikt mit seiner Universität zu geraten, obwohl er in seiner Arbeit seine Transformationslehre postulierte – er behielt seine Professur am Jardin des Plantes bis 1818. Lamarck nahm wie auch Erasmus Darwin an, dass sich Lebewesen verändern können, indem sie bestimmte Gliedmaßen entweder besonders häufig oder kaum nutzen und diese Stärkung oder Schwächung an ihre Nachkommen weitergeben. Ein Beispiel war für ihn die Giraffe, die ihren Hals strecke, um an höhere Zweige zu kommen. Der Hals würde dadurch länger, dies wiederum übertrage sich auf folgende Generationen. Insofern spielt die entsprechende Spezies eine aktive Rolle in ihrer Weiterentwicklung. Damit hatte er bei seinen Kollegen einen schlechten Stand, unter anderem bei dem einflussreichen Naturforscher Georges Cuvier. "It fell almost stillborn", kommentiert Henkin das Erscheinen der *Philosophie*.[7] Dennoch beschäftigten sich Naturwissenschaftler in den folgenden Jahren immer wieder mit dem Lamarckismus, unter ihnen auch Charles Darwin, der sich im Laufe der Jahre stark von dieser Theorie distanzierte.

Es gibt noch weitere wichtige Texte, die Darwins Theorie vorbereiten: Lyells *Principles* habe ich schon genannt, hinzu kommen vor allem Robert Chambers *Vestiges of the Natural History of Creation* (1844) und Herbert Spencers Essay *The Development Hypothesis* (1852). Chambers vertrat die Hypothese, dass Embryos plötzlich einen evolutionären Sprung machen könnten, eine Idee, die Darwin selbst nicht akzeptierte, die heutzutage aber, nach Kenntnis spontaner Mutationen, eine gewisse Berechtigung hat. Spencer, der später zu einem engen Verbündeten Darwins wurde und den Begriff *Survival of the Fittest* prägte, verteidigte in seinem Essay, der zuerst anonym erschien, die Ansichten Lamarcks und anderer früher Evolutionstheoretiker.[8] Von viel größerer Bedeutung

---

[6] Buffon, Georges: *Histoire Naturelle*, Band IV, Paris 1753, S. xii

[7] Vgl. Henkin, Leo: *Darwinism in the English Novel 1860-1910*, S.25

[8] Henkin schreibt dazu, dass bereits in diesem Essay der Begriff *Theory of Evolution* auftaucht. Dies scheint jedoch ein Irrtum zu sein. Wie Joachim Dagg von der Abteilung für Entomologie, Institut für Phytopathologie und Pflanzenschutz der

für die spätere Entwicklung der Evolutionstheorie war jedoch seine Anwendung von Darwins Theorie auf soziologische, psychologische und ethische Prinzipien.

Bei all diesen Vorgängern hatte Darwins Theorie somit eine breite Basis. Was ihn jedoch von allen anderen unterschied, war ein kleines Detail: „Er wollte nicht darlegen, *dass* sich Arten ändern können – er wollte wissen, *wie* sie sich änderten."[9] Dieser gesuchte Mechanismus war die „natürliche Auslese", ein Begriff, der relativ schnell durch „Evolution" ersetzt wurde. Darwins Theorie besagt nun folgendes:

Alle Organismen, auch die innerhalb einer Art, unterscheiden sich durch Größe, Stärke, Widerstandsfähigkeit und eine Vielzahl anderer Faktoren. Diese Spezifikationen können bis zu einem gewissen Grade an die Nachkommen weitergegeben werden. Da die Ressourcen, also vor allem Nahrung, begrenzt sind, kommt es zu einem Wettkampf der Organismen. Diejenigen, die lange genug überleben, um sich fortzupflanzen, sind üblicherweise diejenigen, die durch eine bestimmte Ansammlung von Fähigkeiten für das Überleben in der entsprechenden Umgebung am besten geeignet waren. Dies nennt Darwin die natürliche Auslese. Dabei gibt es kein perfektes Set von Fähigkeiten, sondern vielmehr viele verschiedene Kombinationen, die alle erfolgreich sein können. Da sie diese Fähigkeiten zum Teil weitervererben, können sich die Nachkommen der Organismen sogar noch besser anpassen. Hinzu kommen Zufallsvariationen. Über einen langen Zeitraum hinweg (also

---

Universität Göttingen in http://www.victorianweb.org/science/science_texts/spencer_dev_hypothesis.html anmerkt, findet sich diese Phrase erst in dem erneuten Abdruck von 1891. Ursprünglich war nur von der *Theory of Lamarck* die Rede.

[9] Ian Stewart und Jack Cohen in *Darwin und die Götter der Scheibenwelt*, S. 317. Obwohl dieses Buch, das die beiden eben genannten mit dem Fantasy-Autor Terry Pratchett zusammen geschrieben haben, zunächst einen eher trivialen Eindruck macht, lohnt sich eine genauere Betrachtung. In den Kapiteln mit ungerader Nummerierung schreibt Pratchett eine Geschichte, die auf der von ihm erfundenen Scheibenwelt spielt und den Gedanken verfolgt, was geschehen würde, wenn Darwin statt der *Entstehung der Arten* ein Buch mit dem Titel *Die Theologie der Arten* geschrieben hätte. In den anderen Kapiteln erklären der Mathematikprofessor Stewart und der Genetiker Cohen unter anderem auch die Vorläufer der Evolutionstheorie. Zwar haftet ihren Erläuterungen der scheinbare Makel der Populärwissenschaftlichkeit an, dennoch erweisen sie sich als ein gut geeigneter Einstieg in ein weit verzweigtes Thema. Zudem zeigt der Roman einmal mehr, wie aktuell Darwins Werk bis heute ist.

mehrere Millionen Jahre) führt dies zu sehr großen Unterschieden und sogar zu neuen Arten, die sich untereinander nicht länger fortpflanzen können.

Während Darwin seine Theorie nicht explizit auf den Menschen ausdehnte, waren die Implikationen seiner Arbeit offensichtlich. Der Mensch war nicht länger die Krone der Schöpfung, von Gott vollkommen geformt und zur Herrschaft über die Welt bestimmt, sondern ein Zufallsprodukt mit einer nahen Verwandtschaft zum Affen. Der Aufschrei war besonders in der viktorianischen Welt groß – was Darwin befürchtet hatte. Nicht umsonst hatte er lange gezögert, seine Entdeckungen an die Öffentlichkeit zu bringen. Erst als ein junger Forscher namens Alfred Russell Wallace auf Borneo eine ähnliche Theorie aufstellte und diese Darwin im Juli 1858 per Brief zusandte, geriet letzterer in Zugzwang. Seine Furcht vor einer Gefährdung der Kirche durch die Veröffentlichung seiner eigenen Theorie verschwand hinter der Befürchtung, ein anderer Naturforscher könnte ihm zuvorkommen. Im November 1859 erschien *On the Origin of Species* in einer Erstauflage von 1250 Exemplaren – schon vor der Veröffentlichung waren alle restlos ausverkauft. Viele anerkannte Wissenschaftler, unter ihnen Lyell und Thomas Henry Huxley, waren von dem Werk beeindruckt, die christlichen Orthodoxen entsetzt. "The *Origin of Species* came into the theological world like a plough into an ant-hill", verdeutlicht Henkin die Reaktionen.[10] Viele Kritiker führten zur Verteidigung des Glaubens anerkannte theologische Schwergewichte auf. Einer von ihnen war der 1805 verstorbene William Paley. In seinem Buch *Natural Theology* von 1802 führte er die noch heute von Kreationisten verwendete Analogie Gottes als Uhrmacher an. Seine Argumentationsgrundlage war folgendes Szenario:

Wenn man während einer Wanderung eine Uhr auf dem Boden finden würde, so könnte man nicht wie bei einem Stein davon ausgehen, dass sie schon immer da gelegen haben muss. Bei näherer Betrachtung erweist sich, dass sie einen anderen Zweck erfüllt (in diesem Fall das Anzeigen der Zeit). Ihre Existenz kann auch nicht zufällig sein, dazu ist der Mechanismus der Uhr viel zu komplex. Vielmehr muss der Finder davon ausgehen, dass jemand die Uhr zu dem ihr eigenen Zweck erschaffen hat. Entnimmt man eines der Teile aus der Uhr oder verändert man sie in Größe oder Form, funktioniert sie nicht mehr. Dasselbe, so Paley weiter, gelte auch für das Auge, eine Behauptung, die er durch eine ausführliche Analyse dieses Organs untermauert. Nicht

[10] Vgl. Henkin, S. 62

nur sei es hinreichend komplex, um auf einen intelligenten Schöpfer hinzuweisen, es sei auch konkret zweckgebunden und könne nicht durch Zufall entstanden sein. Er schließt daher seine Argumentation zu diesem Zeitpunkt mit folgenden Worten ab:

> Were there no example in the world of contrivance except that of the eye, it would be alone sufficient to suppose the conclusion which we draw from it, as to the necessity of an intelligent Creator. It could never be got rid of because it could not be accounted for by any other supposition, which did not contradict all the principles we possess of knowledge: the principles, according to which things do, as often as they can be brought to the test of experience, turn out to be true or false [...].[11]

Es folgt nun eine ausgiebige Betrachtung des menschlichen Körpers sowie der Insekten, der Botanik und der Astronomie aufgrund seiner vorhergehenden Argumentation. Paley schließt sein Buch mit einer erneuten Bekräftigung seines Glaubens an einen Schöpfergott:

> Upon the whole; in every thing which respects this awful, but, as we trust, glorious change, we have a wise and powerful Being, (the author, in nature, of infinitely various expedients for infinitely various ends), upon whom to rely for the choice and appointment of means, adequate to the execution of any plan which his goodness or his justice may have formed, for the moral and accountable part of his terrestrial creation. That great office rests with him: be it ours to hope and to prepare, under a firm and settled persuasion, that, living and dying, we are his; that life is passed in his constant presence, that death resigns us to his merciful disposal.[12]

Paleys Buch war zur Zeit Darwins weit verbreitet, auch wenn führende Intellektuelle die Annahme eines „Entwurfs des Menschen" durch Gott ablehnten. Darwin selbst war von der *Natural Theology* während seines Studiums sehr angetan. Die Beobachtungen, die er an Bord der *Beagle* machen konnte, sowie sein natürliches Interesse an den Wissenschaften veränderten schließlich sein Weltbild. Zudem war schon 1837 Paleys Logik nicht länger aktuell – man glaubte nun, dass Gott bei der

---

[11] Paley, William: *Natural Theology*, S. 75

[12] Paley, *Narural Theology*, S. 548

Schöpfung die Naturgesetze festgelegt habe. Dennoch nutzte Darwin die Kenntnis von Paleys Werk zur Vorbereitung der *Origin of Species* und konnte so viele mögliche Angriffspunkte schon im Vorfeld negieren.[13]

Trotzdem gab es noch genug Kritik an der Theorie der natürlichen Auslese. Auf theologischer Seite stürzte sich vor allem Bischof Samuel Wilberforce mit Unterstützung des berühmten britischen Biologen Sir Richard Owen in die Diskussion, verlor aber ein groß angelegtes Streitgespräch, das 1860 in der „British Association for the Advancement of Science" stattfand, gegen T. H. Huxley, was für die theologische Seite einen großen Rückschlag darstellte, von dem sie sich nicht wieder erholen konnte.[14] Die Literatur nahm diesen größten (und rückblickend betrachtet wichtigsten) Streit zwischen Glauben und Wissenschaft ebenfalls gerne auf. Benjamin Disraeli wendete sich in dem Vorwort zu seinen *Novels* 1870 deutlich gegen die Evolutionstheorie und verspottete sie 1871 in seinem Roman *Lothair*. Charles Kingsley bezog sich in seinen berühmten *Water Babies* von 1863 deutlich auf den anhaltenden Disput zwischen Huxley und dessen Erzfeind Owen und gehörte ansonsten zu den wenigen Intellektuellen, denen es gelang, Darwins Ansichten mit dem christlichen Glauben zu verbinden. Mrs. Humphry Ward beschrieb in *Robert Elsmere* (1888) dagegen, welche Probleme religiöse Menschen mit der alles umwälzenden Theorie hatten und wie viele an der Wahrheit der Genesis zu zweifeln begannen.[15]

---

[13] Dies zeigt sich schon in der Einleitung: "In considering the Origin of Species, it is quite conceivable that a naturalist, reflecting on the mutual affinities of organic beings, on their embryological relations, their geographical distribution, geological succession, and other such facts, might come to the conclusion that each species had not been independently created, but had descended, like varieties, from other species. Nevertheless, such a conclusion, even if well founded, would be unsatisfactory, until it could be shown how the innumerable species inhabiting this world have been modified, so as to acquire that perfection of structure and coadaptation which most justly excites [sic] our admiration." (Darwin, *On the Origin of Species*, S. 3). Der Terminus "Perfection of Structure" zielt mit Sicherheit auf Paleys Argumentation hin.

[14] Vgl. dazu Henkin S. 67 ff.

[15] Mrs. Humphry Ward war der Autorenname für Mary Augusta Ward, deren Schwester Julia T.H. Huxleys Sohn Leonard geheiratet hatte. Sie selbst war von der Evolutionstheorie zutiefst fasziniert, haderte aber anscheinend mit den

Diese drei Namen sind nur Beispiele für die große Zahl von Autoren, die in jener Zeit auf die eine oder andere Weise den Darwinismus verarbeiteten. Die Literaturwissenschaft hat das Phänomen bereits ausführlich untersucht, und so möchte ich an dieser Stelle nur einige wenige mir vorliegende Arbeiten nennen, die das Verhältnis von „Darwinismus und literarischem Diskurs" aus verschiedenen Blickwinkeln betrachten und die für weitere Studien einen Ansatz bieten können. So etwa Hermann Josef Schnackertz, der unter dem soeben zitierten Titel insbesondere das Verhältnis von Satire und Utopie zu dem Themenkomplex Darwin untersucht (mit einem Schwerpunkt auf den Werken von Edward Bulwer-Lytton, Samuel Butler und H.G. Wells), aber auch in Theodore Dreisers *Sister Carrie* Spuren der Evolutionstheorie, insbesondere der soziologischen von Herbert Spencer, nachweist. Ebenso zu nennen ist die Arbeit von George Levine über *Darwin and the Novelists* (1988): Dieser versucht, in verschiedenen literarischen Werken eine unbewusste beziehungsweise indirekte Beeinflussung durch Darwins Theorien zu finden und analysiert dafür unter anderem *Mansfield Park, Little Dorritt* und das Œuvre von Anthony Trollope. Für das Fachgebiet in eigentlich allen Sekundärtexten als maßgeblich anerkannt gilt des Weiteren Gillian Beers Studie *Darwin's Plots* (1983), in der sie die Literarizität in *On the Origin of Species* selbst hervorhebt und den Einfluss auf Charles Kingsley, George Elliot und Thomas Hardy analysiert. Zu guter Letzt sei noch auf Gowan Dawsons *Darwin, Literature and Victorian Respectability* (2007) hingewiesen. Dawson zeigt darin auf, welchen Einfluss die Evolutionstheorie auf das Verhältnis der viktorianischen Bevölkerung zu Sexualität, Pornographie und Freidenkerei hatte.

All diese Untersuchungen sind ein Beleg für die Bedeutsamkeit der Evolutionstheorie Darwins und ihres finalen Sieges über die Kirche. Nur so konnten meiner Meinung nach weitere wissenschaftliche Entdeckungen gemacht werden, ohne dass diese durch eine wie auch immer geartete Zensur der religiösen Kräfte in der Versenkung verschwinden mussten. Heutige Entwicklungen, seien es das ethisch fragwürdige Klonen von Tieren, die Arbeit an embryonalen Stammzellen zur Entwicklung von Heilmitteln oder auch die Versuche zur Erzeugung künstlicher Intelligenz (A.I.) wären in einer Welt, in der die Theologie weiterhin

---

Schwierigkeiten, sie mit dem Glauben an die Wahrheit der Bibel als Grundlage der christlichen Religion in Einklang zu bringen.

maßgebliches Kriterium für wissenschaftliche Forschung wäre, nicht denkbar.[16]

Für diese Arbeit sind jedoch nur einige literarische Werke von besonderem Interesse. Sie müssen nicht nur einen deutlichen Einfluss Darwins aufweisen, sondern zugleich auch im weitesten Sinne dem Feld der Science Fiction zuzuweisen sein. Ich möchte daher auf den nächsten Seiten kurz auf Samuel Butlers Utopie *Erewhon* und auf den satirischen Roman *Galápagos* von Kurt Vonnegut zu sprechen kommen.

---

[16] Ich nenne als real historisches Beispiel noch einmal den Druck, den die theologische Fakultät auf den Naturforscher Buffon ausübte, damit er seine Theorie bezüglich der Entwicklung des Menschen widerrufe.

2.4.1 Samuel Butlers Erewhon

Erewhon ist ein durch Berge vom Rest der Welt abgeschnittenes Land, dessen Bewohner durch zwei Verhaltensweisen besonders auffallen: Zum einen betrachten sie Krankheit als Verbrechen und Verbrechen als eine Krankheit, zum anderen hegen sie eine große Antipathie gegen Maschinen. Grund für Letzteres ist ein Text, der mehrere hundert Jahre vor Beginn der Romanhandlung von einem erewhonischen Gelehrten verfasst wurde und die Entwicklung der Maschinen zu intelligenten und die Menschen versklavenden Wesen prophezeit. Der Erzähler schafft es, Auszüge dieses Buches während seines Aufenthalts in dem fremden Land zu übersetzen. Die drei Kapitel, die das *Book of the Machines* einnimmt, sind für die eigentliche Handlung nur von geringer Bedeutung, stellen aber historisch gesehen den Kern des Romans dar und zeigen besonders deutlich die Adaption der Darwinschen Thesen durch Butler.

Zuerst zur Genese des Textes. Butler selbst gibt in der Einleitung zu der 1901 überarbeiteten und erweiterten Ausgabe von *Erewhon* an, dass der Roman seinen Anfang als Zeitungsartikel nahm und bereits hier auf Darwin verwies:

> The first part of *Erewhon* written was an article headed "Darwin among the Machines", and signed Cellarius. It was written in the Upper Rangiata district of the Canterbury Province (as it then was) of New Zealand, and appeared at Christchurch in the *Press* newspaper, June 13, 1863.[17]

Butler ging nach Abschluss seines Studiums in Cambridge, im September 1859, als Schafhirt nach Neuseeland, wo er sich innerhalb kürzester Zeit eine Ausgabe von Darwins *Origin of Species* gekauft haben muss. In *Unconscious Memory* gibt er an:

> As a member of the general public, at that time residing eighteen miles from the nearest human habitation, and three days' journey on horseback from a bookseller's shop, I became one of Mr. Darwin's many enthusiastic admirers, and wrote a philosophical dialogue (the most offensive form, except poetry and books of travel into supposed

[17] Butler, *Erewhon*, S. xi

> unknown countries, that even literature can assume) upon the "Origin of Species".[18]

Diesen philosophischen Dialog schrieb Butler 1865 für ein Londoner Magazin neu und erweiterte ihn. Nach einer weiteren Umarbeitung hatte der Text die nun im Roman vorliegende Form.

Mein Augenmerk liegt nun ausschließlich auf den Kapiteln 23 bis 25, dem *Book of the Machines*. Für die damalige Zeit war die Vorstellung von intelligenten und die Menschheit versklavenden Maschinen absurd, ein Grund dafür, dass die Leser des Romans manchmal den Eindruck hatten, als wolle Butler sich über Darwin lustig machen. Niemand konnte die dargestellte Gefahr ernstnehmen, und erst heute wissen wir um das volle Potenzial von Butlers Visionen.[19] Viele Kybernetiker und Computerexperten diskutieren inzwischen immer wieder über die moralischen und ethischen Grundsätze und Probleme bei der Erschaffung künstlicher Intelligenz. Doch schon vor einhundert Jahren fand diese Fragestellung erstmals literarische Verwendung. Dabei sind die Bezüge zu Darwin nicht zu übersehen. Angefangen bei Lyells „Tiefer Zeit", die eine der Grundlagen für die Evolutionstheorie war und die auch im „Buch der Maschinen" auftaucht, nimmt Butler die meisten gängigen Argumente von Darwin auf und verwendet bewusst das entsprechende Vokabular. Von einer von vornherein unveränderlichen Schöpfung ist längst keine Rede mehr:

> [...] but surely when we reflect upon the manifold phases of life and consciousness which have been **evolved** already, it would be rash to say that no others can be **developed**, and that animal life is the end of all things.[20]

Schon die Wortwahl in dieser frühen Passage macht deutlich, auf welcher Seite Butler steht. Ein sich entwickelndes Bewusstsein widerspricht der damals gültigen Lehre der Kirche in Bezug auf die

---

18 Butler, *Unconscious Memory*, S. 11

19 Unter anderem nimmt Frank Herbert, der Autor der großen *Wüstenplanet*-Saga (*Dune*) das „Buch der Maschinen" in die Konstruktion seiner Welt auf. Eines der wichtigsten Ereignisse in der Geschichte des *Dune*-Universums ist *Butler's Jihad,* ein Kreuzzug gegen die herrschenden Maschinen. Ebenso wie die Bewohner Erewhons verbannen die siegreichen Menschen anschließend jegliche Art von bedrohlicher, d.h. intelligenter Technik.

20 *Erewhon*, S. 118; Hervorhebungen vom Verfasser.

Schöpfung aufs Schärfste, wie ich bereits bei der Diskussion der Darwinschen Thesen dargelegt habe. Auf dieser Basis legt der Erzähler (der das erewhonische *Book of the Machines* übersetzt) die rapide Entwicklung der mechanischen Welt dar und vergleicht sie mit der Evolution von Tieren und Pflanzen. Dabei verwendet er einen ähnlichen Stil wie Charles Darwin in *On the Origin of Species* und nimmt mögliche Gegenargumente auf, um diese dann dezidiert zu widerlegen. In manchen Fällen greift er möglichen Argumenten sogar vor und verwendet die eigenen Beispiele gegen sie. So etwa bei William Paley, den Butler zwar nicht namentlich nennt, dessen bekannteste These er aber in seinem Sinne verwendet:

> Take the watch, for example; examine its beautiful structure; observe the intelligent play of the minute members which compose it; yet this little creature is but a development of the cumbrous clocks that preceded it; it is no deterioration from them. A day may come when clocks, which certainly at the present time are not diminishing in bulk, will be superseded owing to the universal use of watches, in which case they will become as extinct as ichtyosauri, while the watch, whose tendency has for some years been to decrease in size rather than the contrary, will remain the only existing type of an extinct race.[21]

Das intelligente Design der Paleyschen Uhr gilt bei Butler als Beleg für die Funktionsweise der Evolution, auch wenn er zugeben muss, dass Maschinen grundsätzlich von Menschen geschaffen werden müssen. Wie Paley erkennt Butler[22] aber auch im weiteren Verlauf die Möglichkeit von sich selbst reproduzierenden Automaten an. Für letzteren ist es jedoch eine viel größere Gefahr, dass die Menschen von den Maschinen abhängig werden – eine Befürchtung, die heutzutage eingetroffen ist. Als extremes Beispiel nennt der Erzähler, erneut in Anlehnung an Paley, die mechanisch anmutende Funktionsweise des menschlichen Auges. Dieses sei nichts weiter als eine Maschine für den kleinen im Gehirn sitzenden wahren Menschen, der abhängig von der organischen Maschine ist,

---

21 *Erewhon*, S. 121

22 Ich verwende seit einiger Zeit den Namen des Autors Samuel Butler in Bezug auf das „Buch der Maschinen", obwohl korrekterweise von dem erewhonischen Gelehrten die Rede sein muss, dessen Werk der Erzähler von *Erewhon* in Auszügen übersetzt hat. Da jedoch die Basis der Kapitel ein philosophischer Diskurs ist, zu dessen Autorschaft Butler sich bekannt hat, scheint mir eine Übertragung dieser auf den vorliegenden Text gerechtfertigt zu sein.

ebenso wie vom Mikroskop und Teleskop, um Kleinstwesen oder entfernte Planeten wahrzunehmen. Mit dieser Argumentation führt Butler Paleys Gedanken weiter. Dieser hatte die Komplexität des Auges, analog zu der einer Uhr, als Zeichen eines intelligenten Designs angeführt. Das Auge war für ihn eine Konstruktion, aber kein Konstrukt. Butler knüpft daran an, führt aber damit wissentlich nahezu seine gesamte Argumentation an den Rand des philosophischen Wahnsinns: Denn wenn das Auge eine Maschine ist, so gilt dies auch für die menschlichen Gliedmaßen oder die anderen Organe. Was aber ist dann noch der Mensch? Diese Frage nimmt Butler bewusst auf, um zu einem Nebenthema, der Ähnlichkeit zwischen Mensch und Maschine, zurückzu-kommen:

> Who shall say that a man does see or hear? He is such a hive and swarm of parasites that it is doubtful whether his body is not more theirs than his, and whether he is anything but another kind of ant-heap after all. May not man himself become a sort of parasite upon the machines? An affectionate machine-tickling aphid?[23]

Butler stellt mechanisches und biologisches Leben auf eine Stufe, damit eine Hypothese Darwins parodierend, nach der sich das Leben durch die natürliche Auslese aus der Ursuppe entwickelt hat. J.C. Garrett führt dazu an:

> It was a mechanical, materialistic process in which no account need to be given of effort or purpose. If no line could be drawn between animal and vegetable organisms then no line could be drawn between these and the new mechanical organisms. [...]
>
> It was a false anology, just as false as had been the famous *Analogy of Religion* by Bishop Joseph Butler, the eighteenth century divine. [...] The nineteenth century Butler now showed by analogy that if consciousness could develop from inanimate material it could develop in machines as well. He knew that this was absurd.[24]

Ob die These Butlers heutzutage noch absurd genannt werden kann, sei dahingestellt. Fakt ist, dass sich Butler in der Einleitung zu der zweiten

---

[23] *Erewhon*, S. 123

[24] Garrett, J.C.: *Hope or Dillusion*, S. 39 f.

Ausgabe von *Erewhon* schützend vor die Theorie der natürlichen Auslese und vor Charles Darwin stellt. Immerhin, darauf weist Leo Henkin hin, hat Darwin selbst den im Zitat genannten Dialog in einem Brief vom 24. März 1863 an einen nicht namentlich genannten Herausgeber empfohlen, eine Ehre, die für Butler zu der damaligen Zeit immens war. Offensichtlich hatte er, der laut Henkin einer der ersten war, der *On the Origin of Species* eingehender studierte, mit seinem Dialog sein Ziel erreicht: Darwins Bewunderung zu erlangen.[25] Nachdem ihm dies gelungen war, reagierte er natürlich entsetzt, als nach Erscheinen der Erstausgabe von *Erewhon* der erstgeschriebene Teil des Textes als eine Parodie auf die Evolutionstheorie gelesen wurde. 1872 stellte er dieses Missverständnis richtig:

> I regret that reviewers have in some cases been inclined to treat the chapters on Machines as an attempt to reduce Mr. Darwin's theory to an absurdity. Nothing could be further from my intention, and few things would be more distasteful to me than any attempt to laugh at Mr. Darwin [...] The only question in my mind was how far *I* could afford to be misrepresented as laughing at that for which I have the most profound admiration.[26]

Dies änderte sich aber nach einigen Jahren. In seinen späteren Werken wie etwa *Life and Habit* (1877) propagierte Butler im Gegensatz zu seiner ursprünglichen eine deutlich anti-darwinistische Haltung. Er wendete sich drastisch von Darwin ab und warf diesem unter anderem vor, den Schöpfungsplan bzw. das Design der Lebewesen und damit Gott selbst in Frage zu stellen. Doch schon zu Zeiten seiner anhaltenden Bewunderung für den großen Naturforscher könnte es nach Ansicht verschiedener Wissenschaftler zu Unstimmigkeiten zwischen Butler und seinem Idol Darwin gekommen sein.

---

[25] Möglicherweise sah er darin auch eine Art Ersatz der väterlichen Anerkennung, die ihm Zeit seines Lebens verweigert wurde. Immerhin war Charles Darwin ein Bekannter von Samuel Butlers Vater Thomas, zusammen mit diesem auf der Schule in Shrewsbury. Darwin selbst gibt an, an dem Unterricht des Schulleiters Dr. Samuel Butler (dem Großvater des hier behandelten Autors) keine Freude gehabt zu haben, ebenso wie Butler unter seinem Vater litt. Da er mit diesem immer wieder im Streit lag, könnte die Zustimmung und das Lob des renommierten Wissenschaftlers ein entsprechender Ersatz sein, den Butler dringend suchte. Für das spätere Verhalten Butlers gegenüber Darwin könnte diese These von Interesse sein.

[26] *Erewhon*, S. vii f.

> *The Book of the Machines* thus prepared himself for the long attack on Darwin, who had, he believed, removed from the Universe both the concept of design and the creative role of evolutionary effort.[27]

Andere wie etwa Stuart P. Sherman nennen einen weitaus persönlicheren Grund für die späteren Attacken Butlers. Ersterer fühlte sich, so Sherman, in einem von Darwin herausgegebenen Buch "covertly slighted" und rächte sich dafür mit Angriffen nicht nur gegen den Darwinismus, sondern auch gegen den Autor selbst.[28] Dies ist nicht von der Hand zu weisen, ist aber nur ein Teil der Problematik – für eine etwas ausführlichere Beschreibung der damaligen Situation verweise ich aus Platzgründen an dieser Stelle auf Kapitel 13 von Peter Rabys Butler-Biographie, die auch allgemein einen guten und vor allem neutralen Einblick in die komplexe Persönlichkeit des viktorianischen Autors gibt.[29]

Während Butlers spätere Attacken gegenüber Darwin für die Rezeption der Evolutionstheorie grundsätzlich nicht unerheblich sind und, trotz ihres unwissenschaftlichen Ansatzes und der zur Obsession tendierenden Aggression, auch von Intellektuellen wie George Bernard Shaw und Karl Popper aufgenommen wurden, sind sie für die Diskussion von *Erewhon* im Rahmen dieser Arbeit nicht weiter von Belang. Es zeigt sich jedoch, dass die Themen „Darwin" und „Evolutionstheorie" nicht einfach nach einigen Jahren in Vergessenheit gerieten, sondern noch bis in die Moderne hinein von Bedeutung blieben. Raby führt dazu aus:

> […] it was not until the application of Mendelian theory and, recently, the discovery of DNA and RNA that the general tenor of Darwin's theory would be firmly substantiated. The debate continues, as the activities of the creationists, or books like Richard Dawkins's *The Blind Watchmaker*, demonstrate. Dawkins's last chapter, 'Doomed Rivals',

27 Garrett, J.C.: *Hope or Dillusion*, S. 42

28 Vgl. Sherman, Stuart P.: *Samuel Butler: Diogenes of the Victorians.* S. 21

29 Raby, Peter: *Samuel Butler*, S. 161-178

elegantly disposes of Lamarckian theory; it is significant that it still requires disposal.[30]

Butler war in späteren Jahren einer derjenigen, die die Debatte um den Darwinismus nicht auf sich beruhen lassen wollten. Insofern hatten seine Attacken, so fehlgeleitet und grundlos sie auch waren, durchaus eine positive Wirkung, blieb die Diskussion um die Evolutionstheorie doch auf diese Weise erhalten. In *Erewhon* selbst fehlt allerdings meines Erachtens, im Gegensatz zu den späteren Aussagen, jene Aggressivität, die spätere Texte Butlers auszeichnet. Es gibt keinerlei Anzeichen dafür, dass sich Butler 1871 bewusst über *On the Origin of Species* lächerlich machen wollte oder die Thesen Darwins angreifen wollte. Ganz im Gegenteil: Wie auch Basil Wiley in seinen „Hibbert Lectures" von 1959 zeigt, geht es Butler nur um ein intellektuelles Gedankenspiel. Wiley zitiert dabei einen Brief vom 11. Mai 1872, in dem Butler schreibt:

> [I am] sincerely sorry that some of the critics should have thought that I was laughing at your theory, a thing which I never meant to do, and should be shocked at having done. […] I have developed and worked out the obviously absurd theory that they [the machines; Anmerkung des Verfassers] are about to supplant the human race and be developed into a higher kind of life. When I first got hold of the idea, I developed it for mere fun and because it amused me and I thought would amuse others, but without a particle of serious meaning […][31]

Die Passagen, die eindeutig auf Darwins *Origin of Species* zurückzuführen sind, dienen in den meisten Fällen der Unterstützung seiner eigenen (wenn auch satirischen) Thesen, werden somit also auch nicht in Frage gestellt. Als Beispiel mag hier der Absatz über die Reproduktivität der Maschinen mit Hilfe des Menschen gelten. Der Erzähler argumentiert, dass auch Pflanzen sich nicht selbstständig vermehren können, sondern auf Insekten angewiesen sind, mit denen sie in einer Art Symbiose leben. Um seine Argumentation zu stützen, führt er die Verbindung von rotem Klee und Hummeln an, auf die schon Darwin im dritten Kapitel von *On the Origin of Species* hinweist.[32] Der Klee kann nur von Hummeln befruchtet werden, weil nur diese den

---

[30] Raby, S. 168

[31] Brief von Samuel Butler an Charles Darwin, 11. Mai 1872. Zitiert nach Wilbey, Basil: *Darwin and Butler. Two versions of Evolution*, S. 68 f.

[32] Vgl. *On the Origin of Species*, S. 37

Nektar der Pflanze erreichen können. „The humble bee is a part of the reproductive system of the clover. [...] Then why [are] not we part of that of the machines?"[33]

Einige der Literaten, die sich nach Butlers Tod auf seine Werke berufen haben, habe ich bereits angeführt. Auch Aldous Huxley gab an, von *Erewhon* inspiriert worden zu sein. Auf diesem Weg fand somit die Evolutionstheorie Eingang in die moderne Literatur im Allgemeinen und in die frühe Science Fiction im Besonderen. Im Folgenden werde ich mich nun mit einem Text beschäftigen, der zeigt, dass auch in der jüngsten Vergangenheit der darwinsche Gedankengang noch immer aktuell ist.

[33] *Erewhon*, S. 127

2.4.2 Kurt Vonneguts „Galápagos"

Geht man von der Anzahl der literaturwissenschaftlichen Veröffentlichungen zu seinen Werken aus, gehört Kurt Vonnegut sicherlich zu den wichtigsten amerikanischen Schriftstellern des zwanzigsten Jahrhunderts. *Sirens of Titan, Player Piano* und *Slaughterhouse-Five* sind Bestseller, Standardwerke in Schulen und Universitäten.

> [He is] a celebrity-writer, a pop-icon, an inspiring and trusted voice to rebelious youth, an American original whose work would be taught in high school and college classrooms across the nation and overseas, the subject of more academic and journalistic critical scrutiny than almost all of his contemporaries, a writer who merits a place in any serious discussion of American literature.[34]

Literarisch lässt Vonnegut sich nur schwer einordnen, wie etwa Thomas F. Marvin belegt.[35] Science Fiction, Satire oder Postmoderne sind nur ein paar Begriffe, mit denen das Œuvre des amerikanischen Schriftstellers belegt wird. Auf eine gewisse Art treffen sie auch alle zu, doch wie viele bedeutenden Autoren lässt sich auch Vonnegut nie ganz eindeutig festlegen. Im Rahmen dieser Arbeit möchte ich mich nun mit einem von Vonneguts späteren Romanen beschäftigen: *Galápagos* aus dem Jahr 1985. In dem rückblickend erzählten Text berichtet ein Geist von den Geschehnissen, die beinahe zur völligen Auslöschung der Menschheit führen. Nur einige Überlebende, die auf einer abgeschiedenen Galapagos-Insel Zuflucht fanden, garantierten das Fortbestehen ihrer Art – jedoch unter dem Diktum von Darwins Evolutionstheorie. Im Laufe der Jahrtausende entwickelten sich die Nachkommen dieser Schiffbrüchigen weiter, erhielten robbenartige Pelze, Flossen und weitaus kleinere Gehirne. Natürliche Auslese in Aktion.

Der Bezug zu Darwin ist offensichtlich, und der Erzähler spart nicht mit Hinweisen auf diese Verbindung. Der Luxusliner, mit dem die Überlebenden die Galapagos-Inseln ansteuern, heißt „Bahía de Darwin", dessen Jungfernfahrt in Erinnerung an die Reise der *Beagle* stattfinden soll. Das Schiff wird im Text auch immer wieder „die moderne Arche

---

[34] Mustazza, Leonard: *The Critical Response to Kurt Vonnegut*, S. xxi

[35] Vgl. Marvin, Thomas F.: *Kurt Vonnegut. A Critical Companion*. Kapitel 2

Noah" genannt und verweist so auf die zweite Anspielungsebene des Romans. Biblischer Schöpfungsmythos und Darwinismus treffen zusammen, nur dass aufgrund der Evolutionstheorie der Schöpfergott nicht länger benötigt wird. Die Erzählweise ist dabei durchaus satirisch, verweigert dem Leser aber jegliche Überraschung. Leon Trout, Sohn des erfolglosen Science-Fiction-Autors Kilgore Trout (ein Alter Ego von Kurt Vonnegut), hält sein Wissen über das Geschehen nicht zurück und offenbart frühzeitig das Ende des Buches. Außerdem setzt er ein Sternchen (*) vor den Namen eines jeden Charakters, der bald das Zeitliche segnen wird. Sobald aus James Wait also *James Wait wird, weiß der Leser, was zu erwarten ist.

> Vonnegut has crafted *Galápagos* in this manner, presumably, to present the evolution of the human race – as he imagines it will be – in the same methodical, complete, detached tones with which Darwin noted the evidence of evolution in the stranded creatures of the Galapagos Islands. *Galápagos* is science fiction in the most literal sense: inventive speculation based upon a solid foundation of scientific knowledge.[36]

Leon Trout ist als Erzähler durchaus mit Darwins Theorie vertraut und bezieht sich verschiedentlich direkt auf sie. Bereits zu Beginn des Romans beschreibt er ein Bild des Wissenschaftlers und führt dazu aus:

> He thereupon penned the most broadly influential scientific volume produced during the entire era of great big brains. It did more to stabilize people's volatile opinions of how to identify success or failure than any other tome. Imagine that! And the name of his book summed up its pitiless contents: *On the Origin of Species by Means of Natural Selection, or the Preservation of Favoured Races in the Struggle of Life.*[37]

Diese "great big brains" sind im Roman einer der Gründe für den Niedergang der Menschheit. Trout wird nicht müde, darauf hinzuweisen, dass das menschliche Gehirn mit seiner unglaublichen Leistungsfähigkeit auch für irrationale Ängste, Bedenken, Hass oder Illusionen verantwortlich sei. Die Impulse des Gehirns sind, so Trout, oft nicht zum Überleben hilfreich. Dazu gibt er folgendes Beispiel:

---

[36] Bianculli, David: *The Theory of Evolution, according to Vonnegut*, in: Mustazza, S. 276

[37] *Galápagos*, S. 14

> When I was alive, I often received advice from my own big brain which, in terms of my own survival, or the survival of the human race, for that matter, can be charitably described as questionable. Example: It had me join the United States Marines and go fight in Vietnam.[38]

Drei Seiten vorher hatte Mary Hepburn, eine der Protagonistinnen, ebenfalls erkannt, dass das Gehirn (welches sie zum Selbstmord treiben wollte) ihr „Feind" ist, und geht auf ihre Weise dagegen vor.

> "Given a choice between a brain like you and the antlers of an Irish elk", she told her own central nervous system, "I'd take the antlers of the Irish elk."
>
> These animals used to have antlers the size of ballroom chandeliers. They were fascinating examples, she used to tell her students, of how tolerant nature could be of clearly ridiculous mistakes in evolution. Irish elk survived for two and a half million years, in spite of the fact that heir antlers were too unwieldy for fighting or self-defense, and kept them from seeking food in thick forests and heavy brush.[39]

Diese Ansicht, zusammen mit Darwins Theorie der Natürlichen Auslese, ist somit Ausgangslage für das nahezu vollständige Aussterben der Spezies Mensch im Roman. Letztere entwickelt sich sogar, so sieht es zumindest Gilbert McInnis, zu einer eigenständigen mythologischen Grundlage, die das finale Erklärungsmodell für die Geschehnisse im Roman gestaltet.[40] Ausgehend von Joseph Campbells vier Funktionen einer jeden Mythologie[41] sieht er in Vonneguts Romanen die Evolutionstheorie in dieser Funktion, unterstützt von der Macht des Zufalls:

> In *Galápagos*, the notion of natural selection discloses a world of mystery and awe, and we observe this wonder when we examine the chance element in natural selection. According to what we learn from *Galápagos*, the chance element in natural selection shares characteristics with the mystery element of God, and therefore is a possible surrogate

---

[38] *Galápagos*, S. 29

[39] Ebd., S. 26

[40] Vgl. McInnis, Gilbert: *Evolutionary Mythology in the Writings of Kurt Vonnegut Jr.*

[41] Vgl. Campbell, Joseph: *Myths to live by*, S. 221 f.

> for that mystery. However, the characters are not active participants in that mysterious "dimension of the universe," but rather are victims of the deterministic force underlying the chance mechanism of natural selection. When we further examine that malicious force, we conclude that it, too, resembles the mechanistic view of the universe propounded by evolutionary science. Therefore, the cosmological function of evolutionary mythology "offers an image of the universe that is in accord with" evolutionary science.[42]

In der Tat ist es eine enorme Häufung von Zufällen, die zur Apokalypse führen. Die Frauen der gesamten Welt werden durch eine Art Virus unfruchtbar, und nur die Menschen, die mit der „Bahía de Darwin" das von Finanzkrise und Hungersnot gebeutelte Ecuador verlassen (dem Rest der Welt geht es durch einen allgemeinen Börsenkollaps nicht besser), entgehen diesem Schicksal. Ausgerechnet auf Santa Rosalia, der am weitesten abgelegenen Galapagos-Insel, laufen sie durch die Unfähigkeit des Kapitäns auf Grund. Eine japanische Frau gebärt dort ihre Tochter Akiko, deren Haut durch einen genetischen Defekt mit einer Art weichem Flaum überzogen ist. Da sie so vor Wind und Wetter besser geschützt ist, und weil sie nach einigen Jahren eines der wenigen Mädchen in gebärfähigem Alter ist, wird sie zur Stammmutter späterer Generationen, die ebenfalls pelzig zur Welt kommen. Nur diese können langfristig in der rauen Umgebung der Galapagos-Inseln überleben und pflanzen sich gemäß dem Überleben der Stärksten fort.

Doch von allein kann dies nicht geschehen, und so muss, entgegen der These von McInnis, eine Art göttliche Instanz eingreifen. Da der Kapitän der „Bahía de Darwin", Adolf von Kleist, der einzige Mann auf der Insel ist und somit für das Fortbestehen der Menschheit von besonderer Bedeutung ist, kommt seine Weigerung zur Fortpflanzung (er hat Angst, einen genetischen Defekt, der in seiner Familie in der männlichen Linie vererbt wird, auf mögliche Kinder zu übertragen) einem Todesurteil gleich. Daher nimmt ihm seine Geliebte, Mary Hepburn, den Samen und befruchtet damit einige der jungen Eingeborenen-Mädchen, die sich vor den Unruhen in Ecuador auf dem Luxusliner versteckt hatten. Diese bringen später auch männliche Kinder (ohne genetischen Deffekt) zur Welt, die sich wiederum mit der pelzigen Akiko paaren – das Fortbestehen der Gattung Mensch ist auf diese Weise gesichert. Der

[42] McInnis, Gilbert: *Evolutionary Mythology in the Writings of Kurt Vonnegut Jr.*, S. 383

Erzähler von Vonneguts Roman, Leon Trout, kommentiert dies folgendermaßen:

> With the help of Mary Hepburn, he [d.i. Adolf von Kleist] would become a latter-day Adam, so to speak. The biology-teacher from Illium, however, since she had ceased ovulating, would not, could not, become his Eve. So she had to be more like a god instead.[43]

Als "Mother Nature Incarnated" bemüht sich die gebärunfähige Mary Zeit ihres Lebens, auf Santa Rosalia Kinder heranwachsen zu sehen. "Nothing could keep her from doing all she could to keep life going on and on and on."[44] Die Evolution besorgt schließlich den Rest. Donald E. Morse führt dazu aus:

> […] [A] million years in the future, humans in *Galápagos* have moved from complex, brain-ridden creatures to far more innocent, polymorphously perverse, aquatic creatures. Their lives become dedicated to hunting and eating, sex and procreating – a simpler and perhaps more reasonable agenda than the ones currently followed by those big-brained creatures who often appear hell-bent on destroying themselves and their planet.[45]

Vonnegut verwendet Darwins Idee von der verbesserten Anpassungsfähigkeit einer Spezies ("Survival of the Fittest") und räumt gleichzeitig mit dem weit verbreiteten Vorurteil auf, dass die Evolution nur auf immer komplexere Lebewesen abzielen würde. Seine Menschen verwandeln sich zurück – und erreichen so eine Art paradiesischen Zustand. Ihr Leben in der Zukunft ist frei von Sorgen, in einer Inselwelt voller Kokosnusspalmen und langen weißen Stränden.[46] Diese Bilderbuchwelt stellt in den Köpfen vieler Menschen das Paradies auf Erden dar – nicht umsonst werben zahlreiche Reiseveranstalter mit daran

---

43 McInnis, S. 50

44 Ebd., S. 100

45 Morse, Donald E.: *The Novels of Kurt Vonnegut*, S. 140

46 Vgl. *Galápagos*, S. 202. In der Gegenwart herrschte auf den Inseln ein äußerst raues Klima, doch in der Zukunft hat es sich gewandelt. Zudem stellen die zurückgebildeten Nachfahren der Menschen weitaus geringere Ansprüche an ihre Umgebung und finden so weitaus schneller ihr Paradies als die Menschen der Gegenwart.

angelehnten visuellen Impressionen immer wieder für Fahrten zu den Malediven, den Seychellen oder ähnlichen maritimen Inselwelten.

Neben der satirischen Umkehrung des evolutionären Fortschrittglaubens verweist Vonnegut aber immer auch konkret auf Darwin. Dabei spielt neben *On the Origin of Species* auch dessen Reisebericht *The Voyage of the Beagle* eine erhebliche Rolle. So führt er detailliert die Besonderheiten der Darwin-Finken aus und erklärt, warum der Gedanke an all deren verschiedene Arten Darwin stutzig machte:

> What was so thought provoking about all sorts of Galápagos finches to young Charles Darwin, though, was that they were behaving as best they could like a wide variety of much more specialized birds on the continents. He was still prepared to believe, if it turned out to make sense, that God Almighty had created all the creatures just as Darwin found them on his trip around the world. But his big brain had to wonder why the Creator in the case of the Galápagos Islands would have given every conceivable job for a small land bird to an often ill-adopted finch? What would have prevented the Creator, if he thought the islands should have a woodpecker-type bird, from creating a real woodpecker? If he thought a vampire was a good idea, why didn't he give the job to a vampire bat instead of a finch, for heaven's sakes? A vampire finch?[47]

Leonard Mustazza weist in seinem Aufsatz *A Darwinian Eden* darauf hin, dass insbesondere die Dummheit, die die einheimischen Tiere den Menschen gegenüber an den Tag legen, mit Darwins Beobachtungen übereinstimmen.[48] Dieser beobachtete etwa, wie ein Junge ohne große Anstrengungen Vögel tötete, die zum Trinken an eine Quelle kamen. Darwin vermutete, dass die Vögel den Menschen noch nicht als Bedrohung kannten und ihm daher keine Beachtung geschenkt hatten. Vonnegut nimmt genau diese Situation auf und schreibt, dass die

---

[47] Ebd., S. 141

[48] Mustazza, *A Darwinian Eden*. In: Ders.: *The Critical Companion to Kurt Vonnegut*, S. 285

Schiffbrüchigen mit Sicherheit innerhalb kürzester Zeit verhungert wären, hätten die Vögel irgendwann dazugelernt.[49]

Es gibt noch viele ex- und implizite Bezüge zu Darwins Werken, doch soll diese kurze Auflistung im Rahmen der Arbeit genügen. Der Einfluss des großen Evolutionstheoretikers ist, das zumindest belegt *Galápagos* mit Sicherheit, auch nach einhundert Jahren in der Literatur immer noch immanent. Gerade die moderne Science Fiction, zu der Vonneguts Roman gerne gezählt wird, nimmt sich der Thematik der genetischen Veränderung (und darüber hinaus auch anderer Metamorphosen) mit großer Regelmäßigkeit an. In diesem Zusammenhang weise ich am Ende dieses Kapitels noch auf Greg Bears *Darwin's Radio* hin, einem sehr erfolgreichen SF-Roman von 1999. Thema ist die plötzliche Veränderung ungeborener Kinder aufgrund eines Virus. Diese Kinder, so der Hauptgedanke des Werkes, stellen die nächste Stufe auf der Leiter der Evolution dar. Wissenschaftlich fundiert schafft Bear in *Darwin's Radio* ein Szenario, das so nur durch die bahnbrechende Arbeit des Verfassers von *On the Origin of Species* denkbar geworden ist.

---

[49] Vgl. *Galápagos*, S. 109

3. Künstliche Frauen in der Literatur

3.1 *Pandora und Galatea – die mythologischen Ursprünge*

Während die Schöpfung der gesamten Menscheit immer wieder Prometheus zugeschrieben wurde, gibt es doch auch andere Gestalten in der antiken Mythologie, die einzelne Menschen schaffen und auf verschiedene Art und Weise beleben. Interessanterweise dominiert dabei die Schöpfung einer Frau die Gedankenwelt der durchweg männlichen Mythographen. Die mit dem Prometheus-Mythos eng verknüpfte Pandora oder die später Galatea genannte Statue des Pygmalion sind hierfür die berühmtesten Beispiele. Zwar finden sich in einigen wenigen antiken Erzählungen auch künstliche Männer mit grundsätzlich dienenden Aufgaben (so etwa der Riese Talos, der die Insel Kreta bewachte), diese hatten aber nur einen geringen Einfluss auf die nachfolgende Literatur.

Bei der Betrachtung der weiblichen Androiden fällt auf, dass diese eigentlich nur zwei Funktionen haben: Lust zu empfangen oder Lust hervorzurufen. Mit Ausnahme der modernen Science Fiction, auf die ich bei entsprechender Gelegenheit noch eingehen werde, ist ihre potenzielle Gefährlichkeit, die sich besonders deutlich in japanischen Mangas und Animes zeigt, immer mit erotisch-ästhetischen Elementen verbunden.[1] Schon Pandora war ein Lustobjekt, geschaffen, um den Bruder des Prometheus, Epimetheus, zu bezaubern. Auch Pygmalions Statue entspricht diesem Schema, ebenso wie Hadaly in Villiers de l'Isle-Adams

---

[1] Dies ist ein großer Unterschied zu den männlichen Androiden. Wenn diese sich gegen ihren Schöpfer wenden, existiert so gut wie nie eine erotische Komponente. Zu denken wäre etwa an Ambrose Bierces Erzählung *Moxon's Master*, in der ein mechanischer Schachspieler nach einem verlorenen Match seinen Gegner und Meister umbringt, aber auch an den weissagenden Türken in E.T.A. Hoffmanns *Die Automate*. Daneben sind natürlich auch die organisch geschaffenen künstlichen Menschen in der Nachfolge von Frankensteins Geschöpf nicht zu vergessen, die sich häufig, wie schon das Geschöpf selbst, mit Gewalt gegen ihren eigenen Schöpfer wenden oder auf andere Weise Schaden anrichten.
Für die Science Fiction spielt zudem das Motiv des Killer-Roboters eine Rolle, bestens bekannt etwa aus der Filmreihe *Terminator*. Arnold Schwarzenegger wirkt dabei an keiner Stelle erotisch – seine Gegnerin im dritten Teil, das Model Kristanna Loken, dagegen schon. Noch deutlicher tritt diese Differenz in den bereits erwähnten Mangas und Animes wie etwa *Ghost in the Shell* zu Tage.

L'Eve future, Olimpia in E.T.A. Hoffmanns *Sandmann,* die Venus-Statue in Merimees *Venus d'Ille,* Helena in Kurt Münzers *Pygmalion* (auch wenn diese nur vorgibt, eine zum Leben erweckte künstliche Frau zu sein) oder die künstliche Maria in Thea von Harbous *Metropolis.* Die aufgezählten Kunstfrauen können dabei zwei Traditionssträngen zugeordnet werden: Maria, die als Waffe beziehungsweise Falle mit eindeutig erotischem Potenzial konzipiert ist, so dass ihr alle Menschen in *Metropolis* verfallen, sehe ich ebenso wie die Venus von Ille in der Nachfolge der Pandora, während Hadaly und Olimpia Nachfahren der Galatea[2] sind, Traumbilder einer perfekten Frau. Diese Differenzierung erscheint mir am sinnvollsten, auch wenn die Frage nach der tatsächlichen Herstellung des künstlichen Menschen sicherlich ebenso aufschlussreich ist. Allerdings wären in diesem Fall die Grenzen meines Erachtens schwieriger zu ziehen. So ist etwa Pandora nicht als mechanisches Wesen von Hephaistos konstruiert worden (auch wenn dies bei seinen vorherigen Arbeiten wie etwa den mechanischen goldenen Dienerinnen zu erwarten gewesen wäre), gleichzeitig fehlt jedoch die künstlerische Einzelleistung, die bei Galatea vorherrscht, da alle Göttinnen und Götter an der „Ausstattung" Pandoras beteiligt waren. Aufgrund der Art ihrer Schöpfung lässt sich auf jeden Fall von Pandora aus keine derart direkte Beziehung zu Gestalten wie etwa der *Metropolis*'schen Maria herstellen, wie es mir die Differenzierung hinsichtlich des Sinns und Zwecks ihrer Schöpfung ermöglicht.

Welchen Status hat aber nun Pandora? Ist die Art ihrer Schöpfung, jenseits von künstlerischer Schöpfungsfähigkeit im Stile des Pygmalion, der Grund für ihre große Wirkung innerhalb der Literaturgeschichte? Ich wage es zu bezweifeln. In den antiken Texten wird zwar auf die Ästhetik ihrer Schöpfung und auf die ihr verliehenen Göttergaben besonderes Augenmerk gelegt – doch ist zumindest ersteres ein Aspekt, den sich Pandora mit Galatea teilt. Eher fasziniert die Autoren die destruktive Wirkung, die Pandora mit dem Öffnen der Büchse ausübt. Während Galatea den sie begehrenden Mann befriedigt, zerstört Pandora ihn. In späteren Texten, so etwa in *Metropolis,* mischen sich die beiden Ansätze jedoch, so dass ich es für sinnvoll halte, die beiden Mythenstränge zumindest weitestgehend parallel zu untersuchen.

Der Gegensatz zwischen Pandora und Galatea setzt sich in der Rezeptionsgeschichte zuerst erwartungsgemäß fort. Nicht nur die Art

---

2 Ich verwende jetzt auch weiterhin diesen Namen für Pygmalions zum Leben erweckte Statue, auch wenn dieser ihr erst später angedichtet wurde. Eine Benennung erleichtert jedoch die Diskussion.

ihrer Schöpfung, auch ihr Status innerhalb der klassischen Mythologie ist sehr unterschiedlich. Während Galatea als perfekte Statue, Frau und Mutter innerhalb der sie umgebenden Geschichten in den *Metamorphosen* die einzige ist, die eine positive Konnotation hat[3], nennt Hesiod Pandora in seiner *Theogonie* als die „Urmutter der Frauen und Weiber" und führt auf sie die Verderbtheit der Frauen zurück:

> ἐκ τῆς γὰρ γένος ἐστὶ γυναικῶν θηλυτεράων.
> Τῆς γὰρ ὀλώιόν ἐστι γένος καὶ φῦλα γυναικῶν,
> πῆμα μέγα θνητοῖσι· μετ' ἀνδράσι ναιετάουσιν,
> οὐλομένης πενίης οὐ σύμφοροι, ἀλλὰ κόροιο.
> ὡς δ' ὁπότ' ἐν σμήνεσσι κατηρεφέεσσι μέλισσαι
> κηφῆνας βόσκουσι, κακῶν ξυνήονας ἔργων·
> αἱ μέν τε πρόπαν ἦμαρ ἐς ἠέλιον καταδύντα
> ἠμάτιαι σπεύδουσι τιθεῖσί τε κηρία λευκά,
> οἱ δ' ἔντοσθε μένοντες ἐπηρεφέας κατὰ σίμβλους
> ἀλλότριον κάματον σφετέρην ἐς γαστέρ' ἀμῶνται·
> ὣς δ' αὔτως ἄνδρεσσι κακὸν θνητοῖσι γυναῖκας
> Ζεὺς ὑψιβρεμέτης θῆκε, ξυνήονας ἔργων
> ἀργαλέων.

(Von ihr kommt das schlimme Geschlecht und die Scharen der Weiber, ein großes Leid für die Menschen; sie wohnen bei den Männern, Gefährtinnen nicht in verderblicher Armut, sondern nur im Überfluß. Wie in gewölbten Stöcken die Bienen Drohnen ernähren, die sich einig sind in jeder Bosheit, jene aber sich den ganzen Tag bis Sonnenuntergang ständig mühen und weiße Waben bauen, während die Drohnen drinnen bleiben im hohlen Stock und sich fremde Mühe in den Bauch stopfen, gerade so schuf der hochdonnernde Zeus zum Übel der sterblichen Menschen die Frauen, die einig sind im Stiften von Schaden.) [4]

---

[3] Der Mythos des Pygmalion und seiner Statue gehört zu einer Sammlung von Geschichten, die der Sänger Orpheus nach seiner Rückkehr aus der Unterwelt vorträgt. Darin berichtet er von den „Knaben, die von […] Göttern [geliebt], von Mädchen erzähl ich und ihren Gluten frevelnder Liebe und wie man sie gerecht bestrafte." (*Metamorphosen* X, 152-154) Alle Protagonisten in diesen Liedern sterben und werden dann in Pflanzen oder Tiere verwandelt – nur im Pygmalion-Mythos findet sich eine Umkehrung dieser Metamorphosen.

[4] *Theogonie*, S. 46 f., Z. 590-602

Nicht unerheblich für alle Mythen über die Schöpfung von Frauen (inklusive derer von Pandora und Galatea) und deren spätere Rezeption scheint mir zu sein, dass **drei** Charaktere von besonderer Bedeutung sind: ein Auftraggeber, ein Schöpfer und die künstliche Frau selbst. Zwar sind, wie bereits erwähnt, auch die anderen olympischen Götter an der Schöpfung Pandoras beteiligt, da diese sie mit verschiedenen Gaben wie etwa Schönheit ausstatten, doch gilt die Dreiteilung grundsätzlich auch hier.[5] Sie findet sich unter anderem auch in *L'Eve future* und *Metropolis* wieder[6] – und im biblischen Sündenfall. Adam, der seinen Schöpfer um eine Begleiterin bittet, Gott, der erneut als Schöpfer tätig wird, und Eva, das Resultat der Bemühungen Gottes. Bezieht man die Büchse der Pandora[7] in die Betrachtung mit ein, ist der griechische Mythos mit dem biblischen sogar noch stärker verwandt – die Verbindung zum Sündenfall durch die Tat der ersten Frau und die anschließende Aufhebung des paradiesischen Urzustands (im Pandora-Mythos die Krankheiten, die seither die Menschen plagen) sind Zeichen genug. Spätere Variationen führen diesen Handlungsstrang noch weiter. Wie Dora und Erwin Panofsky festgestellt haben, stellten schon die Kirchenväter eine Beziehung zwischen dem klassischen Mythos und der „christlichen Wahrheit" her.[8] Ihnen zufolge war es jedoch erst Erasmus von Rotterdam, der in seinem *Adagiorum chiliades tres* den Term „Büchse der Pandora" schuf und ihren Mythos mit diesem einflussreichen Werk in ganz Europa erneut in Erinnerung rief. Anhand der zitierten Quelle zeigt sich meines Erachtens außerdem eine weitere Verknüpfung zum Sündenfall:

---

[5] Hephaistos ist der Hauptschöpfer, Zeus der Auftraggeber.

[6] Um genau zu sein fallen bei den in diesem Kapitel angesprochenen Texten nur zwei aus dem Rahmen: Merimées *Venus d'Ille*, wo die Schöpfung der Statue überhaupt keine Rolle spielt, und Münzers *Pygmalion*, in dem die Belebung der Puppe nur vorgetäuscht wird.

[7] Ein Übersetzungsfehler, der wahrscheinlich auf Erasmus von Rotterdam zurückgeht: πίϑου (pithos (griech.: großer, irdener Vorratskrug)) heißt es bei Hesiod in *Werke und Tage*, Z. 94. Der „pithos" gilt in der Sekundärliteratur häufig wegen der ähnlichen Form als Symbol für die Gebärmutter. Vergleiche dazu Dora und Erwin Panofsky, *Pandora's Box. The Changing Aspects of a Mythical Symbol*, London, 1956, und Dieter Wuttke, *Erasmus und die Büchse der Pandora* In: *Zeitschrift für Kunstgeschichte*, Band 37 (1974), S. 157-159

[8] Panofsky, S. 11

> Redit Pandora, persuasoque Epimetheo pyxidem donat. Eam simul ac aperuisset, evolantibusque morbis, sensisset Iovis ἄδωρα δῶρα, sero nimirum sapere coepit.
>
> *(Pandora kehrt zurück, überredet Epimetheus und gibt ihm die Büchse. Nachdem jener diese geöffnet hatte, so dass das Schlechte herausflog, und bemerkt hatte, dass Jupiters Geschenke „keine Geschenke" sind, beginnt er natürlich zu spät zu verstehen.*[9]

Rein grammatikalisch gesehen ist es diesem Satz zufolge Epimetheus, der die Büchse öffnet – verführt von Pandora, so scheint es, die zuvor bei Prometheus mit demselben Versuch erfolglos war.

Warum ist nun aber die grundsätzliche Anwesenheit von drei Personen bei den Schöpfungen von besonderem Interesse für diese Arbeit? Es zeigt zum einen, dass der Schöpfer selbst nicht aus der Begierde heraus künstliche Frauen für sich selbst kreiert. Eine Ausnahme stellt hier Pygmalion dar, dessen Motivation durchaus in dieser Richtung erkennbar ist. Allerdings ist auch bei ihm die Belebung seiner Statue ohne eine neutrale Gestalt (Venus) nicht möglich. In den meisten anderen Texten des 19. und frühen 20. Jahrhunderts (Die SF nimmt, wie in vielen Fällen, einen Sonderstatus ein) hat die Schöpfung bzw. Belebung einer künstlichen Frau aber grundsätzlich nichts mit einem erotischen oder sexuellen Akt gemein. Der Schöpfer steht der künstlichen Frau vielmehr mit (oft wissenschaftlicher) Distanziertheit gegenüber, sofern auf seine Haltung überhaupt Bezug genommen wird. Dies gilt sowohl für Edison in *L'Eve future* als auch für den Erfinder Rotwang in *Metropolis* oder Hoffmanns Spalanzani.[10] Es ist die Neugier dieser Männer auf die Geheimnisse des Lebens, gepaart mit einer Ablehnung des Natürlich-Organischen, die sie zu der Erschaffung ihrer Androiden verführt. Mit der Abschaffung der Geburt, der natürlichen Fortpflanzung, die sie nicht nur aus ihren Schöpfungsakten, sondern auch aus ihren Geschöpfen verbannen, besiegen sie endgültig den Kreislauf von Leben und Tod. Die sich als Fetisch manifestierende sexuelle Begierde Pygmalions, die Lust am unbeweglichen Objekt, ist,

---

[9] Erasmus von Rotterdam, *Adagiorum chiliades tres*, I, xxxi; zitiert nach Panofsky, S. 16. Übersetzung von Thomas Kölsch.

[10] Vgl. E. T. A. Hoffmann, *Der Sandmann*

sofern sie denn zu Tage tritt, nur eine Ersatzphantasie, die die Abwesenheit einer realen Partnerin befriedigen soll.

So faszinierend der Mythos der Pandora auch ist, soll im Folgenden zuerst die Rezeption des Pygmalion-Mythos im Mittelpunkt stehen. Pandora wird im Zusammenhang mit Thea von Harbous *Metropolis* aber später wieder von Bedeutung sein.
Schon die von Hesiod angesprochene „grundsätzliche Verderbtheit der Frau"[11], ins Extrem getrieben, bringt Pygmalion letztlich dazu, sich von realen Frauen abzuwenden und sich aus Elfenbein sein weibliches Idealbild zu schaffen:

> Quas quia Pygmalion aevum per crimen agentis
> viderat, offensus vitiis, quae plurima menti
> femineae natura dedit, sine coniuge caelebs
> vivebat thalamique diu consorte carebat.
>
> *(Da Pygmalion sah, wie die Mädchen verbrecherisch lebten,*
> *War er empört ob der Menge der Laster des Weibergeschlechtes,*
> *Die von Natur es besitzt; er blieb denn einsam und ledig,*
> *Ohne Gemahlin; und lange entbehrt' er der Lagergenossin.)*[12]

Zwar spielt Ovid inhaltlich auf die Propoetiden, die ersten Prostituierten, an, doch wendet sich Pygmalion von dem gesamten weiblichen Geschlecht ab; Die Propoetiden sind für Pygmalion nur expressives Symbol der allgemeinen Schlechtigkeit der Frau.[13] Dennoch sucht er

---

[11] Hesiod ist anerkanntermaßen als Frauenfeind bekannt, doch ändert dies nichts an dem Einfluss seiner Texte auf spätere Mythen.

[12] *Metamorphosen* X, 243-246, Übersetzung von Hermann Breitenbach.

[13] Ovid lässt den Pygmalion-Mythos, ebenso wie den vorhergehenden Bericht über die Propoetiden, von Orpheus singen, der sich nach der vergeblichen Rettung Eurydikes zum Frauenfeind wandelte:

> Tertius aequoreis inclusum Piscibus annum
> finierat Titan, omnemque refugerat Orpheus
> femineam Venerem, seu quod male cesserat illi,
> sive fidem dederat […] (*Metamorphosen* X, 78-81)
>
> *(Titan hatte das Jahr, das die Fische, die Wasserbewohner,*
> *schließen, zum dritten Male beendet. Doch Orpheus verschmähte*

nach einer Gefährtin, die zu ihm passt, einer Frau nach seinem (Eben-) Bild.

Die Verbindung zwischen den Fabeln über Pygmalion und die Propoetiden ist aber dennoch erhellend, da neben dem gemeinsamen Schauplatz Kypros der Gegensatz zwischen ihnen zu einer "complete moral anthithesis"[14] erhoben wird. Wie Annegret Dinter analysiert, sind sie zudem „durch den Dreiklang von Liebe, Kunst und Frömmigkeit geprägt"[15] – eine meiner Meinung nach nur partiell zutreffende Aussage. Während die Bedeutung der Kunst im Pygmalion-Mythos außer Frage steht, bleibt es offen, ob es sich wirklich um Liebe zu der Statue handelt oder ob, wie ich bereits angedeutet habe, Begierde die Triebfeder des Künstlers ist: Begierde gegenüber seiner eigenen Phantasie, die es ihm ermöglicht hat, die perfekte und vor allem nicht fordernde Frau zu schaffen. Für die Befriedigung seiner Wünsche muss Pygmalion bei seiner Galatea nichts zahlen, und wenn er sie beschenkt und schmückt, so nur, um seiner eigenen Schöpfung zu schmeicheln.

Was nun die Frömmigkeit angeht, so gibt es auch hier weitere mögliche Erklärungsansätze. Annegret Dinter nennt selbst einen solchen:

---

jegliche Liebe der Frauen, sei's weil es ihm übel ergangen,
oder weil er's gelobt.)
[Übersetzung von Breitenbach; ich habe mir erlaubt, die letzten beiden Verse, die er als Interpolationen bezeichnete und kursiv setzte, in eine normale Schriftart umzuformatieren, da seine Übersetzung mit den zugrunde liegenden lateinischen Versen konform geht.]

Der eigentliche Gesang beginnt in X, 152-154:

nunc opus est leviore lyra, puerosque canamus
dilectos superis inconcessisque puellas
ignibus attonitas meruisse libidine poenam.
(Heute bedarf es des leichteren Klangs: ich besinge die Knaben,
die von den Göttern geliebten, von Mädchen erzähl ich und ihren
Gluten frevelnder Liebe und wie man gerecht sie bestrafte.
[Übersetzung von Breitenbach])

Er umfasst die Geschichten von Ganymed, Hyacinthus, den Cerasten und den Propoetiden, Pygmalion, Myrrha, Venus und Adonis, Hippomenes und Atalanta sowie den Tod des Adonis am Ende des zehnten Buches.

14 Brooks Otis: *Ovid as an Epic Poet,* Cambridge 1970, S. 191

15 Annegret Dinter: *Der Pygmalion-Stoff in der europäischen Literatur,* Heidelberg 1979, S. 17

Phoiniker, die nach Zypern kamen, führten dort den Aphrodite-Kult ein, der eng mit Adonis verbunden ist. Letzterer könnte nach und nach durch den zyprischen König ersetzt worden sein, so dass der Gang zum Heiligtum beim Fest der Venus/Aphrodite auch als heilige Prostitution ausgewählter Jungfrauen mit dem Herrscher verstanden werden kann.[16] Die Verbindung zwischen dem Bildhauer Pygmalion und dem König gleichen Namens zieht dabei schon Arnobius mit Hinweis auf Philostephanus in seinen *Adversus Gentes*:

> Philostephanus in Cypriacis auctor est, Pygmalionem regem Cypri simulacrum Veneris, quod sanctitatis apud Cyprios et religionis habebatur antiquae, adamasse ut feminam mente anima lumine rationis iudicioque caecatis solitumque dementem, tamquam si uxoria res esset, sublevato in lectulum numine copularier amplexibus atque ore resque alias agere libidinis vacuae imaginatione frustrabiles.
>
> *(Philostephanus berichtet in seiner Cypriaca, dass Pygmalion, König von Zypern, ein Abbild der Venus liebte, die den Zyprioten heilig und seit alten Zeiten verehrungswürdig war, was seinen Verstand, seine Seele, das Licht seiner Vernunft, und seine Urteilskraft abstumpfte; und in seinem Wahn war er es gewohnt, als ob das Abbild seine Frau wäre, nachdem er die Göttin auf sein Bett gehoben hatte, sich mit ihr in Umarmungen und Küssen zu vereinigen, und seltsame Dinge zu tun, aus vergeblicher Einbildung leerer Sinnlichkeit.)*[17]

Auch Ovid, so vermutet zumindest Hermann Breitenbach, könnte die Geschichte von Pygmalion der *Cypriaca* oder Philostephanos' *Über Inseln* entliehen haben. Wendet man die Informationen aus dieser Quelle auf die Fabel an, so macht auch die „Anbetung" der Statue durch den Künstler-König Sinn. Er bringt einem Abbild der Liebes- und Fruchtbarkeitsgöttin Geschenke beziehungsweise Opfergaben dar und nimmt Tempeldienerinnen als Inkarnation der Statue und damit der Göttin mit in sein Bett. An die Stelle der heiligen und unberührbaren

---

[16] Vgl. Dinter, S. 15.
Schon der griechische Geschichtsschreiber und Geograph Strabon berichtete in seiner *Geographika* von dem großen Aphrodite-Tempel in Korinth, in dem mehr als Tausend Tempelsklaven und Kurtisanen der Göttin dienten. Vgl. dazu Strabon 8,6,20

[17] Arnobius, *Disputationem Adversus Gentes* 6,22, zitiert nach der Ausgabe von Conradus Orellius (Leipzig 1816), S. 220. Übersetzung von Thomas Kölsch.

Figur tritt eine greifbare Frau: Damit wird die Verbindung zwischen Adonis und Aphrodite erneuert.[18] Zudem wird durch die Verbindung des Königs mit der Göttin dessen Herrschaft zumindest symbolisch bekräftigt.

Eine ähnliche Beobachtung macht Heinrich Dörrie. Er bestätigt die Verbindung des Pygmalion-Mythos mit der sakralen Ebene des Kultes der zyprischen Fruchtbarkeits- und Muttergöttin, die von den Griechen später mit Aphrodite, von den Römern mit Venus gleichgesetzt wurde.[19] Der symbolische Beischlaf mit der Göttin beziehungsweise die Verbindung von Pygmalion und Galatea entspräche der Aussaat auf dem fruchtbaren Ackerboden, der nach der angemessenen Zeit Früchte trägt: Galatea als Verkörperung der Muttergöttin bekommt im Mythos ein Kind.[20] Auch weist Dörrie auf die bereits erwähnte Tempel-Prostitution hin und zeigt auf, dass die Bestrafung der Propoetiden dem

---

[18] Für weitere Informationen zum Adonis-Mythos vergleiche unter anderem Robert von Ranke Graves: *Griechische Mythologie. Quellen und Deutung*, Reinbek 1960, Bd. I, S. 59 ff. und Hans-K. und Susanne Lücke: *Antike Mythologie. Ein Handbuch*, Reinbek 1999, S. 12 ff.

[19] Vgl. Dörrie, Heinrich: *Pygmalion. Ein Impuls Ovids und seine Wirkungen in der Gegenwart.* Opladen, 1974, S. 12 f.

Um Verwirrung zu vermeiden: Zwar ist Aphrodite/Venus eigentlich die Liebesgöttin, doch wurde sie ursprünglich, wie bereits angedeutet, als Fruchtbarkeitsgöttin verehrt und steht insofern in der Nähe von Gaia. Auch in den bekannten Genealogien, etwa der des Hesiod, wird dem Rechnung getragen – ihre Geburt durch die Vereinigung des Samens des Uranos (der bei der Kastration durch den Titanen Kronos hinabfällt) mit dem Meerwasser zeigt nicht nur starke sexuelle Implikationen, sondern weist auch auf einen entsprechenden Zusammenhang mit Fruchtbarkeitsritualen hin. Ihre Degradierung zur reinen Lust- bzw. Liebesgöttin steht vermutlich zum einen im Zusammenhang mit der Verringerung ihres Einflussbereiches zu Gunsten der Kulte von Hera und Hebe (die zudem in einem engeren genealogischen Zusammenhang zu Zeus stehen), zum anderen aber mit veränderten Moralvorstellungen. Zumindest zur Zeit von Ovid, der für seine *Ars Amatoria* immerhin ins Exil geschickt wurde, scheint eine solche Vermutung gerechtfertigt.

[20] Auch eine weitere Lesart ist denkbar: die vom Künstler idealisierte und angebetete Frau, die von diesem zuerst nichts wissen will (die Statue wäre hier also Symbol) und um die der Künstler heftig wirbt, entwickelt mit der Zeit Gefühle für ihn und beginnt, den Künstler zu lieben (dies entspräche dem Einwirken der Aphrodite/Venus). Diese Interpretation passt jedoch nicht in den Kontext dieser Arbeit, so dass hier nicht der richtige Ort ist, um sie im Detail zu verfolgen.

Leser oder Zuhörer der Mythen vermittelt, was mit jenen geschieht, die außerhalb und ohne Auftrag, die Göttin missachtend, das Monopol des Heiligtums durchbrachen. „Sie gefährdeten in Theorie und Praxis die Geltung, ja, den sakralen Anspruch dieses Kultes".[21] Aus diesem Grund mussten sie bestraft werden. Die Göttin selbst, so heißt es bei Ovid, verwandelt die Propoetiden in Steine. Sie schützt also das ihrem Tempel zugewiesene „Recht auf Prostitution" – die sakrale Handlung darf nicht durch Konkurrenz von außerhalb des Tempels profanisiert werden. Die Verwandlung in lebloses Material, die Entziehung des Rechts auf Leben, steht dabei in direktem Gegensatz zu dem Pygmalion-Mythos, der in Ovids *Metamorphosen* direkt auf den der Propoetiden folgt. Die Ehrerbietung des Pygmalion gegenüber der Liebesgöttin wird mit dem Recht auf Fortpflanzung und der ihm treu ergebenen Frau seiner Träume belohnt, die tote Statue belebt. Damit symbolisiert die Göttin, dass diese neue Frau in ihrem Sinne ist, und bestätigt sie in ihrer Funktion als Venus-Dienerin und Mutter. Im Falle einer Missachtung der Gesetze, so lässt sich aus der Anordnung der Texte schließen, kann jederzeit die Umkehr der belebenden Verwandlung folgen.

Doch zurück zu Pygmalion. Dieser, von dem Treiben der Propoetiden angewidert, versagt sich die Gesellschaft der Frauen und schafft sich stattdessen eine Ersatzbefriedigung: seine perfekte Statue.

> interea niveum mira feliciter arte
> sculpsit ebur formamque dedit, qua femina nasci
> nulla potest, operisque sui concepit amorem.
>
> (*Aber er bildet indessen geschickt ein erstaunliches Kunstwerk,*
> *Weiß wie Schnee, ein elfenbeinernes Weib, wie Natur es*
> *Nie zu erzeugen vermag, und .... Verliebt sich ins eigene Gebilde.*)[22]

„Qua femina nasci nulla potest" – Pygmalion erschafft also eine Frau, wie sie durch Geburt nicht existierte. Dieses die Natur übertreffende Wesen muss zwangsläufig die abwehrende Haltung ihres Schöpfers gegen eine ihm verbundene Frau durchbrechen können, besitzt sie doch als Statue keinen der Fehler der Propoetiden. Sie kann sich nicht anderen Männern entgegen dem Willen der Göttin hingeben, sie kann sich nicht

---

[21] Dörrie, S. 14

[22] *Metamorphosen* X, 247-249, Übersetzung von Breitenbach.

gegen die herrschende Ordnung auflehnen. Aus diesem Grund kann Pygmalion seine allgemein ablehnende Haltung gegenüber dem weiblichen Geschlecht nicht länger aufrechterhalten. Er drängt auf eine Verbindung mit seiner Statue. Im Hinblick auf die historische Interpertation des Mythos festigt damit der zyprische König (Pygmalion) als Nachfolger des Adonis die Verbindung mit der „moralisch unfehlbaren" Aphrodite.

Um diesen Bund zu legitimieren, bietet Pygmalion der Statue nach anfänglichem intensivem Werben schließlich die Heirat an.[23] Beim Fest der Venus bittet Pygmalion die Göttin um ihren Segen, bittet um eine der Statue gleiche Ehefrau. Dies wird ihm gewährt. Als er nach Hause kommt und die Statue liebkost, fühlt er Fleisch unter seinen Händen, wo vorher Elfenbein war. Nach der Gestaltung der Statue mit seinen eigenen Händen folgt nun die zweite Stufe der Schöpfung, analog zur ersten. Während Pygmalion jedoch, wie Heinrich Dörrie feststellt, bei der Statue sicher war, dass sie wirklich lebe („oscula dat reddique putat loquiturque tenetque et credit tactis digitos insidere membris et metuit, pressos veniat ne livor in artus"[24]), ist er sich bei der durch Venus erweckten Frau nicht so ganz sicher. Er befürchtet, einer Illusion zu erliegen, und vertraut nur seinem Tastsinn:

> dum stupet et dubie gaudet fallique veretur,
> rursus amans rursusque manu sua vota retractat.
> corpus erat! saliunt temptatae pollice venae.
>
> (*Während er staunt, voll Zweifel sich freut, sich zu täuschen befürchtet,*
> *Tastet er wieder und wieder, der Liebende, nach der Geliebten.*
> *Wirklich, sie lebt! Es klopfen, befühlt vom Daumen, die Pulse.*)[25]

Erst durch einen Kuss nimmt Pygmalion die Gabe der Venus an. Diese wiederum, als Sinnbild der Venus, akzeptiert seinen Heiratsantrag und

---

[23] Dörrie weist amüsanterweise darauf hin, dass nach römischen Recht auch die Frau vor Zeugen der Hochzeit zustimmen muss, um sie rechtskräftig zu machen. Pygmalion kann dies also nur anbieten – eine Reaktion bzw. die Zustimmung Galateas ist erst durch göttliche Intervention möglich.

[24] *Metamorphosen* X, 256-258

[25] Ebd., Vers 287-289, Übersetzung von Breitenbach.

stellt somit die Herrschaft des Königshauses, dargestellt durch Pygmalion, auf sakralen und moralischen Boden. Der symbolisch dargestellte Ritus, folgt man denn dieser Interpretation, zeigt sich auch durch die Schwangerschaft der die Fruchtbarkeitsgöttin darstellenden Galatea als wirksam. Somit hat der König seine Verantwortung gegenüber seinem Volk erfüllt. Alternativ könnte es sich übrigens auch um eine Art „Frühlingskönig" handeln, der bei kultischen Festen gewählt wurde oder der sich bei Wettkämpfen hervorgetan hat. Für den Fruchtbarkeitsritus selbst hätte dies keine Bewandtnis, allerdings wäre eine herrschaftliche Legitimation so ausgeschlossen. Abhängig ist dies von den damals auf Zypern herrschenden Regierungsverhältnissen, die aber nicht eindeutig überliefert wurden. Insofern bleibt die ursprüngliche Herkunft des Pygmalion-Mythos im Dunkeln. Ein politisch beziehungsweise kultisch motivierter Hintergrund ist allerdings nach Stand der zitierten Forschung wahrscheinlich.

3.2 *Der Pygmalion-Mythos bei Villiers de l'Isle-Adam*

Die Idee der perfekten, durch Menschenhand erschaffenen Frau findet sich in detaillierter Form in einem der zentralen Texte dieser Arbeit: In Villiers de l'Isle-Adams *L'Eve future* wird die Androide Hadaly wie schon ihre mythische Vorgängerin Galatea zum Abbild eines Ideals. Zentral ist der Text sogar in mehrfacher Hinsicht. *L'Eve future* steht nicht nur neben dem bereits behandelten *Frankenstein* am Beginn der Science-Fiction-Literatur, die wie keine andere Gattung unser Verhältnis zu Maschinen und künstlichen Lebewesen geprägt hat und noch immer prägt, sondern rezipiert auch ausgiebig sowohl den Pygmalion- als auch, in Form von Evelyn Habal, den Pandora-Mythos. Hinzu kommen viele literarische Vorbilder. Jacques Noiray, der wahrscheinlich beste Kenner von Villiers de l'Isle-Adam und Herausgeber der kritischen Werkausgabe, fasst die Einflüsse für Villiers Roman wie folgt zusammen:

> On peut bien, pour tenter de le maîtriser, pour échapper à sa singularité, évoquer quelques prédécesseurs, quelques influences possibles : Hoffmann, Poe, Gautier peut-être, *Faust, Frankenstein.* [...] *L'Eve future* échappe à tous les genres, excède toute définition [...]. Il [= le lecteur, Anm. TK] trouvera dans *L'Eve future,* selon ses goûts et ses préoccupations, un éloge paradoxal de la technique et de ses inventions [...], une réécriture moderne des mythes de Faust, de Prométhée ou de Pygmalion, une fable occultiste imprégnée de magie et d'alchimie, une parabole chrétienne sur la Chute et l'attente de Dieu.[1]

Im Mittelpunkt von *L'Eve future* steht die Frage nach der Balance zwischen innerer und äußerer Schönheit. Diesem Ideal jagt der junge Lord Ewald hinterher. Bei einer Kutschfahrt, so berichtet er rückblickend, trifft er die Sängerin und Schauspielerin Alicia, deren umwerfende Erscheinung ihn sofort in ihren Bann zieht. Allerdings erträgt er schon bald ihr Wesen nicht mehr, das sich der Kunst gegenüber vollkommen ignorant zeigt, obwohl Alicia selbst nicht nur ein lebendes Ebenbild der *venus victrix* ist, sondern auch in ihrer Profession Karriere machen möchte. Diese Diskrepanz zwischen Innerem und Äußerem, die sich auch, wie ich später zeigen werde, bei Helena aus Kurt Münzers *Pygmalion* wiederfindet, bringt Ewald zur Verzweiflung – der einzige

---

[1] Noiray, Jacques : *L'Eve future ou le laboratoire de l'idéal,* Paris 1999, S. 155 f.

Ausweg scheint ihm der Selbstmord zu sein. Da kommt die Hilfe des Erfinders Edison gerade recht, der auf die von ihm geschaffene Androide Hadaly die äußeren Züge Alicias bis ins kleinste Detail genau auftragen will. Die dafür vorgesehene Methode verweist eindeutig auf Pygmalion:

> « Selon toute convenance, mon premier appariteur est aussi une femme, une grande statuaire inconnue, que, demain même, dans mon laboratoire, commencera l'œuvre. Votre bien-aimée n'aura pas, en son indispensable nudité, d'autre transpositrice que cette actrice profonde qui n'idéalise pas, mais décalque [...] c'est la statue attendant le Pygmalion créateur.[2]

Die Assistentin des genialen Wissenschaftlers, Sowana, wird als Bildhauerin vorgestellt, als Künstlerin, die aber nicht idealisiert, so wie Pygmalion dies tat, sondern Alicia mathematisch kalkuliert und vermisst, um ihre Züge exakt auf Hadaly übertragen zu können. Schöpfung ist eine exakte Wissenschaft geworden und entspricht nicht mehr dem romantischen Ideal. Kontrolle ist das Stichwort, erotische Kontrolle über die Frau.

> « L'attitude la plus naturelle de la future Alicia – je parle de la *reele*, non de la vivante – sera d'être assise et accoudée, la joue contre la main – ou d'être étendue sur quelque dormeuse – ou sur un lit, comme une femme.
> « Elle demeurera là, sans autre mouvement que sa respiration.
> « Pour l'éveiller à son énigmatique existence, il vous suffira de lui prendre la main, en faisant agir le fluide de l'une de ses bagues.[3]

Hadaly wird als steuerbarer Roboter ohne freien Willen nur singen, gehen, tanzen oder essen können, wenn Ewald die entsprechenden Ringe oder Perlen berührt, wie ihm Edison einzureden versucht, ohne auf die protestierenden Kommentare des jungen Lords ob dieser Abhängigkeit der Androidin einzugehen. Ohne diese Befehle würde

---

[2] *L'Eve future*, S. 247 f. Ich werde in der Regel aus dem französischen Original zitieren, allerdings an einigen Stellen, an denen ich einige Sätze aus dem Roman in meinen eigenen Text integrieren möchte, aus Gründen der Lesbarkeit auf die deutsche Übersetzung von Annette Kolb zurückgreifen. In diesen Fällen gebe ich als Quelle *Die Eva der Zukunft* an.

[3] Ebd., S. 151

Hadaly zu Grunde gehen und nur in einer Ecke sitzen, so der Wissenschaftler.

Hadaly verweigert sich allerdings unter dem telepathischen Einfluss Sowanas jeglicher Kontrolle. Nicht offensiv, und auch nicht gegenüber Edison – doch gegenüber Lord Ewald, den sie in einem Gespräch im Garten von Menlo Park bittet, sie nicht durch einen Druck auf einen blauen Saphir zu einer Frau zu machen, die den vorgeprägten Bewegungsmustern Edisons folgt.[4] Diese Art Frau, so Hadaly, wäre berechenbar und entspräche den Vorstellungen der Gesellschaft – doch wäre die geheimnisvolle Seite, die Hadaly in ihrer jetzigen Ausformung darstelle, für Lord Ewald viel reizvoller. Gerade ihre Unberechenbarkeit hat schon während des gesamten Romans einen besonderen Reiz auf den jungen Lord ausgeübt, und so stimmt er ihrem Anliegen schließlich zu.

Das Frauenbild in *L'Eve future* ist für die weitere Diskussion äußerst fruchtbar, und so werde ich dies im Folgenden etwas genauer erörtern. Allgemein lässt sich sagen, dass im Roman die Frau immer wieder den Status zwischen Subjekt und Objekt wechselt. Von den drei auftretenden weiblichen Figuren ist die Schlafwandlerin Miss Anderson, die im lebendigen Zustand nie persönlich in Erscheinung tritt, nur Objektgestalterin bzw. Bildhauerin (angeleitet vom Geistwesen Sowana), während Hadaly als das zu Modellierende schon per definitionem, Alicia dagegen als Modell selbst schon als rein ästhetisches Objekt angesehen werden kann. Nur Sowana verwandelt zwei der weiblichen Charaktere, Hadaly und Miss Anderson, überhaupt in handelnde Subjekte, indem sie von ihren Körpern Besitz ergreift.[5] Als Geistwesen, als rein spirituelle Kraft, kann sie nicht zum Objekt degradiert werden – denn Objekt sein heißt immer auch materiell sein. Ihr eigen ist die animierende Kraft, und nicht umsonst übernimmt sie den Hauptpart in der pygmalionesken Verwandlung der Androiden Hadaly in eine Kopie Alicia Clarys. Sie ist die moderne Aphrodite oder die moderne Athene, die in den Mythen von Pygmalion und Prometheus oft den lebensspendenden Impuls zur Schöpfung initiieren. Im Körper von Hadaly, die ja nach dem Ebenbild der *venus victrix* Alicia göttergleich geschaffen wurde, vollzieht sich durch ihre Beziehung zu Lord Ewald erneut der im

---

[4] Vgl. *L'Eve future*, S. 316 f.

[5] Hier klingt zumindest bei Hadaly auch eine sexuelle Komponente mit: Ihre Initiation in die Welt der Leidenschaften und des Begehrens wird durch eine (geistige) Penetration ausgelöst. Die ihr eigene Unschuld des unbewusst handelnden mechanischen Wesens wird ihr gewissermaßen genommen und durch ein sexuell erfahrenes Bewusstsein ersetzt.

vorhergehenden Abschnitt diskutierte Bund zwischen Liebesgöttin und Sterblichem.

Während sich also Miss Anderson und Hadaly durch die Einflussnahme Sowanas vom handlungsunfähigen Objekt zum aktiv gestaltenden Subjekt wandeln, ist es Lord Ewalds größter Wunsch, Alicia vom Subjekt zum Objekt zu wandeln. Sie soll nicht länger ihre für seine Ohren unsäglichen Kommentare in ein Gespräch einbringen, da so der Zauber, der durch ihre Schönheit hervorgerufen wird, sich selbst aufhebt. Ihr Geist, ihre Existenz als Subjekt ist ihm zuwider, und er wünscht sich, ihrem Körper die Seele zu entreißen, wie er immer wieder betont:

> Le seul malheur dont soit frapée Miss Alicia, c'est la pensée ! – Si elle était privée de toute pensée, je pourrais la comprendre. La *Venus* de marbre, en effet, *n'a que faire de la Pensée*. (S. 93)

> Ah ! qui m'ôtera cette âme de ce corps! (S. 98)

> Contempler morte Miss Alicia serait mon désir, si la mort n'entraînait nait pas le triste effacement de traits humains ! (S. 101 f.)[6]

Weder Lord Ewald noch Edison erkennen sie in ihren Gesprächen wirklich als Person an – vielmehr erörtern sie, wie die äußere Erscheinung Alicias sowie ihre Gestik, Mimik und ihre Aussagen auf Hadaly übertragen werden können. Im Gespräch mit Alicia selbst wird ihre Ähnlichkeit mit der Göttin Venus immer wieder hervorgehoben und, wie schon erwähnt, in Kontrast zu ihren Worten gestellt, die der Erzähler auch gelegentlich kommentiert:

> A cette parole, qui sembla retomber, comme une définitive pierre sépulcrale, sur l'adorable créature qui s'y était, à son insu, si totalement, si irrémissiblement traduite, à cette judicieuse parole […] (S. 273)

> En proférant ces mots absurdes, l'électricien, des ses yeux clairs et calmes, envoyait comme une lueur vive au fond des prunelles de son interlocutrice. (S. 281)[7]

---

6 *L'Eve future*, Seitenzahlen wie angegeben.

Alicia wird nur deshalb bewundert, weil sie die lebendige Verkörperung eines Kunstwerks darstellt, nicht weil sie ein handelndes Subjekt ist. Ihr eigenes Bewusstsein soll immerhin ausgelöscht werden, herausgerissen aus ihrem Körper, um stattdessen eine „unschuldige Seele"[8] dort unterzubringen.

Mit Ausnahme der sich langsam entwickelnden Hadaly lehnen Edison und Lord Ewald die Gesellschaft anderer „Subjekte" ab. Der englische Lord lebt zurückgezogen auf einem abgeschiedenen Familiensitz, während Edison mit der Umwelt vor allem durch seine Telegraphen Kontakt pflegt. Die einzigen anderen menschlichen (bzw. menschenähnlichen) Wesen, die er um sich herum duldet, sind jene, die er zu beherrschen glaubt: Miss Anderson/Sowana und Hadaly. Letztere ist, so glaubt Edison, schon allein durch die Art ihrer Konstruktion seinen Befehlen unterworfen. Die Kontrolle über Sowana glaubt er dagegen auf andere Weise aufrecht zu erhalten:

> J'en vins donc à établir un courant si subtil entre cette rare dormeuse et moi, qu'ayant pénétré d'une accumulation de fluide-magnétique le métal congénère, et fondu par moi, de deux bagues de fer [...] il suffit à Mistress Anderson, – à Sowana, plutôt, – de passer l'une d'elles à son doigt (si j'ai l'autre bague, aussi, à mon doigt), pour, non seulement subir, à l'instant même, la transmission, vraiment occulte ! de ma volonté, mais pour trouver, mentalement, fluidiquement et véritablement, auprès de moi, jusqu'à m'entendre et m'obéir, – son corps endormi se trouvât-il à vingt lieues.[9]

Dass diese Kontrolle eine Illusion ist, habe ich bereits erörtert. Für die gegenwärtige Diskussion relevant ist nun Edisons Vorliebe für Objekte und seine Lebensweise in einer von ihm kontrollierten Umgebung, in der er der Herr und Meister, quasi Gott ist. Überhaupt ist diese Selbst-Überhöhung schon in den ersten Kapiteln zu erahnen. In einem längeren Monolog träumt er davon, die Stimme Gottes aufzunehmen oder ein Foto von ihm zu machen.[10] Diesen überheblichen Gedanken kommentiert der ansonsten eher neutrale Erzähler mit

---

[7] Ebd., Seitenzahlen wie angegeben.

[8] Vgl. *Die Eva der Zukunft*, S. 57

[9] *L'Eve future*, S. 333

[10] Vgl. ebd., S. 66

« Le grand électricien, en parlant ainsi, plaisantait sourdement l'idée vague, – indifférente, même, selon lui, – de la réflexe et vivante spiritualité de Dieu. »[11]

Auch ist Edison der Gedanke, Gott mit der Schaffung eines künstlichen Menschen zu versuchen, wie Lord Ewald zu bedenken gibt, kein unangenehmer. Er reagiert recht gelassen, so als hätte er sich selbst diese Frage schon beizeiten gestellt und sie positiv beantwortet. Auf Ewalds Frage antwortet er schlicht: «Aussi ne vous ai-je pas dit d'accepter!»[12] Ähnlich wie Victor Frankenstein ist auch Edison von der Idee fasziniert, "[that] a new species would bless [him] as its creator and source, many happy and excellent natures would owe their being to [him]".[13] Er will „aus den geheimen Kräften der heutigen menschlichen Wissenschaft ein Wesen nach unserem Ebenbilde schaffen, ein Wesen, das sich zu uns so verhält wie wir zu Gott".[14] Doch im Gegensatz zu dem Protagonisten von Mary Shelleys Roman hat Edison das Glück, kein gewalttätiges Wesen zu kreieren. Wäre nicht Sowana, die Hadaly mit ihrem eigenen Geist ausstattet, wäre die Androide nicht viel mehr als eine komplexere Version von Vaucansons berühmter Ente – ein Druck auf einen Ring würde sie in Bewegung setzen, ein weiterer Druck sie wieder abschalten. Sie wäre wie die Helena-Puppe aus Münzers *Pygmalion*, aber kaum in der Lage, Lord Ewalds Bedürfnisse zu erfüllen.

Einer der Hauptgründe für das Vorhaben Ewalds und Edisons, Alicia durch Hadaly zu ersetzen, ist Alicias Ignoranz oder Desinteresse gegenüber Kunst und Ästhetik. Für sie ist das alles langweiliger Tand, und auch ihre eigenen Fähigkeiten als Sängerin und Schauspielerin setzt sie nur ein, um sich ein Leben in Wohlstand und Luxus leisten zu können. Nach Edisons Auffassung ist es daher ein Leichtes, sie so zu reproduzieren, dass Lord Ewald den Unterschied zwischen Hadaly und Alicia nicht wahrnehmen kann, denn:

---

11 *L'Eve future*, S. 66

12 Ebd., S. 127

13 *Frankenstein*, S. 52

14 *Eva der Zukunft*, S. 80 («Enfin, pour vous racheter l'être, je prétends pouvoir [...] faire sortir du limon de l'actuelle Science Humaine un Être *fait á notre image*, et qui nous sera, par conséquent, CE QUE NOUS SOMMES À DIEU. » *L'Eve future*, S. 125)

> «Vous l'avez dit, poursuivit Edison, l'être que vous aimez dans la vivante, et qui, pour vous, en est, *seulement*, RÉEL, n'est point celui qui *apparaît* en cette passante humaine, mais celui de votre Désir.[15]

Da Ewald, so erklärt Edison weiter, nur eine Illusion liebt, die er auf Alicia zu übertragen versucht, kann bei einer detailgenauen Kopie Alicias in Form von Hadaly diese Illusion umgelenkt und auf Hadaly projiziert werden. Edison plant also, zur „Heilung" Ewalds gezielt eine Form des Fetischismus bei dem jungen Lord herbeizuführen. Anstatt einer lebenden Person, die er nur wegen ihrer äußeren Schönheit liebt, soll er nach Ansicht des Erfinders eine „aufziehbare Puppe" begehren, eine hoch entwickelte Maschine, die sich zwar selbst pflegen kann, jedoch der Anweisungen ihres Meisters bedarf. Ihre Reaktionen, von Edison angeblich sorgsam „programmiert", sollen dabei den Erwartungen Ewalds völlig entsprechen.

Während also Alicia sich selbst immer mehr zu einem Objekt degradiert, indem sie ihre von monetären und bourgeoisen Interessen dominierten Kommentare zu der Diskussion im sechsten Buch beisteuert, wird die Androide Hadaly immer menschlicher. Auffällig ist zum einen, dass sich das „Objekt" Hadaly durch verblüffende Äußerungen die Position einer (selbst?) Handelnden sichert, zum anderen, dass ohne die Somnambule Sowana die Vervollkommnung Hadalys unmöglich wäre. Es ist Sowana, die die Androide lenkt, wie Edison in einem der letzten Kapitel, «Explications rapides», zugeben muss. In welchem Umfang dies aber geschieht, ist selbst dem Erfinder nicht bewusst:

> « […] Mais une dernière question : est-ce les paroles que Hadaly, tout à l'heure, a prononcées dans votre parc furent dites et " déclamées " par Miss Alicia Clary ?
> — Certes, répondit Edison, — puisque vous avez dû reconaître la voix et les mouvements de cette vivante : celle-ci ne les a si merveilleusement récitées (d'ailleurs, sans y rien comprendre), que sous la patiente et puissante suggestion de Sowana. »
> Lord Ewald, à cette réponse, demeura dans une suprême stupeur. Cette fois, en effet, l'explication ne portait plus. Le fait d'avoir *prévu* les

---

[15] *L'Eve future*, S. 131

différentes phases de cette scène (et la *voix* attestait qu'elles avaient été prévues), n'était plus concevable.[16]

Edison versucht, den Einfluss Sowanas auf Hadaly mittels eines magnetischen Fluidums zu erklären, und ignoriert die Deutung, die er selbst als Ausspruch Sowanas kurz zuvor zitiert hat:

> À cette vue, Sowana – comme en proie á je ne sais quelle exaltation concentrée – me demanda de lui en expliquer les plus secrets arcanes – afin, l'ayant étudiée en totalité, de pouvoir, *á l'occasion*, S'Y INCORPORER ELLE-MÊME ET L'ANIMER DE SON ÉTAT "SURNATUREL".[17]

Die Idee einer solchen „Seelenwanderung" ist für den Wissenschaftler Edison nicht denkbar. Für ihn muss alles rational erklärbar sein, und somit schließt er den Einfluss des Übernatürlichen auf sein Werk von vornherein aus. Gerade dies ist es jedoch, was Hadaly auszeichnet – ihre trotz der Technik nicht vorhersehbaren Reaktionen. Lord Ewald lernt sie zuerst in ihrer Höhle kennen, dem „unterirdischen Eden". In diesem Reich, in dem die Technik das einzig relevante Element zu sein scheint, hören die Besucher das wunderschöne Lied einer Nachtigall. Lord Ewald hört entzückt zu, was Hadaly zu folgender Aussage veranlasst:

> « C'est beau, cette voix, n'est-ce pas, Milord Celian? dit Hadaly.
> — Oui, répondit Lord Ewald en regardant fixement la noire figure indiscernable de l'Andréide ; c'est l'œuvre de Dieu.
> — Alors, dit-*elle*, admirez-la : mais ne cherchez pas à savoir *comment* elle se produit.
> — Quel serait le péril si j'essayais ? demanda en souriant Lord Ewald.
> — Dieu se retirerait du chant ! » murmura tranquillement Hadaly.[18]

Kurz darauf klärt Edison Lord Ewald darüber auf, dass es sich bei dem Gehörten um eine Tonbandaufnahme handelt – das Wunder wird in der Tat profanisiert.

---

[16] *L'Eve future*, S. 340

[17] Ebd. S. 335

[18] Ebd., S. 170

Doch zurück zu Hadaly. Wie Edison im fünften Buch erklärt, besteht ihr Sprachvermögen rein technisch gesehen nur aus einer Tonwalze mit einer mehrere Stunden umfassenden Rezitation. Für den Erfinder ist dies ausreichend – Improvisation ist ihm, da unkontrollierbar, zuwider.

> « Que voulez-vous qu'on improvise, hélas ! qui n'ait été débité, déjà, par des milliards de bouches ? On tronque, on ajuste, on banalise, on balbutie, voilà tout. Cela vaut-il la peine d'être regretté, d'être dit, d'être écouté ? Est-ce que la Mort, avec sa poignée de terre, ne clora pas, demain, tout ce parlage insignifiant, tout ce rebattu où nous nous répandons en croyant " improviser " ?[19]

Dennoch überrascht Hadaly ihn, den Konstrukteur, immer wieder, wie er im sechsten Kapitel des fünften Buches selbst zugeben muss, als die Androide Lord Ewald um eine Spende für Mrs. Anderson und ihre zwei Kinder bittet.

Auch auf die Gefahr hin, wieder vom eigentlichen Thema, der Beseelung Hadalys, abzuweichen, bedarf diese Szene doch einiger weiterer Untersuchungen. Der Bitte um eine Spende kommt insofern eine besondere Bedeutung zu, als sie bei genauerer Kenntnis des Textes als erste Vorausdeutung auf das Ende des Romans gelesen werden kann. Hadaly erklärt, dass Mrs. Anderson nur noch durch die Not ihrer Kinder am Leben festhält und sich sonst schon längst getötet hätte. Durch eine großzügige Spende für die Kinder wird dieser letzte Rückhalt entfernt – und nur so ist es dem Geist von Mrs. Anderson unter dem Namen Sowana möglich, Hadaly für immer zu beseelen. Die Androide erzählt, dass Mrs. Anderson sogar ihren eigenen Namen vergessen hat, um sich einen anderen Namen zu geben – eben jenen der Sowana. Auch der Tod von Mrs. Anderson, von dem ich bereits sprach, wird implizit vorweggenommen: Hadaly dankt für die Spende im Namen von zwei Waisen.[20]

Erneut hat diese Szene gezeigt, wie eigenständig Hadaly letztlich doch agieren kann. Nicht umsonst verweigert Edison (mit Verweis auf die „Aufrechterhaltung der Illusion") eine genauere Erklärung ihrer sprachlichen Fähigkeiten. Erst gegen Ende des Romans, im Kapitel «explications rapides», gibt er endlich gegenüber Lord Ewald zu, dass Sowana für die Funktionsfähigkeit Hadalys von größerer Bedeutung

---

[19] *L'Eve future*, S. 227

[20] Vgl. *L'Eve future*, S. 242 ff.

war, als im Vorfeld bekannt war. Doch bereits in den vorhergehenden Kapiteln berichtet Sowana bzw. Hadaly (gibt es da noch einen Unterschied?) Lord Ewald, wie sie zu ihrem Körper kam und welche Rolle Edison dabei spielte. Nach einem Bericht über eine Art Geisterreich, das der Mensch nur in dem Moment zwischen Traum und Wachsein wahrnehmen kann, einem „beseelten Äther", von dem „dieser sichtbare Raum, der uns umschließt, nur ein Abbild ist"[21], gibt sie sich selbst als Bewohnerin dieser zweiten Welt zu erkennen und erklärt:

> « Je m'appelais en la pensée de qui me créait, de sorte qu'en croyant seulement agir de lui-même il m'obéissait aussi obscurément. Ainsi, me suggérant, par son entremise, dans le monde sensible, je me suis saisie de tous les objets qui m'ont semblé le mieux appropriés au dessein de te ravir. »[22]

Dabei ist sich Sowana durchaus bewusst, dass Hadaly trotz allem noch eine programmierte Androidin ist, die durch ihren Schmuck beliebig kontrolliert werden kann. Sie beschwört Lord Ewald, die anderen Frauenbilder nicht zu erwecken und sich stattdessen mit dem Geist Sowanas zufriedenzugeben. Sich selbst und ihre Existenz mit der Stimme der Nachtigall in ihrem Garten vergleichend, fordert sie die Aufgabe der Suche nach Erklärungen und einfach nur den Glauben an das Wunder der Beseelung. Eigenständigkeit, Unkontrollierbarkeit – die künstliche Frau möchte zumindest im Geiste menschlich erscheinen.

Die Gestaltung der äußeren Gestalt Hadalys wird im Roman ebenso ausführlich besprochen wie ihr Innenleben, welches Edison Lord Ewald sogar mit Hilfe einer Sektion näher bringt. Dabei überhäuft Villiers de l'Isle-Adam den Leser mit einer Fülle von technischen Termini, die laut Anke Wortmann nur dazu dienen, diesen von der Richtigkeit der vorgebrachten Behauptungen zu überzeugen.[23] Der Leser, der die Geschichte vor allem durch die Augen Lord Ewalds betrachtet, glaube dem wissenschaftlichen Diskurs, der letztlich jedoch nur eine Traumwelt

---

[21] Vgl. *Die Eva der Zukunft*, S. 236

[22] *L'Eve future*, S. 315

[23] Vgl. Wortmann, Anke : *Die künstliche Frau als Glücksversprechen*. In: Febel, Gisela/Bauer-Funke, Cerstin: *Menschenkonstruktionen. Künstliche Menschen in Literatur, Film, Theater und Kunst des 19. und 20. Jahrhunderts*, S. 42 f.

aufbaue: ein neues Eden. Damit nimmt der Autor eine der Hauptfunktionsweisen der Science Fiction vorweg.

In diesem neuen Paradies, geschaffen von Edison allein, fällt vor allem der Mangel an organischem Material auf. Das Natürliche und der mit diesem einhergehende Verfall werden in der neuen Schöpfung negiert. Dies kulminiert in der Analyse Hadalys:

> Mais l'Andréide, même en ses commencements, n'offre jamais rien de l'affreuse impression que donne le spectacle *du processus vital* de notre organisme. En elle, tout est riche, ingénieux et sombre. Regardez.[24]

Hadaly wird im Gegensatz zu anderen Menschen niemals altern, nie ihre Schönheit verlieren und allgemein dem ästhetischen Ideal Lord Ewalds und Edisons immer gerecht werden. Ihre Perfektion wird bleiben, bis schließlich Ewald stirbt und sie zum gleichen Zeitpunkt ihrer Existenz, entsprechend ihrer Programmierung, ein Ende setzt.

Der Ekel vor dem Verfall zeigt sich besonders deutlich im vierten Buch des Romans, in dem die Geschichte der Pandora-Erbin Evelyn Habal erzählt wird.[25] In einer kinematographischen Aufführung zeigt Edison Lord Ewald diese Frau, die seinen Jugendfreund Anderson in den Ruin und in den Selbstmord getrieben hat, ohne ihre Schminke und ihre prothetischen Zutaten. Die Abscheu vor dem Organischen wird hier noch „ergänzt durch den Abscheu vor niederer Künstlichkeit, die die Häßlichkeit des Natürlichen zu kaschieren sucht".[26]

> [...] le réflecteur envoya dans le cadre l'apparition d'un petit être exsangue, vaguement féminin, aux membres rabougris, aux joues creuses, à la bouche édentée et presque sans lèvres, au crâne à peu près

---

[24] *L'Eve future*, S. 215

[25] Aus Platzgründen kann ich nicht detailliert auf die Verbindungen zwischen Pandora-Mythos und Evelyn Habal eingehen. Es soll an dieser Stelle reichen, wenn ich auf die zerstörerische Wirkung der Tänzerin auf das Leben von Mister Anderson hinweise. Zwar lässt sie keine tausend Plagen aus einer Büchse, ist aber auf einer anderen Ebene ebenso destruktiv wie ihr mythisches Vorbild.

[26] Wortmann, S. 45

chauve, aux yeux ternes et en vrille, aux paupières flasques, à la personne ridée, toute maigre et sombre.[27]

Edison präsentiert anschließend in dem passend überschriebenen Kapitel «Exhumation» die Ausstattung Evelyn Habals: Ihre Perücke, ihr Gebiss, Korsette und Tornuren, Trikots, alle bereits in verschiedenen Stadien des Verfalls begriffen. Die Bemerkungen Edisons zu den verschiedenen Gegenständen zeigen dabei seine Verachtung dieser Art von Künstlichkeit. Gerade im Gegensatz zwischen den „vermoderten" Besitztümern der Habal und der ewig schön bleibenden Gestalt Hadalys wird deutlich, welche Ansicht hier vertreten wird. Anke Wortmann folgert:

> Edison trifft innerhalb der Klasse des Artifiziellen eine weitere Unterscheidung: das Organisch-Artifizielle wird dem Anorganisch-Artifiziellen gegenübergestellt. [...] Das wahrhaft Negative des Organischen ist seine Vergänglichkeit, von der Hadaly nicht betroffen zu sein scheint.[28]

Sie stellt weiterhin fest, dass sich diese Abneigung gegen das Organische auch in der Profession Edisons zeigt. Er ist Physiker und Mechaniker, kein Chemiker wie etwa Victor Frankenstein. Er bedarf keines abgestorbenen organischen Materials, sondern verwendet von vornherein nur künstliche Werkstoffe. Sofern er, wie etwa bei den Düften Hadalys, auf die Chemie doch nicht verzichten kann, lagert er deren Produktion aus und fasst sich in seiner Erklärung sehr kurz. Seine Vivisektion Hadalys vollzieht sich, ohne irgendwelche Spuren zu hinterlassen. Noch nicht einmal Schmierstoffe werden erwähnt, alles ist klinisch rein. Dennoch ist der Bezug zum Tod immer spürbar. Schon die Vorbereitung Hadalys auf die Untersuchung ihres Inneren weist deutlich darauf hin.

> La table fit bascule : l'Andréide s'y trouvait maintenant adossée, sa tête appuyée au coussin.
> L'électricien se baissa, détendit deux attaches d'acier rivées à cette dalle, les glissa sous les pieds de Hadaly, puis repoussa la table, qui

---

[27] *L'Eve future*, S. 201

[28] Wortmann, S. 47

> reprit sa position horizontale avec l'Andréide à présent couchée sur elle comme une trépassée sur une dalle d'amphithéâtre.[29]

Hadaly wird gleichermaßen zur Statue wie zur Leiche degradiert. Als Statue ist sie Objekt der Modellierungskünste Sowanas, als Leiche Forschungs- und Anschauungsobjekt Edisons, der damit seine eigene Genialität beweisen will. Marie Lathers sagt dazu:

> The statue is a privileged object in this ontology because it exposes the primal relationship between subject and object, cleaved by death. Death is the catalyst that transforms the living body (subject) into a work of art (object).[30]

In *L'Eve future* ist dieser katalytische Prozess sogar ein zweifacher: Der lebende Körper Alicias wird zuerst in ein Kunstwerk umgewandelt, welches anschließend ein wiederum lebender Körper wird. Dazwischen jedoch steht der Tod: die Analyse Hadalys auf dem Seziertisch. Nicht umsonst findet diese Szene unter der Erde statt, nicht umsonst erinnert der Abstieg in die Höhle an eine Fahrt in die Unterwelt, auf die schon die Überschrift des ersten Kapitels des dritten Buches („Facilis descensus averni"[31]) und das das Kapitel begleitende Zitat[32] anspielen. Lord Ewald muss hinabsteigen, um seine idealisierte Geliebte an die Oberfläche zu bringen, um ihre Seele dem Hades zu entreißen, ähnlich wie Orpheus, der seine Eurydike zurückfordert. Ist es Zufall, dass nur in diesem unterirdischen Reich Musik ertönt?

Relevant für Lord Ewald ist allein die ästhetische Dimension: Wenn Alicia nicht so schön wäre, dass er sie mit der Venus victrix vergleichen muss, um sie zu beschreiben, würde er sie sofort verlassen.[33]

---

29 *L'Eve future*, S. 212

30 Lathers, S. 63

31 Anspielung auf Vergil, *Aeneis* VI, 126: „Tros Anchisiade, facilis descensus Averno".

32 Goethe, *Faust II* , Z. 6275 f. : *Mephistopheles*. „Versinke denn! Ich könnt auch sagen: steige! 's ist einerlei."

33 Vgl. *L'Eve future*, , S. 89: «Mais, je dois l'avouer, les liens de la Beauté sont forts et sombres. [...] Je me suis réveillé, un peu comme Gulliver à Lilliput, chargé d'un million de fils.»

Andererseits könnte er sie auch lieben, wenn sie entweder schweigen[34] oder aber nicht denken würde.[35] Die Diskrepanz zwischen äußerer Schönheit und innerer Ausdruckslosigkeit treibt Ewald zur Planung seines Selbstmordes. «À l'extérieur – et du front aux pieds – une sorte de Vénus Anadyoméne : au-dedans, une personnalité tout à fait ÉTRANGÈRE à ce corps.»[36] Man könnte sagen, dass der junge Lord sich in ein Kunstwerk Gottes verliebt hat, eine reale, göttliche Galatea ohne dazu passende Seele. Ganz dem Vorbild Pygmalions entsprechend (auch wenn dieser nicht aus ästhetischen Gründen handelt) wendet Lord Ewald sich, „empört ob der Menge der Laster des Weibergeschlechtes"[37], von den Menschen ab und beschließt, dies auf die endgültigste Art zu tun: indem er sein Leben beendet. Dem Vorschlag Edisons, seine Träume dennoch wahr werden zu lassen, kann er jedoch nicht widerstehen. Auch dieser beschäftigt sich mit der Schönheit der Dinge, allerdings auf einer anderen Ebene, wie Marie Lathers feststellt:

> Edison is an aesthetician or philosopher of aesthetics, the "science" of art or beauty; Ewald is the aesthete who idolizes beauty; Hadaly is the aesthetic product of their philosophy and inventing, a being who represents the beautiful and sublime as opposed to the pleasing of utilitarian.[38]

Was aber sind nun die ästhetischen Anschauungen der beiden männlichen Hauptfiguren? Für Edison lässt sich diese Frage relativ einfach beantworten: mit seiner bereits diskutierten Abneigung gegen das Organische. Kunst ist für ihn das Künstliche, nicht das Natürliche.

Edison fordert mit seiner Schöpfung immer wieder die göttliche Macht heraus. Wie Frankenstein will er ein Wesen erschaffen, „das sich zu uns so verhält wie wir zu Gott".[39] Die Wissenschaft soll ihm dabei als

---

34 Vgl. ebd., S. 85: «Lorsque Alicia cessait de parler, son visage, ne recevant plus l'ombre que projetaient sur lui ses plates et déshonnêtes paroles, son marbre, resté divin, démentait le langage évanoui.»

35 Vgl. ebd., S. 93: «Le seul malheur dont soit frappée Miss Alicia, c'est la pensée ! – Si elle était privée de toute pensée, je pourrais la comprendre.»

36 Ebd., S. 86

37 Vgl. *Metamorphosen* X, V. 244

38 Lathers, Marie: *The aesthetics of artifice: Villier's* L'Eve future; Chapel Hill 1996, S. 14

39 *Die Eva der Zukunft*, S. 80

Werkzeug dienen. Er sieht sich als Prometheus, als Kultur- und Lebensstifter, der die Natur übertrifft und der Menschheit damit einen Dienst erweist. Schon aus diesem Grund ist es Edison nicht möglich, das Natürlich-Organische als Ideal zu betrachten. Es ist stattdessen nichts weiter als eine Erfindung, die nun von ihm perfektioniert werden muss. Schon die Betrachtung des künstlichen Arms in seinem Laboratorium zeigt, dass er das von ihm geschaffene Künstliche als „besser als wirklich" ansieht:

> Oh ! c'est mieux ! – dit simplement Edison. La chair se fane et vieillit : ceci est un composé de substances exquises, élaborées par la chimie, de manière à confondre la suffisance de la " Nature ".[40]

Die Verbesserung der Natur ist für Edison eine Herausforderung besonderer Art. «Puisque la Vie semble le prendre de si haut avec nous et ne daigne nous répondre que par un profond et problématique silence, – nous allons bien voir si nous ne pouvons pas l'en faire sortir !»[41], deklamiert er – sein erklärtes Ziel ist es, zur Not auch mit Gewalt die Geheimnisse des Lebens aufzudecken und selbiges herauszufordern. Mit Hadaly, so wie sie zu Beginn des Romans erscheint, ist ihm dabei schon ein großer Fortschritt gelungen. Lord Ewalds Erscheinen und seine Probleme mit Alicia liefern Edison nun einen Grund, noch einen Schritt weiter zu gehen und Hadaly ein menschliches Aussehen zu geben. Das Natürliche, Wirkliche ist für ihn dabei der Maßstab für den Erfolg seines Experiments. Nicht umsonst wettet er, dass der Windhund Lord Ewalds mit seinen viel feineren Sinnen den Unterschied zwischen Alicia und Hadaly nicht wird feststellen können. Die Wirklichkeit ist in seinen Augen nur eine Betrügerin, wie er im zweiten Buch behauptet – eine Betrügerin, deren Tricks er durchschaut hat und kopieren kann.[42]

Alles Natürliche hält Edison aus diesem Grund auf Distanz. So auch seine Kinder, mit denen er nur per Telefon kommuniziert.[43] Selbst private Zärtlichkeiten wie etwa Gute-Nacht-Küsse tauscht er mit ihnen nicht etwa persönlich, sondern nur über seine Apparate aus. Die Mutter seiner Kinder wird im gesamten Roman noch nicht einmal erwähnt. Es

---

[40] *L'Eve future,* S. 119

[41] Ebd. S. 67

[42] Vgl. *L'Eve future,* S. 136

[43] Interessanterweise spricht er zwar mit diesen, nicht jedoch mit der Mutter seiner Kinder. Wie in den meisten Geschichten um künstliche Menschen wird somit die Sexualität und insbesondere die Fortpflanzung aus dem Roman herausgedrängt.

drängt sich sogar die Vermutung auf, dass die Kinder, ebenso wie etwa die Vögel in Hadalys unterirdischem Garten, nicht echt sind, sondern nur eine durch die Technik hervorgerufene Illusion. Schließlich definiert sich Edisons Leben nur über seine Erfindungen, über alles, worüber er Macht besitzt. Mit Ausnahme von Lord Ewald tauchen im Roman nur seine Schöpfungen und seine Bediensteten auf – und Sowana, die sich seinem Einfluss entzieht, ohne dass er dies allerdings wahrhaben will. In seiner Welt ist Edison „das oberste Wesen", er ist Gott in einem durch Technik erschaffenen Privatuniversum. Daher spielt auch nahezu die gesamte Handlung entweder in seinem Labor oder in dem von ihm erfundenen neuen Paradies in Hadalys Höhle. Nur eine einzige relevante Szene fällt aus diesem Raster – das offenbarende abschließende Gespräch zwischen Hadaly und Lord Ewald im Garten des Anwesens. Hier, in der von Edison als unvollkommen erachteten Natur, entfällt sein Einfluss[44], und so kann sich Hadaly gegenüber Lord Ewald als ein Wesen zu erkennen geben, das mehr ist als nur eine Maschine.

---

[44] Obwohl er versucht, das Gespräch zu belauschen (vgl. *L'Eve future*, S. 301). Dies misslingt jedoch durch das unerwartete Auftreten Alicias, die ihn mit einem Redeschwall vom Zuhören abhält (vgl. *L'Eve future*, S. 326).

3.3 *Kurt Münzers „Pygmalion"*

Den Mythos des Pygmalion greift auch Kurt Münzer in seiner gleichnamigen Geschichte[1] auf und versetzt diesen in einen psychologischen Kontext. Bevor ich jedoch auf den Text selbst zu sprechen komme, bedarf es einer kurzen Vorstellung des weitgehend vergessenen Autors.[2] Münzer, am 18.6.1879 im oberschlesischen Gleiwitz geboren, entstammte einer angesehenen jüdischen Kaufmannsfamilie. Mit acht Jahren zog er mit seiner Familie nach Berlin, wo er ein Gymnasium besuchte. Von 1897 bis 1905 studierte Kurt Münzer in Berlin und Zürich Philosophie, Jura, Kunstgeschichte und Medizin. In den darauf folgenden Jahren führte er ein sehr rastloses Leben, besuchte Wien, Paris, Italien und die Schweiz und war in mehreren Krankenhäusern und psychiatrischen Kliniken tätig – ein Umstand, der für die vorliegende Geschichte von nicht unerheblicher Bedeutung ist. Außerdem begann er, als Erzähler, Dramatiker, Lyriker, Theoretiker und Herausgeber aktiv zu werden, eine Tätigkeit, die er bis 1938 fortführte. Zu Beginn des ersten Weltkriegs wurde er aus gesundheitlichen Gründen nicht ins Heer einberufen, lebte während der ersten Kriegsjahre in der Schweiz und kehrte anschließend nach Berlin zurück. Da seine Vorliebe für das Groteske und die Darstellung unkonventioneller erotischer Motive in seinen Werken immer wieder für Unruhe sorgten und diese daraufhin auf die schwarze Liste gesetzt wurden (im Falle des Romans *Der Ladenprinz* trotz des Widerstands von Heinrich Mann), nahm er für spätere Romane oft das Pseudonym Georg Fink an. Unter diesem Namen und durch Einsatz des Publizisten Max Tau erschien 1929 der Roman *Mich hungert* im Verlag von Bruno Cassirer und wurde ein großer Erfolg. Seine Qualitäten als Schriftsteller wurden von den Kritikern dennoch gering geschätzt. Kurt Tucholsky schrieb 1929 bezüglich des Verbots von *Der Ladenprinz*:

> Ein Buch wie den ›Ladenprinz‹ von Kurt Münzer zu verbieten, ist eine freche Überschreitung aller, selbst in diesem Schundgesetz gegebenen

---

[1] Kurt Münzer: *Pygmalion*.

[2] In der allgemeinen deutschen Bibliographie findet sich nur ein einziger Verweis auf Kurt Münzer, in vielen Literaturlexika taucht sein Name nicht auf. Selbst die inzwischen sehr umfangreiche Wikipedia kennt zwar seinen Namen, verfügt jedoch ansonsten über keine weiteren Informationen. Insofern lässt sich zu Recht von ihm als einem vergessenen Autor reden. Ich stütze mich bei dem folgenden Absatz vorwiegend auf den Aufsatz von Cornelia Tönnesen (*Kurt Münzer (1879-1944): Zwischen Nihilismus und Expressionismus*).

> Kompetenzen. Münzer ist ein sehr mäßiger Teeaufguß von Heinrich Mann; verlogen, ein schlechter Stilist, kein guter Schriftsteller. Aber das geht uns an, nicht die da. Welche Gefahr atmet denn so ein Buch? Ich habe es gelesen; denkbar, dass sich ein Achtzehnjähriger bei manchen Augenblicken der Lektüre einem »geheimen Laster hingibt«, um im Stil des Ministeriums zu sprechen. Vielleicht bemühen sich die Herren, sich für ihr Gehalt die Allgemeinbildung anzueignen, die nötig ist, um hier mitzusprechen. Sie werden dann lernen, dass die Masturbation eine Folgeerscheinung ist und keine Basis; dass ihre schädlichen Folgen maßlos überschätzt worden sind – und dass solche literarischen Wälzer am allerwenigsten Malheur anrichten. Weniger als die Fürsorge-Anstalten bestimmt.[3]

1933 verbrannten die Nationalsozialisten Münzers Werke, mit ein Grund dafür, dass er heutzutage völlig unbekannt ist. Er kehrte infolgedessen Deutschland den Rücken und emigrierte in die Schweiz. 1944 starb er an den Folgen einer Leistenbruchoperation.

Seine Geschichte *Pygmalion* erschien erstmals 1920 in *Das Gespensterschiff. Ein Jahrbuch für die unheimliche Geschichte,* herausgegeben von Toni Schwabe. Der Ventriloquist Felix Ballesta erschafft sich darin eine Puppe als Kopie der Kokotte Helena, die er mit allen Sinnen begehrt, die ihn jedoch bei der ersten Begegnung ignoriert. Nachdem er, der einst geliebte Opernstar, von seinem Verlangen nach Helena getrieben seine Singstimme verloren hat, beginnt er als Bauchredner eine neue Karriere, wobei die Puppe der Helena, die er nach Bildern und einer Statuette herstellen lässt, den Höhepunkt seiner Show darstellt. Bereits hier zeigt sich eine zumindest unbewusste Verbindung zu Villiers *L'Eve future,* denn hier wie dort entsteht die künstliche Frau als Kopie, gefertigt nach Photographien.[4] Die äußerlich perfekte Frau ist bereits existent, sie ist nicht länger wie im ovidschen Mythos (*qua femina nasci nulla potest*) jenseits der Möglichkeiten der Natur anzusiedeln. Jedoch: die Perfektion

---

[3] *Die Weltbühne,* 10.09.1929, Nr. 37, S. 381.

[4] Bei Villiers wird die so genannte Skulpturfotographie explizit genannt (vgl. das Kapitel *Die Inkarnation* bzw. *La Carnation*). Marie Lathers hat dieser Methode der Reproduktion sogar ein ganzes Kapitel gewidmet. Während nun bei Kurt Münzer der Begriff „Skulpturfotographie" nicht direkt fällt, erinnert die Herstellung der nach Fotographien angefertigten Puppe der Helena doch stark an dieses Verfahren.

ist eine Illusion. Äußerlich ist Helena wie ihre Namensgeberin wunderschön, innerlich jedoch bösartig und intrigant.

Was also ist Schönheit? Kommt sie äußerlich oder innerlich zum Vorschein? Ich weise zur Beantwortung dieser Frage auf die oben geführte Erörterung über den Zusammenhang zwischen Pygmalion und den Propoetiden hin. Während auf den ersten Blick Pygmalions Statue nur durch ihre äußere Schönheit die Gefühle ihres Schöpfers zu regen vermag, ist es nach ihrer Belebung auch ihr den Propoetiden entgegengesetztes Verhalten. Sie ist ohne die Laster[5], die Pygmalion bei den Frauen verabscheute. Vor allem ist sie bei ihrer Belebung „schamhaft" und „scheu", Attribute, die den Propoetiden fehlen:

> Sunt tamen obscenae Venerem Propoetides ausae
> esse negare deam; pro quo sua numinis ira
> corpora cum fama primae vulgasse feruntur,
> utque pudor cessit, sanguisque induruit oris,
> in rigidum parvo silicem discrimine versae. [...]
>
> dataque oscula virgo
> sensit et erubuit timidumque ad lumina lumen
> attollens pariter cum caelo vidit amantem.
>
> *(Die Propoetiden, die schmutzigen, wagten es dennoch, der Venus*
> *Gottheit zu leugnen: sie waren die ersten, so fügt es der Göttin*
> *Zorn – man erzählt es –, die Reize des Leibes zu prostituieren.*
> *Und als die Scham war gewichen, verhärtet das Blut im Gesichte,*
> *Sind sie – gering ist der Wechsel – zu Kieseln, zu harten, geworden. [...]*
>
> *Die Jungfrau errötet,*
> *Wie sie die Küsse verspürt, und hebt zu dem Lichte die scheuen*
> *Augen: den Liebenden sieht sie zugleich mit dem Himmel.)*[6]

Helena entspricht nicht der Beschreibung der belebten Statue bei Ovid. Sie weiß um ihre Schönheit und setzt diese ein, um sich selbst ein ange-

---

5 Zumindest solange sie eine Statue ist, bleibt ihr nichts anderes übrig.

6 *Metamorphosen* X, 238-242 und 292-294, Übersetzung von Breitenbach.

nehmes Leben an der Seite von reichen Adligen zu ermöglichen. Ihr geht es nur um Geld und Spaß, und insofern ist sie den Propoetiden nicht unähnlich. Ihre Motivation setzt sich aus Langeweile und Grausamkeit zusammen[7]: sie erfreut sich an Leid und Vernichtung und nutzt ihre Sexualität, um ihren „Schöpfer" Felix unter Kontrolle zu halten und ihn ihre Taten vergessen zu lassen.[8] Es ist anscheinend die Schönheit des Körpers, die Ästhetik der Frau, die die Sinnlichkeit anregt und zur oft unheilvollen Begierde führt. Die Schönheit (oder im Falle des Münzerschen Textes die Hässlichkeit) der Seele ist dagegen auf den ersten Blick kaum feststellbar, entscheidet aber am Ende über den Ausgang der Geschichte. Ohne allzu viel vorgreifen zu wollen, zeigt sich meines Erachtens bei einem Vergleich zwischen Helena und der durch Sowana animierten Hadaly dieser Unterschied so deutlich, dass eine weitere Untersuchung zu diesem Zeitpunkt nicht nötig zu sein scheint. Nur soviel sei gesagt: Während sich Helena vom Menschen in eine mechanische Puppe verwandelt und langsam ihre (bösartige) Seele verliert, ist bei Hadaly der entgegengesetzte Prozess zu beobachten. Aus dem steuerbaren Androiden wird durch die Seele Sowana etwas nahezu Menschliches.

Wie in dem Ursprungstext Ovids verfällt der Schöpfer in Münzers Kurzgeschichte seinem Geschöpf, begehrt und liebkost es. Er verwendet die Puppe als Ersatzbefriedigung, da ihm das Original verwehrt bleibt. Im Gegensatz zu dem mythischen Pygmalion erschafft Felix allerdings nur eine Kopie und somit auch kein wirkliches Ideal. Seine Puppe ist nur eine Hülle, eine Reproduktion des Äußeren der Helena, während das Innere hohl bleibt. Alles, was die Puppe tut, entspricht der Vorstellung ihres Lenkers Ballesta, inklusive der Liebesszene, die der Bauchredner, der sich bezeichnenderweise den Künstlernamen Pygmalion zugelegt hat, als Höhepunkt seiner Show aufführt. Während er mit ihr seine Phantasien auslebt und sich der Illusion einer perfekten Beziehung hingibt, ist er in der Realität kaum noch lebensfähig. Der Text bezeichnet seine Existenz als „traumhaft", er lebe „in einer Traumehe mit seiner Puppe" (S. 164), sei „tief versunken, auf einer anderen Welt" (S. 167). Einzig seine Puppe ist für Ballesta noch von Bedeutung. Wie das mythische Vorbild zieht sich auch der Bauchredner aus der Gesellschaft zurück.

---

[7] Vgl. *Pygmalion*, S. 167

[8] Ebd, S. 171: „Ihre offenen Arme waren süßer Tod, ihr Speichel Lethe, ihr Schoss Nirwana."

Felix' Wille ist es, der die geliebte Puppe erfüllt und beherrscht – mit dieser Illusion kommt der Protagonist der Geschichte viel besser zurecht als mit der Realität. Die künstliche Figur repräsentiert für ihn die weibliche Perfektion und zugleich die einzige Art von Sexualität, die er jemals kennen gelernt hat. Er dominiert, beherrscht die Liebkosungen, die er in seiner Phantasie von der Puppe erhält, und sehnt sich in ihre Arme zurück, wenn er außer Haus ist. Er führt somit jenes Leben, das Edison Lord Ewald in *L'Eve future* zu geben versucht. Sowohl die Puppe des Felix Ballesta als auch Hadaly sind lenkbar und von dieser Lenkung auch abhängig, um auf ihre Art zu „leben". Ihre „Herren" Felix und Ewald können ganz genau bestimmen, was die ihnen anvertrauten „Puppen" zu tun haben. So sind die Figuren Ballestas ohne ihren Meister tot:

> Mit prächtig unterschiedlichen Stimmen redeten, schrien, lachten, sangen die Puppen, bewegten sich unter ihres Meisters Hand erschreckend lebendig, um dann in um so erschreckenderer Leblosigkeit in ihren Stuhl zurückzusinken. […]
> Felix musste wiederkommen. Die Puppen sassen im Hintergrund auf ihren Stühlen, starre, tief versunkene Zuschauer, lebende Tote, und Felix führte seine Helena herein, Helena, die ihm gefügig war.[9]

Erst durch Felix' Zutun beginnen sie zu leben, und zwar so vollkommen, dass der Zuschauer fast schon den Eindruck hat, Ballesta wäre die Puppe. Dies kann durchaus schon als Vorausdeutung auf die weitere Handlung verstanden werden. Doch auch zu Beginn der Geschichte ist Felix gewissermaßen (trieb-)gesteuert, gelenkt von seiner Begierde nach Helena. Indem er dem erotischen Verlangen nachgibt, ruiniert er seine Karriere als Opernstar, schafft es jedoch nicht, das Ziel seiner Träume zu erreichen. Stattdessen muss er mit der Puppe vorliebnehmen, so wie Pygmalion mit seiner perfekten Statue. Dieses Mal steht dem Schöpfer jedoch keine wohlgesinnte Liebesgöttin zur Seite. Helena, eine verschlagene und nur auf ihren Vorteil bedachte Frau, erfährt von der Puppe und nimmt heimlich deren Platz ein, nachdem Felix mit seiner Bauchrednerkunst zu enormem Ruhm gekommen ist. Von nun an lässt sie sich von Felix bedienen, fordert weitere Geschenke und ein ihr angemessenes Leben. Sie ist es, die Kontrolle ausübt. Das „Geschöpf", die Bauchrednerpuppe, hat sich zumindest aus Sicht Ballestas gegen seinen Schöpfer gewandt, ein Motiv, das im Laufe der Arbeit noch

[9] *Pygmalion*, S. 162 f.

mehrfach auftauchen wird. „Helena beherrschte ihn, er war ihr Geschöpf, Pygmalion diente Galathee."[10]

Sowohl Edison als auch Felix entgleitet im Verlauf der Texte die Kontrolle. Der willensschwache Felix kommt nicht gegen den Willen Helenas an, und obwohl er sie immer noch als seine Puppe wahrnimmt und sich rationalen Erklärungen verschließt, tut sie nur, was ihr gefällt. Von nun an ändert sich Ballestas Leben von Grund auf. Seine Galatea ist begierig auf die Welt, nimmt Felix zuerst in die Öffentlichkeit mit und lässt ihn dann, weil er seine Auftritte absolvieren muss, nicht mehr als Begleitung zu. Helena geht ohne seine Begleitung ihren eigenen Vergnügungen nach, die sowohl monetärer als auch sexueller Natur zu sein scheinen. Münzer macht zu ersterem keine konkreten Angaben, lässt den Erzähler jedoch von den schrumpfenden Ersparnissen Ballestas sprechen. Erotische Abenteuer gehören jedoch unzweifelhaft zu Helenas Beschäftigungen, da sie mindestens einmal mit Lippenabdrücken auf ihrer Haut nach Hause kommt. Das Aufbegehren von Felix tut sie mit einem Achselzucken und ein paar kalten Worten ab, kümmert sich nicht um die verzweifelte Liebe ihres „Schöpfers".

Felix ist sich der Macht, die Helena über ihn hat, bewusst und wünscht sich, dass sie zumindest symbolisch wieder Puppe werde und somit wieder seinem Willen gehorche. Er beschwört sie mehrfach, versucht, die Kontrolle zurückzuerlangen:

> Er sah sie an, sein Werk, das über ihn triumphierte, seine Kreatur, die ihn beherrschte. Er hasste sie, verachtete sie, und er musste sie lieben. Er schrie wieder laut: „Sei Puppe," rief er, „sei Puppe, sei, was du warst! Stirb, werde starr, Puppe, Puppe!" Sie erwachte, lächelte wie höhnisch, drehte sich um und atmete weiter. Er vergewaltigte ihren Schlaf. Sie stieß ihn vom Bett, trat ihn, und er blieb wie ein Hund zu ihren Füßen liegen. [...]
>
> Als sie heimkehrten, erwachte zum letzten Mal sein Wille. Er warf Helena in einen Sessel und beschwor sie wie ein Magier, Puppe zu werden. Er bewegte seine Hände über ihr, und seine Stimme hatte mystische Gewalt. Helena spürte mit Entsetzen die Kraft der

---

10 *Pygmalion*, S. 171

> Suggestion. Mühsam hielt sie sich wach. Aber Felix ermüdete, entnervt, schlief nach seiner Beschwörung ein.[11]

Weiter als dieses zeitweilige Aufbegehren gedeiht seine Auflehnung gegen die unsichtbare Kette der Leidenschaft nicht. Er kann nicht von Helena lassen, so als ob er die Puppe und sie seine Herrin ist. Während er früher, ganz Pygmalion, seine Puppe liebte und sie letztlich dennoch als Objekt oder Fetisch behandelte, hat sich die Situation nun ins Gegenteil gekehrt: Nun ist Felix derjenige, der von Helena gelenkt wird. Als diese schließlich, vom Spiel gelangweilt, den Tausch rückgängig macht und Felix heimlich verlässt, kann der den erneuten Schock nicht ertragen: Helenas letzter „Streich" führt zum Tod des inzwischen mittellosen Mannes, der wie eine Puppe ohne Puppenspieler nicht länger lebensfähig ist. Trotz all der Demütigungen durch Helena ist er immer noch unter ihrem Bann und kann ihren „Statuenzustand" ebenso wenig ertragen wie ihre Lebendigkeit zuvor. Während er im Wahn auf die Puppe einsticht, um ihr zumindest etwas Blut zu entlocken und damit den Beweis ihrer Lebendigkeit zu sehen, trifft er den Mechanismus, der die Arme der Puppe kontrolliert, und wird von ihr erwürgt. Doch auch Helena kommt nicht ungeschoren davon – im letzten Absatz berichtet der Erzähler von einem Freund, der leitender Direktor einer Irrenanstalt sei und der eine Frau bei sich habe, die auf den Namen Helena höre und sich ansonsten wie eine lebende Puppe verhielte.[12] Ihr verderbliches Spiel, ihre angebliche „Metamorphose" von der Puppe zur lebenden Frau, hat bei Helena eine geistige Verwandlung ausgelöst, die schon in einigen Passagen anklang:

> Sie sah in sich hinein. Sie war leer wie eine Puppe. Was in ihr war, war vielleicht auch nur ein seelenloser Mechanismus. Wie, dachte sie entsetzt, bin auch ich nur eine Puppe, oder bin ich in Wahrheit Puppe geworden, indem ich mich an ihre Stelle setzte? [...] Näherte auch sie sich dem Wahnsinn, indem sie sich als Puppe empfand? Sie machte ein paar Schritte, hob die Arme, absichtlich automatenhaft, steif, eckig – Ja,

---

[11] *Pygmalion*, S. 171-173

[12] Dies könnte sogar auf Tatsachen beruhen: Münzer selbst war als studierter Mediziner vor Ausbruch des ersten Weltkriegs in verschiedenen Krankenhäusern und psychiatrischen Kliniken tätig. Vergleiche dazu Tönnesen, Cornelia: *Kurt Münzer (1879-1944): Zwischen Nihilismus und Expressionismus*, in Witte, Bernd (Hrsg.): *Oberschlesische Literatur 1900-1925*, Frankfurt am Main 2000, S. 151

sie näherte sich der Puppe, der Mechanismus begann, sie sich untertan zu machen.[13]

So vollzieht sich am Ende doch eine Metamorphose, die, ebenso wie der tragische Tod von Felix, an das tragische Ende vieler Ovidscher Fabeln erinnert.

Es fällt auf, dass der Wandel vom Belebten zum Unbelebten parallel in der Geschichte sowohl bei Felix als auch bei Helena eine bedeutende Rolle spielt. Die Grenzen zwischen lebendigem und mechanischem Handeln werden vor allem bei dem Protagonisten klar gezogen. Während er als Opernstar „der Liebling der Frauen, der Stoff der Presse"[14] ist, verachtet er schon zu diesem Zeitpunkt die Gesellschaft anderer Menschen. Nur durch seine Stimme berühmt geworden, pflegt er sie in einer Art Wahn und fürchtet alles, was ihr schaden könnte. Nach seinem ersten Zusammenbruch, den sein Verlangen nach Helena auslöst, zieht er sich noch weiter in sich selbst zurück, entsagt dem Leben selbst soweit möglich und wandelt sich mehr und mehr zu einem nach außen hin konstruktartigen Wesen. Im Innersten von Leidenschaft beseelt, „wickelt[] [er] sein Programm ganz mechanisch ab"[15], seine Figuren wirken fast schon lebendiger als er selbst. Seine einzige Interaktion mit den anderen Menschen vollzieht er mit Hilfe seiner Puppen. Indem er ihnen Leben einhaucht, sie durch seine Kunst erweckt, tanzen und sprechen lässt, begeistert er die Massen, die ansonsten an dem Menschen Felix kein großes Interesse zu haben scheinen. Erst durch die Ankunft Helenas beginnt er wieder, am realen Leben teilzunehmen – welches ihn aber letztlich zerstört. Felix ist in seinem Wahn auch zusammen mit Helena nicht zur Etablierung von sozialen Kontakten in der Lage, ebenso wenig wie zum Genuss der Aktivitäten, die seine lebenshungrige Begleiterin arrangiert. Seine Welt muss kontrollier- und lenkbar sein, wie seine Puppen. Daher erscheint es logisch, dass sein Leben in dem Moment endet, in dem seine größte Leidenschaft, Helena, sich als „hohl" im wahrsten Sinne des Wortes erweist – wenn er nämlich wieder neben der leblosen Puppe erwacht.

Anders ist es bei Helena. Sie genießt das Leben in vollen Zügen und setzt ihren Körper dazu ein, von reichen Männern jeglichen Wunsch erfüllt zu

---

13 *Pygmalion*, S. 172

14 Ebd., S. 157

15 Ebd., S. 167

bekommen. Innerlich jedoch ist sie kalt und leblos. Sie plant die Ausnutzung Ballestas präzise durch und setzt ihren Plan skrupellos in die Tat um. Doch auch an ihr geht der psychische Druck, die Rolle einer Marionette zu spielen, nicht ohne Folgen vorüber. Während sie sich im Rahmen ihres Rollenspiels von der Puppe zur lebendigen Frau „wandelt", bleibt ihr Innerstes unverändert, was sich im Laufe ihrer gemeinsamen Zeit mit Felix auf ihr Gemüt auswirkt. Immer öfter sieht sie sich selbst als Marionette und entscheidet sich schließlich, die Scharade zu beenden. Ihrem Schicksal entkommt sie jedoch nicht, wie der Leser am Ende der Geschichte feststellt. Da sie erneut, zumindest psychologisch, zu einer Puppe (also einem leblosen Objekt) geworden ist, erinnert dies an das Schicksal der Propoetiden, die sich ebenfalls aufgrund ihrer inneren Härte in Kieselsteine, also tote Materie, verwandeln.

3.4 *Metropolis und die dämonisierte Androidin*

Die „Eva der Zukunft" ist zweifellos für die literarische Geschichte der künstlichen Frau von enormer Bedeutung. Doch die Hauptfigur Hadaly ist, wenn überhaupt, nur ein Teilaspekt dieses Themengebiets. Ihr fehlt der verführerische Aspekt, derjenige, der nicht nur ihr, sondern auch Adam die Verstoßung aus dem Paradies einbringt. Dieser Teil des biblischen Mythos findet sich, wie schon erwähnt, im Mythos der Pandora wieder. Während Hadaly und ihre Vorgängerin Galatea die perfekten Begleiterinnen und Ehefrauen sind, erfüllen Pandora und ihre „Töchter" eher die Funktion der *femme fatale*. Die künstliche Maria in Thea von Harbous Roman *Metropolis* ist dafür ein hervorragendes Beispiel. Auch wenn der Roman seit seiner Veröffentlichung von vielen Kritikern als unlesbar angesehen wird, voller Kitsch und Klischees, stellt er vor allem als Grundlage für Fritz Langs gleichnamiges filmisches Meisterwerk, das auf Filme wie *Blade Runner* (1982), *Krieg der Sterne* (1977), *Terminator* (1990), *Das fünfte Element* (1997) oder *Dark City* (1998) und somit auf die moderne Science Fiction einen enormen Einfluss ausgeübt hat, einen der zentralen Texte bei der Analyse des künstlichen Menschen in der Literatur dar.

Das Drehbuch zum Film, ebenfalls von Thea von Harbou verfasst, wurde seit der ersten Vorführung von *Metropolis* im Jahre 1927 ebenso wie der Roman von den Kritikern verlacht und verrissen. Kurt Pinthus etwa erklärte in der Zusammenfassung seiner Premierenkritik entsetzt:

> Die Lächerlichkeit der diese Motive bindenden Handlung zu disputieren, heißt bereits, sie zu überschätzen. Über sie zu schweigen, ist das Höchstmaß an Achtung, was in diesem Fall einer achtbaren Frau dargebracht werden kann.[1]

In Frankreich urteilte *Les Annales*, Tolstoi, Villiers de l'Isle-Adam und Wells würden wie von einem Idioten in einen Topf geworfen und vermischt.[2] Und selbst ein Visionär wie H.G. Wells verdammte *Metropolis* in einem Artikel in der *New York Times* giftig als klischeeüberladenen Streifen:

---

1 Pinthus, Kurt: *Lemberg und* Metropolis. In: *Das Tage-Buch*, 8/3, 15.1.1927, S. 99

2 Vgl. *Deux erreurs: Metropolis, Princess Masha*. In: *Les Annales*, 15. November 1927

> It gives in one eddying concentration almost every possible foolishness, cliché, platitude, and muddlement about mechanical progress and progress in general served up with a sauce of sentimentality that is all its own.[3]

Dennoch gilt der Film heutzutage als Klassiker, sowohl aus produktionstechnischer als auch aus inhaltlicher Sicht. Die in ihm dargestellte Architektur und der finanziellen Umfang dieses UFA-Mammutprojektes waren für die damaligen Zeit enorm, während die Konflikte zwischen Arbeiter- und Oberschicht einen ebenso aktuellen Bezug hatten wie die Sorgen vor einem unkontrollierbaren industriellen Fortschritt. Letzteres wird durch die berühmteste Figur des Films symbolisiert: Futura, ein weiblicher Roboter, der eine ganze Metropole an den Rand des Abgrunds bringt.

Der Erfinder Rotwang, mit einer in der Maschinenstadt Metropolis fast schon gottähnlich ausgestatteten Macht[4], erschafft im Auftrag des Oligarchen Fredersen eine künstliche Frau, die die arbeitenden Massen zum Aufstand und somit zur Konfrontation mit der Oberschicht bewegen soll.[5] Diesen Auftrag erfüllt sie nahezu perfekt und macht mit Hilfe der ihr folgenden Menschen die gigantische Stadt dem Erdboden gleich, indem sie die zentralen Maschinen überhitzt und zur Explosion bringt. Offensichtlich inspiriert von Villiers de l'Isle-Adam, aber auch von H.G. Wells und Victor Hugo (*Notre-Dame de Paris*[6]), sollte Thea von Harbou „die doppelte Plot-Struktur der klassischen Hollywood-Narration [reproduzieren], in der Märchen und Romanze mit einer

---

3 Wells, H.G.: *Mr. Wells reviews a current film*. In: *New York Times*, 17.4.1927

4 So ist er der einzige, der den Herrn der Stadt, Fredersen, zu sich rufen darf. Vor allem aber ist er der einzige, der in dieser Stadt etwas erschafft. Er selbst zieht eine Analogie zwischen sich und Gott, als er beim ersten Gespräch mit Fredersen von seiner Androidin spricht und sagt: „Jeder Mann-Schöpfer schafft sich zuerst ein Weib. […] Falls ein männlicher Gott die Welt erschaffen hat, […] dann schuf er ganz gewiss zuerst, zärtlich und schwelgend in schöpferischer Spielerei, das Weib." (*Metropolis*, S. 48)

5 Der Benennung durch ihren Schöpfer Rotwang folgend werde ich im weiteren Verlauf von der Androidin als „Futura" sprechen.

6 Zumindest bei dem abschließenden Kampf auf der mit Wasserspeiern geschmückten Brüstung der Kathedrale sind die Bezüge unübersehbar. Rotwang als dämonisch verzerrter Quasimodo kämpft mit Freder um die schöne Maria.

Abenteuerhandlung und einer Suche verwoben werden".[7] Maria als weiblicher Hauptfigur, gedoppelt durch die böse Androidin Futura, kommt dabei eine besondere Rolle zu, ist sie doch Dreh- und Angelpunkt all dieser Handlungsstränge. Sie ist Anführerin der Arbeiterklasse, gleichzeitig jedoch auch diejenige, die sie vor einem gewalttätigen Aufstand abhält. Daher ist ihre Beseitigung und das Ersetzen ihrer Person durch Futura die einzige Möglichkeit, die Handlung in eine Katastrophe münden zu lassen. Ihre romantische Verbindung zu Fredersens Sohn Freder eröffnet gleichzeitig die spätere Abenteuerhandlung, die die UFA in Anlehnung an den großen Konkurrenten Hollywood für einen erfolgreichen Film für notwendig erachtete.[8] Zerstörerisch wie einst Pandora lässt sie (beziehungsweise ihre Roboter-Kopie) die Übel in die Welt hinaus und treibt die Unterdrückten zur Revolution an. Dabei ist Futura, was ihre Schöpfung angeht, durchaus mit Hadaly vergleichbar: Beide brauchen einen Menschen, der ihnen ihre Gestalt geben kann, einen Menschen, der eine Wahl trifft, die der Schöpfer selbst nicht treffen kann oder will. Während Hadaly jedoch durch Lord Ewald das Aussehen seiner Geliebten Alicia erhält, gibt Joh Fredersen der unbenannten Androiden im Hause Rotwangs die Gestalt der Person, die ihm seinen Sohn wegnehmen und zugleich die Macht über sein Imperium brechen will – Maria.[9]

Welche Funktion hat nun die falsche Maria? Sie ist die *femme fatale*, das genaue Gegenteil der verstorbenen Hel, der Geliebten sowohl Rotwangs als auch Fredersens und Mutter Freders. Sie symbolisiert die destruktiven Elemente der weiblichen Sexualität, so etwa bei ihrer Einführung in die Öffentlichkeit von Metropolis in Rotwangs Haus. Jan, einer der Bekannten Freders aus dem „Haus der Söhne", berichtet, wie sie vor den geladenen Gästen erscheint und „alles, was Treue im

---

[7] Elsaesser, Thomas: *Metropolis. Der Filmklassiker von Fritz Lang*. S. 77

[8] Dies kulminiert in zwei Schlüsselszenen: dem Sprung Freders über die zerstörte Brücke (vgl. S. 177) und der Kampf gegen Rotwang auf dem Dach des Doms (vgl. S. 188 ff.).

[9] Erneut besteht hier übrigens die Konstellation aus dem Schöpfer (im Mythos vom Schmied und Handwerker Hephaistos verkörpert), dem Geschöpf selbst und demjenigen, der das Erscheinungsbild bestimmt (ursprünglich Zeus). Der grundlegende Unterschied zwischen diesem Mythenstrang und dem Pygmalion-Mythos scheint mir dabei zu sein, dass es nicht der Liebende ist, der die Gestalt wählt, sondern der Rächende. In beiden Fällen ist jedoch die künstliche Frau ein Werkzeug.

menschlichen Herzen heißt, bis zur Lächerlichkeit" vernichtet.[10] Alle Liebesbeziehungen, die bis dahin zwischen den Anwesenden bestanden hatten, lösen sich auf und werden durch Scham und Hass ersetzt. Nicht als „neue Eva" oder „jungfräuliche" Maria tritt sie in die Welt, sondern vielmehr als verführende und verführerische Erbin Liliths.[11] Sie wird zum Objekt der Begierde, ohne die Reinheit der von ihr kopierten Maria durch sexuelle Elemente zu trüben. Es ist an Freder, diese Begierde zu besiegen, um letztlich mit seiner wahren Liebe vereint zu werden. Parallel dazu muss er auch gegen Rotwang vorgehen, den bösen Doppelgänger seines Vaters (als ehemaliger Liebhaber seiner Mutter) und „Erzeuger" der falschen Maria. Eine Verbindung zu Ödipus ist hier durchaus zulässig: Nicht nur der „Vatermord" passt in dieses Bild, sondern auch die Tatsache, dass Rotwang Maria gegen Ende des Romans für Hel hält und diese durchaus mütterliche Züge trägt.[12] Freder sucht also dieser Interpretation nach eine Beziehung zu einer seiner Mutter ähnlichen Frauengestalt – und aus diesem Grunde ist es auch logisch, dass das rein Sexuelle in Form der Androidin zuerst ausgemerzt werden muss. Freders Liebe zu Maria ist grundsätzlich über dieses Element erhaben und übersteht auch die mit erotischen Konnotationen angereicherten apokalyptischen Traumsequenzen, in denen sie (bzw. Futura) als „Hure Babylon" erscheint, sowie den Auftritt der falschen Maria an der Spitze eines wahnwitzigen Straßenkarnevalsumzugs. Von der Superdroge Maohee berauscht, folgen ihr die vergnügungssüchtigen Söhne und Töchter der Reichen, mitten hinein in eine Konfrontation mit den wütenden Arbeitern, die inzwischen erkannt haben, dass durch den Befehl Futuras, die Maschinen von Metropolis zu zerstören, das Leben ihrer Kinder in Gefahr gebracht wurde.[13] Dabei fällt auf, dass es zu keinem Zeitpunkt zu einer direkten Konfrontation zwischen Maria und ihrer künstlichen Gegenspielerin kommt. Keine Kommunikation, kein Augenkontakt, keine Berührung, kein Kampf finden zwischen Original und Fälschung statt. Maria ist einfach zu hilflos gegenüber der ungeheuren Energie, die die Androidin aufbringen kann. Obwohl sie sich als Mutterfigur nicht nur um das Wohlergehen der Kinder, sondern

---

[10] *Metropolis*, S. 120

[11] Lilith ist in der jüdischen Mythologie die erste Frau Adams, die diesem den Gehorsam verweigerte und sich langsam in eine Dämonin verwandelte, die kleine Kinder raubte und tötete. Dies, zusammen mit ihrer Kunst, Männer zu verführen, macht sie zum Schrecken aller Ehefrauen und Mütter. Sie ist das Urbild der teuflischen Verführerin, Sinnbild der Untreue und Bestandteil zahlloser Legenden.

[12] So etwa, wenn sie die Kinder zu Beginn des Romans in die Ewigen Gärten führt.

[13] Erneut findet sich hier eine Verwandtschaft zwischen Futura und Lilith.

auch um das der erwachsenen Arbeiter sorgt, ist sie außerstande, ihrem Zwilling entgegenzutreten. Folgen wir der psychoanalytischen Interpretation, so kann sie ihre wilde, ungezügelte Sexualität nicht unterdrücken, die sich in der Androidin personifiziert hat. Sie ist nicht bereit, ihrer eigenen Lust entgegenzutreten und ihr Einhalt zu gebieten. Erst das Feuer, auf dem die Arbeiter die falsche Maria als Hexe[14] verbrennen, „reinigt" die echte Maria, die – wenig überraschend – im Dom Zuflucht gesucht hat. Aller Gefahr ist sie damit jedoch noch nicht entronnen. Rotwang, „Vater" von Futura und somit in gewisser Weise auch der von Maria (deren natürliche Eltern in keinem Satz erwähnt werden), sieht in ihr seine verlorene Liebe Hel, die er entweder zurückhaben will oder zu zerstören sucht. Versteckter Inzest und rasende Eifersucht, beides sexuelle Motive, bedrohen die Unschuld Marias erneut, und es bedarf der ungebrochenen Liebe Freders, auch diesen Gefahren zu widerstehen.

Im Gegensatz zu Hadaly ist Futura nicht als passives Objekt der Begierde geschaffen worden. Sie ist nicht durch Druck auf einen Ring lenkbar; vielmehr erinnert sie an die Beschreibung der Evelyn Habal im vierten Buch von *L'Eve future* oder an die Venus-Figur in Eichendorffs Novelle *Das Marmorbild,* die ich an dieser Stelle als bekannten Vergleichstext hinzuziehen möchte. Sowohl Futura als auch die Venus stellen die wilde, ungezügelte Sexualität dar, deren Widerpart sich jeweils in einer Doppelgängerin (zum einen Maria, zum anderen Bianka) offenbart. Erst durch die Vernichtung der künstlichen Statuen und des damit verbundenen Zurückdrängens der von Leidenschaft beherrschten Erotik ist der Weg der Hauptfigur zu der wahren Liebe frei. Diese Befreiung von der dämonischen Frauengestalt erfolgt in beiden Texten allerdings nicht durch den Protagonisten, sondern durch eine dritte Partei. Weder Florio noch Freder wären in der Lage, das Ebenbild ihrer Geliebten zu vernichten, ohne selbst ernsthaften Schaden zu nehmen. So stürzt Freder in einen Fieberwahn, nachdem er seine Geliebte in den Armen seines Vaters zu sehen glaubte. In ebenso tiefe Verzweiflung gerät er, als er mitansehen muss, wie die Menschenmenge Futura verbrennt, von der er trotz ihrer dämonischen Aufforderung („Tanze mit mir, mein Liebster") immer noch glaubt, dass sie seine Maria sei. Er liegt „zertreten im Staub", und erst der Hilferuf der echten Maria kann ihm wieder genug Leben einhauchen, um sich in den finalen Kampf mit Rotwang zu begeben. In abgemildertem Maße gilt dies auch für Florio: Nach seiner letzten Begegnung mit der Venus, vor der er voller Grausen

14 Auch dies passt zu der Interpretation. Hexen wurden im Mittelalter immer wieder sexuelle Praktiken vorgeworfen, die den Moralvorstellungen der damaligen Zeit nicht entsprachen.

die Flucht ergriff, ist er zutiefst unglücklich. Obwohl ihre Falschheit offensichtlich ist, hatte „die unbeschreibliche Schönheit der Dame, wie sie so langsam vor ihm verblich und die anmutigen Augen untergingen, [...] in seinem tiefsten Herzen eine solche unendliche Wehmut zurückgelassen, daß er sich unwiderstehlich sehnte, hier zu sterben".[15] Es ist die leidende und innerlich um Hilfe rufende Bianka, die ihm, ähnlich wie Maria gegenüber Freder, am Ende wieder Hoffnung gibt.

Die Pandora nachfolgenden Statuen und Androiden haben alle, wie ich bereits erwähnte, die Funktion einer *femme fatale* inne und verwenden ihre Sexualität, um Männer ins Verderben zu ziehen. Wie schon Epimetheus können die entweder von ihnen oder von ihrem Erschaffer ausgewählten Opfer den wunderschönen Geschöpfen nicht widerstehen, erliegen ihren Reizen und haben gleichzeitig eine panische Angst vor ihren Umarmungen. So erzählt etwa Jan, ein alter Bekannter Freders:

> Es ist nicht auszudenken, dass dieses Wesen [Futura, Anm. TK] sich einem Manne gibt. Kannst du dir die Vermählung des Eises vorstellen? Oder wenn sie es täte, dann würde sie aus den Armen des Mannes sich blank und kühl erheben in der schrecklich-ewigen Jungfräulichkeit des Unbeseelten...[16]

Dennoch kann Jan Futura nicht entkommen. Er ist von ihr besessen, obwohl er ihr attestiert, dass sie nur Hass verbreitet. Als sie den Zug vom Vergnügungszentrum Yoshiwara anführt, läuft er „wie ein Hund" hinter ihr her und ruft „Ich bin Jan! Ich bin der getreue Jan! Erhöre mich endlich, Maria!"[17] Dieses Begehren bestraft sie mit dem Feuertod, indem sie ihre Fackel in sein Gesicht stößt. Seinem inneren brennenden Begehren wird eine äußere Form gegeben, die ihn endgültig verzehrt.

In Eichendorffs Erzählung wird der Venusstatue eine ähnliche Macht zugesprochen. Der Sänger Fortunato weiß davon zu berichten:

> Aus der erschrecklichen Stille des Grabes heißt sie das Andenken an die irdische Lust jeden Frühling immer wieder in die grüne Einsamkeit ihres verfallenen Hauses heraufsteigen und durch teuflisches

---

15 *Das Marmorbild*, S. 6

16 *Metropolis*, S. 118

17 Ebd., S. 171

> Blendwerk die alte Verführung üben an jungen, sorglosen Gemütern, die dann, vom Leben abgeschieden und doch auch nicht aufgenommen in den Frieden der Toten, zwischen wilder Lust und schrecklicher Reue, an Leib und Seele verloren, umherirren und in der entsetzlichsten Täuschung sich selber verzehren.[18]

Während Florio durch das Eingreifen Fortunatos von diesem Schicksal verschont bleibt, erging es dem Ritter Donato bei einem früheren Zusammentreffen mit der verführerischen Venus genauso wie Jan. Damals erlag er der Macht der *femme fatale* und kommt nun nicht mehr davon los. Bereits in seinem Äußeren lässt sich dies erahnen: Sein Gesicht wird als „blaß und wüst" beschrieben, mit „wirre flammendem" Blick aus tiefen Augenhöhlen.[19] Im Schlaf sieht er fast wie ein Toter aus, sein erster Blick nach dem Erwachen ist „stier und wild".[20] Überhaupt ist es vor allem der Blick, der sein wirkliches Wesen bzw. seine Besessenheit verkündet. Derselbe Blick, der ihm die (äußere) Schönheit der Venus gezeigt und ihn damit verdammt hat, gibt nun sein Geheimnis preis und sondert ihn so von der Gesellschaft anderer ab. Diese fürchtet den Blick in seine feurigen Augen, die ein traditionelles Symbol für die menschliche Seele sind. Donato teilt durch diese sein Schicksal mit und erzählt indirekt von seiner Unruhe – Jan dagegen ist nahezu leblos. Im Gespräch mit Freder wendet er diesem „verdorrte Augen" in einem „tausendjährigen Gesicht"[21] zu. Der verfluchte Ritter in Eichendorffs Erzählung scheint zumindest noch eine Seele zu haben (das Symbol des Feuers in seinen Augen deutet darauf hin), die sich aber, wie Fortunato im Anschluss an ein Lied berichtet, selbst verzehrt. Dagegen ist Jans Seele bereits zerstört worden. Dies führt im Zug, der sich aus Yoshiwara heraus durch die Straßen bewegt, inmitten all jener, deren Augen „die Augen Erstickender"[22] waren, zu seinem Tod durch die Hand Futuras. Ohne die Aufmerksamkeit der falschen Maria, um die er immer wieder bettelt, ist er symbolisch gesehen, ähnlich wie Felix Battista in Kurt Münzers *Pygmalion*, nicht länger lebensfähig.

---

[18] *Das Marmorbild;* S. 7

[19] Vgl. ebd., S. 2

[20] Ebd., S. 4

[21] *Metropolis,* S. 115

[22] Vgl. ebd., S. 170

4. Der Golem – künstliche Menschen als Arbeiter

4.1 *Der Golem in jüdischer Mythologie und mittelalterlicher Literatur*

Der Golem ist in der Geschichte des künstlichen Menschen eine ebenso bedeutsame Gestalt wie Prometheus und Pygmalion. Während er in der Romantik nur gelegentlich Spuren hinterließ, ist er ab Beginn des zwanzigsten Jahrhunderts bzw. nach den ersten Golem-Filmen aus der Phantastik nicht mehr wegzudenken. Für diese Arbeit von viel größerem Interesse ist jedoch, dass der jüdische Mythos einen enormen Einfluss auf die noch junge Science Fiction hatte. Für ein Verständnis der Roboterliteratur ist eine Analyse der Golem-Ursprünge daher unerlässlich.

Vor allem hinsichtlich seiner Schöpfung steht der Koloss in einem engen Zusammenhang zum Prometheus-Mythos sowie der christlichen Schöpfungsgeschichte. Golem und Mensch entstehen beide zuerst als Lehmfigur, der dann durch eine übergeordnete Instanz Leben eingeblasen wird. Im Gegensatz zum göttlichen Prometheus ist der Golemschöpfer jedoch immer ein Mensch – insofern nimmt er die Figur des Viktor Frankenstein vorweg. Erstmalig, so führt Jan Möller in seiner Magisterarbeit *Die Erben des Rabbi Löw* aus, findet sich das Wort „Golem" in Psalm 139:16.[1] Ich zitiere dazu verschiedene Fassungen und Übersetzungen dieser Bibelstelle:

גָּלְמִ֤י ׀ רָ֘א֤וּ עֵינֶ֗יךָ וְעַֽל־סִפְרְךָ֮ כֻּלָּ֪ם יִכָּ֫תֵ֥בוּ יָמִ֥ים יֻצָּ֑רוּ [וְלֹא כ] (וְל֖וֹ ק) אֶחָ֣ד בָּהֶֽם׃

(Westminster Leningrad Kodex)

ἀκατέργαστόν μου εἴδοσαν οἱ ὀφθαλμοί σου καὶ ἐπὶ τὸ βιβλίον σου πάντες γραφήσονται ἡμέρας πλασθήσονται καὶ οὐθεὶς ἐν αὐτοῖς (Septuaginta)

Imperfectum adhuc me viderunt oculi tui, et in libro tuo scripti erant omnes dies: ficti erant, et nondum erat unus ex eis. (Nova Vulgata)

---

[1] Vgl. Möller, Jan: *Die Erben des Rabbi Löw*, S. 4 f.

Deine Augen sahen mich, da ich noch unbereitet war, und waren alle Tage auf dein Buch geschrieben, die noch werden sollten, und derselben keiner da war. (Luther-Bibel, 1545)

Meinen Keim (Eig. Knäuel, ungeformte Masse) sahen deine Augen, und in dein Buch waren (O. wurden) sie (d. h. die Gebeine (v 15)) alle eingeschrieben; während vieler Tage wurden sie gebildet, als nicht eines (O. eingeschrieben, die Tage, die vorentworfen waren, als nicht einer usw.) von ihnen war. (Elberfelder 1871)

Meine Urform sahen deine Augen. Und in dein Buch waren sie alle eingeschrieben, die Tage, die gebildet wurden, als noch keiner von ihnen [da war]. (Elberfelder 1985)

Deine Augen sahen, wie ich entstand,
in deinem Buch war schon alles verzeichnet; meine Tage waren schon gebildet,
als noch keiner von ihnen da war. (Einheitsübersetzung 1980)

Your eyes have seen my unformed substance;
And in Your book were all written
The days that were ordained for me,
When as yet there was not one of them. (New American Standard Bible)

Thine eyes did see my substance, yet being unperfect; and in thy book all my members were written, which in continuance were fashioned, when as yet there was none of them. (King James Bible)[2]

Die Urform, die noch nicht fertige Gestalt, „imperfectum“ – dies ist der allgemeine Tenor der Übersetzungen des Wortes „Golem“. Das Lehmgeschöpf ist demnach gewissermaßen eine Vorstufe des Menschen, die, im

---

2 Mit Ausnahme der Einheitsübersetzung habe ich alle hier zitierten Versionen dem Internet-Portal www.unboundbible.org entnommen. Grund dafür ist eine bessere Vergleichbarkeit für den interessierten Leser, da die Seite es ermöglicht, bis zu vier verschiedene Bibelübersetzungen parallel anzeigen zu lassen. Da dort zudem alle verwendeten Ausgaben ordnungsgemäß bibliographiert sind, ist ein Rückgriff auf diese Seite meines Erachtens aus komparatistischer Sicht sinnvoll.

Falle des vorliegenden Psalms, von Gott geschaffen wurde. Wer jedoch spricht diese Worte aus? Üblicherweise wird König David als Verfasser des Lobliedes angegeben. Andererseits stellt Möller fest:

> Da der besagte Psalm 139 in der jüdischen Überlieferung als Wort des Adam ausgelegt wurde – des ersten Menschen, der von Gott selbst aus der Erde geschaffen ist –, verstand man *golem* als ein bestimmtes Stadium in dessen Erschaffung, als den unvollendeten Adam, der noch nicht vom Hauch Gottes berührt worden war.[3]

Wie lässt sich diese Diskrepanz erklären? Dennis Bratcher spricht im Zusammenhang mit dem für diese Arbeit relevanten sechzehnten Vers davon, dass das erste Wort im hebräischen Original, *golmi* (גָּלְמִי), ein *hapax legomenon* sei: "meaning that this word only occurs here in the Hebrew Bible."[4] Nur auf dieser Basis ist eine direkte Verbindung zwischen dem Wort „Golem" und der Gestalt des Adam, wie sie Möller beschreibt, also nicht nachzuvollziehen. *Golmi* bezieht sich auf den Sprecher des Psalms selbst, also David. Erst in dem babylonischen Talmudtraktat Sanhedrin 38b – darauf weist auch Möller hin – wird die Schöpfung Adams detaillierter beschrieben und mit der Gestalt des Golems in Beziehung gesetzt. Dies ist für die Bestimmung der Position des Golems nicht unerheblich, denn die fragliche Stelle gehört zum aggadischen Teil des vierten Kapitels des babylonischen Talmuds. Alexander Wöll verweist denn auch in seiner Abhandlung über den Golem ebenso auf die *Aggadah*, die Sammlung jüdischer Geschichten und Legenden[5], wie Jacob Shachter und H. Freedman: "The aggadic portion of this chapter contains some beautiful stories, historic and folkloristic, as in connection with the creation of man, and disputations with heretics."[6]

Daraus folgt, dass die Golemfigur aus dem Reich der Volkssage in den religiösen Diskurs aufgenommen wurde. Sieht man sich die beiden Folios a und b des Sanhedrin 38 genauer an, stellt man fest, dass es sich bei den fraglichen Zeilen um den Kommentar eines Rabbis namens Johanan ben Hanina zu Psalm 139,16 handelt – eine Interpretation, die keinesfalls

---

[3] Möller, S. 5

[4] Bratcher, David: *Psalm 139:16 and Predestination: Text Criticism and Interpretation*, S. 2

[5] Wöll, Alexander: *Der Golem. Kommt der erste künstliche Mensch und Roboter aus Prag?*, S. 235

[6] Eppstein, Isidore (Hrsg.): *Sanhedrin*. Englische Übersetzung. S. xiv

den Anspruch des Absoluten erwecken will. Es handelt sich um eine nachträglich eingefügte und auf einen Einzelnen zurückgehende Verbindung zwischen Adam und *golem*, die zwar für die spätere Tradition eine gewisse Relevanz hat, der man aber mit Vorsicht gegenübertreten sollte.

Viel interessanter ist die Aussage Alexander Wölls zu der Aggadah. Dort, so Wöll, werde „Golem" als etwas grundsätzlich Unvollendetes definiert und stehe damit zuerst in Konkurrenz und ab dem 12. Jahrhundert (seit dem der Golem als stummer, minderwertiger Mann betrachtet wird) in direktem Gegensatz zu dem vollendeten Adam.[7] Dem Geschöpf, das etwa auf Folio 65b des Sanhedrin-Traktats zum Leben erweckt wird, fehlt die Gabe der Sprache, ein Element, das sich bis heute als charakteristisches Element in vielen Golem-Geschichten findet. Dies vertieft den sklavischen Charakter – der Golem kann so nicht protestieren, sein Leid klagen oder aber die Geheimnisse seines Meisters verraten.[8] In den späteren Texten, insbesondere denen, die auf der Legende um Rabbi Löw beruhen, findet sich dieser Aspekt verstärkt wieder. Es hat jedoch noch etwas anderes zur Folge: Da ein Golem ein Geschöpf der Sprache ist, jedoch selbst die heiligen Buchstaben nicht vokalisieren kann, ist ihm eine eigene Schöpfung verwehrt. Zwar ist er als Lehmgeborener genealogisch gesehen dem Adam ähnlich, kann jedoch nicht wie dieser Ur-Vater eines Geschlechts werden. Die Fortpflanzung ist ihm ebenso wie Frankensteins Geschöpf unmöglich.

---

7 Vgl. Wöll, S. 235

8 Dabei ist zu beachten, dass nach den Untersuchungen von Moshe Idel, die auf Gershom Sholems Arbeiten beruhen, die Golemschöpfung, insbesondere nach dem Ritus, der aus dem Sefer Jezira deduziert wurde, ursprünglich keinerlei sklavischen Charakter implizieren. Man könne die magische Handlung „als Versuch [verstehen], durch das Nachvollziehen des *modus operandi* den Schöpfer nachzuahmen und auf diese Weise seine Herrlichkeit zu bezeugen" (Idel, S. 29). Sigrid Mayer wählt dagegen einen anderen Ansatz, kommt aber zu einem ähnlichen Ergebnis wie Idel: Sie sieht in der Vorstellung des Golems als Knecht „fremdartige Einflüsse, die mit der weiteren Entwicklung der Sage so eng verschmolzen, daß sie nun als echter und natürlicher Bestandteil derselben erscheinen" (Mayer: *Golem: Die literarische Rezeption eines Stoffes*, S. 22). Doch bereits in diesem antiken Talmud-Traktat finden sich erste Ansätze für den dienerischen Charakter des Golems, so dass eine Herausarbeitung der „fremdartigen Einflüsse", die Mayer vermutet, nahezu unmöglich ist.

Bevor ich mich der Rezeption des Golem-Motivs in Mittelalter und Neuzeit zuwende, möchte ich noch eine interessante Parallele anführen, auf die Moshe Idel in seiner umfassenden Arbeit zu diesem Thema hinweist. Um den Golem zum Leben zu erwecken, muss in seine Stirn das Wort *emet* (Wahrheit) eingeritzt werden – wobei sich diese Regel erst im dreizehnten Jahrhundert aus verschiedenen Geschichten über das Golemschöpferpaar Jeremia und Ben Sira entwickelte.[9] Dazu führt Idel in Anlehnung an Haim Schwarzbaum und Sándor Scheiber das Diktum „Die Wahrheit steht fest, die Lüge steht nicht fest" an und verweist auf die Ähnlichkeit dieser Aussage mit einer Prometheus-Fabel des Phaedrus. In dieser erschafft der Titan eine weibliche Gestalt namens Wahrheit, während sein Gehilfe Dolus seinem Meister nachzueifern versucht, aber nicht genug Ton übrig hat, um für seine Figur Füße zu bilden.

> Igitur fornaci pariter duo signa intulit;
> Quibus percoctis atque infuso spiritu,
> Modesto gressu sancta incessit Veritas;
> At trunca species haesit in vestigio.
> Tunc falsa imago atque operis furtivi labor
> Mendacium appellatum est; quod negantibus
> Pedes habere facile et ipse assentio.
>
> *(Also schob er [Prometheus; Anm. TK] in den Ofen gleichermaßen beide Statuen. (Nun) waren sie gebrannt, er hatte (ihnen) Lebensatem eingehaucht, da fing in angemessenem Schritt die Wahrheit ehrsam an zu gehen, jedoch das Krüppelbild kam nicht vom Fleck. Nun wurde das gefälschte Bild, ein Werk verstohlener Mühe, „Trug" genannt. – Wenn (Leute) sagen, es habe keine Füße, stimme ich auch selber zu.)* [10]

Idel schlussfolgert daraus, dass „die Vorstellung der Unwahrheit als Figur ohne Füße [...] die Annahme einer gewissen Verbindung zwischen

---

[9] In einer der Geschichten, die im *Sefer ha-Gematriot* zu finden ist, kommt der Golem schon mit diesem heiligen Wort zur Welt. In der Variante im von Rabbi Jehuda ben Batyra verfassten *Sefer ha-Bitachon* stand auf der Stirn des Golems sogar *JHWH Elohim Emet* (Gott der Herr ist wahr). Der Golem selbst löscht das Aleph von *Emet* aus, so dass nur noch *Met* (Tod) stehen bleibt und erzählt anschließend ein Gleichnis, dass Jeremia und Ben Sira dazu bewegt, das Ritual rückgängig zu machen und den Golem zu zerstören. Vgl. dazu Möller, S. 11, und Idel, S. 120.

[10] Phaedrus, *Fabulae Aesopiae,* Hrsg. von Carolus Zell, S. 109 f., V. 16-22; Deutsche Übersetzung nach Oberg, Eberhard: *Phaedrus-Kommentar.* S. 229

den beiden Darstellungen"[11] rechtfertige. Diese Deduktion erscheint meines Erachtens etwas schwammig, da es im Gegenteil der Begriff der Wahrheit ist, der die obige Prometheus-Fabel mit dem Golem-Mythos in Beziehung setzt. Es ist *emet*, das dem Tonwesen Standhaftigkeit verleiht – nur mit dieser Assoziation macht Idels Gedankengang überhaupt einen Sinn.[12] Da in späteren Texten der Golem in sich zusammenfällt, sobald das belebende Wort entfernt wird (oder das Aleph weggewischt wird, so dass *met* (Tod) zu lesen ist), könnte diese Verbindung zwischen Prometheus- und Golem-Mythos durchaus bestehen. Völlig überzeugend erscheint mir Idels Argumentation an dieser Stelle allerdings nicht. Zu viel hängt von der richtigen Lesart des Diktums ab, dessen konkrete Verbindung zum Golem sich in Idels Text auch nicht wirklich erschließt.

Im Gegensatz zu Idel sehe ich die Verbindung zwischen Golem und Prometheus eher auf Basis der im zweiten Kapitel dieser Arbeit analysierten ovidischen Erzählung vom Titanen als Menschenschöpfer sowie in Verbindung mit den Geschichten des Hephaistos. Von prometheischer Seite käme das Element der Erde als Urmaterial, während der Schmiedegott den untergeordneten Status des Geschöpfs beisteuert.

Die Erschaffung eines Golems scheint auf den ersten Blick sehr kompliziert. Die mittelalterlichen Darstellungen verweisen auf das *Sefir Jezira*, das „Buch der Schöpfung". Dieses mysteriöse Werk, dessen Ursprung Gershom Scholem auf das dritte bis sechste Jahrhundert datiert[13], muss ausführlich und mit Hilfe von ein bis zwei anderen jüdischen Gelehrten studiert werden, um zum Schluss das Verständnis für die Schöpfung zu erlangen. Wie aber sowohl Idel als auch Scholem zeigen, wird in diesem antiken Text selbst kein Ritual beschrieben, um

---

[11] Idel, S. 43

[12] „Die Lüge steht nicht fest" kann schließlich auch bedeuten, dass sie nicht an einer Stelle verweilt, sondern sich fortbewegt und von einem zum anderen überspringt. Dies würde der Phadrischen Fabel antithetisch gegenüberstehen.

[13] Moshe Idel erwähnt dagegen weiterführende Sekundärliteratur, die zumindest die Ideen des Textes bis in das zweite Jahrhundert zurückführen kann. Der Volksglaube schreibt Abraham die Autorschaft des *Sefer Jezira* zu.

einen Anthropoiden zum Leben zu erwecken.[14] Bei den geläufigen Techniken, die alle das Aussprechen von Buchstabenkombinationen gemeinsam haben, handelt es sich stattdessen um Interpretationen oder Kommentare zum *Sefir Jezira*. Diese wurden laut Moshe Idel zum ersten Mal im 13. Jahrhundert schriftlich fixiert, entweder durch die nordfranzösischen Chassidim oder die Aschkenasim. Über frühere Praktiken lässt sich heute nur spekulieren.

Alle Schöpfungstechniken beinhalten nicht nur eine Rezitation von Buchstabenkombinationen, sondern auch das Formen des Golemkörpers aus einer Mischung aus Wasser und Staub bzw. Erde. Siegrid Mayer sieht in diesem Grundstoff sogar noch mehr und schafft eine weitere Verbindung zum griechischen Schöpfungsmythos:

> Die Golem-Erde ist auch keine Humuserde, die bereits aus irgendeinem organischen Prozess hervorgegangen ist, sondern vielmehr die noch unberührte Elementar-Erde, die aller organischen Schöpfung vorausging, der mütterliche Urstoff der Schöpfungsmythen.[15]

Das Material entspricht damit also sowohl dem biblischen als auch dem prometheischen Schöpfungsmythos – die Macht der Worte ist jedoch der jüdischen Mystik eigen.

> Zweiundzwanzig Buchstabenelemente; er umriß sie, hieb sie aus, wog sie, kombinierte sie und wechselte sie aus [verwandelte sie nach bestimmten Gesetzen] und schuf durch sie die Seele alles Erschaffenen und alles, was irgend einst geschaffen werden würde.[16]

Dabei wird die Erschaffung eines Golems aufgrund der Komplexität der Sprachsysteme nur durch intensives Studium des *Sefer Jezira* möglich:

> Wie kombinierte, wog und wechselte er sie aus? *A* mit allen [anderen Konsonanten] und alle mit *A*, *B* mit allen und alle mit *B*, *G* mit allen und alle mit *G*, und sie alle kehren kreisförmig zum Ausgang zurück

[14] Vielmehr handelt es sich bei diesem Text um „eine antike kosmogonische und kosmologische Abhandlung" (Idel, S. 49). Nichtsdestotrotz verweisen nahezu alle Autoren, die von der Erschaffung eines Golems reden, auf den *Sefir Jezira*.

[15] Mayer, Sigrid: *Golem: Die literarische Rezeption eines Stoffes*, S. 13

[16] *Sefer Jezira*, zitiert nach Gershom Scholem, S. 221; Einschub von Scholem

> durch zweihunderteinunddreißig Pforten – die Zahl der Kombinationen von zweiundzwanzig zu je zwei Elementen! –, und so ergibt sich denn, daß alles Erschaffene und alles Gesprochene *aus einem Namen hervorgeht.*[17]

Es ist auffällig, dass alle relevanten Autoren phantastischer Texte, die sich ab dem neunzehnten Jahrhundert mit dem Golem-Mythos beschäftigt haben, das Ritual weitestgehend beibehalten. Dabei diente es ursprünglich, so argumentieren zumindest Moshe Idel und Gershom Scholem, nur als Initiation in eine bestimmte Stufe der jüdisch-mystischen beziehungsweise magischen Lehre.[18] Laut Scholem taucht erst bei Eleasar von Worms, also im 13. Jahrhundert, der Name „Golem" im Zusammenhang mit dem Lehmgeschöpf auf; Idel bezweifelt diese These und setzt dagegen, dass der Golem nur Ausgangspunkt, nicht aber Resultat der magischen Handlung sei.[19] Insofern wäre die Behauptung, „Golem" würde explizit den künstlichen Anthropoiden bezeichnen, fragwürdig.

Dennoch scheint es unzweifelhaft, dass die theoretischen Schriften von Rabbi Eleasar erstmals detaillierte Verbindungen zwischen dem *Sefer Jezira* und der Schöpfung eines künstlichen Menschen ziehen. Davon ausgehend dürfte sich das Wort „Golem" als Synonym für „Hülle" (bzw. „Hyle") in Verbindung mit den magischen Texten im Sprachgebrauch etabliert haben. Eine tiefergehende Analyse dieser Problematik ist im Rahmen dieser Arbeit nicht zu leisten. Ich verweise daher nochmals auf Moshe Idels *Der Golem. Jüdische magische und mystische Traditionen des künstlichen Anthropoiden.*

Ob der Begriff „Golem" sich in seiner heutigen Bedeutung im 13. oder erst im 18. Jahrhundert eingebürgert hat, ist für die Analyse der literarischen Tradition nur von untergeordnetem Interesse. Allerdings zeigt sich, dass auch in sprachhistorischer Hinsicht der jüdische Mythos einen

---

17 *Sefer Jezira*, zitiert nach Gershom Scholem, S. 221

18 Der Vermutung Scholems, es handele sich bei der Erschaffung des Golems um eine rein mystisch-ekstatische Erfahrung, widerspricht Idel vehement. Für ihn handelt es sich um ein magisches Ritual, das Ähnlichkeit mit der Praxis des Gottesurteils der *sota* (des des Ehebruchs verdächtigen Weibes) hat. Vgl. Idel, S. 390-393

19 Vgl. Idel, S. 109 sowie S. 421-429

besonderen Stellenwert hat. In keiner anderen ähnlich gelagerten Mythosforschung findet sich eine vergleichbare Problematik: Weder bei Prometheus noch bei Pygmalion gibt es Diskussionen bezüglich der Verwendung von Namen, sieht man einmal von dem der Galatea ab, der jedoch aufgrund seiner Verwendung in der literarischen Tradition ohne weiteres akzeptiert wurde. Beim Golem ist dies jedoch aus einem bestimmten Grund nicht ohne weiteres möglich: Im Gegensatz zu den griechischen Mythen ist der jüdische Glaube, dessen Bestandteil auch der Golem ist, noch bis heute lebendig und entwickelt sich weiter, wird in Frage gestellt und von Rabbinern diskutiert. Eine endgültige Fixierung der Mythen ist somit lange Zeit nicht möglich gewesen. Erst durch ihre Aufarbeitung in der Literatur begann der Golem-Mythos, eine bestimmte Form zu behalten, da er gewissermaßen aus der Religion heraus- und in die fiktionale Tradition aufgenommen wurde. Diese Transformation ist der Dreh- und Angelpunkt, wenn man versucht, die Gestalt des dienenden, aus Lehm geformten künstlichen Menschen mit dem enigmatischen Begriff „Golem" im Talmud und der Aggada zu verknüpfen. Trotz der großen Komplexität dieses Themenbereichs, der in dieser Arbeit nur rudimentär analysiert werden kann, ist es möglich, gewisse Verbindungen zwischen den beiden genannten Bereichen herzustellen. So etwa die der besonderen Stellung des Schöpfers.

In keinem anderen urtümlichen Mythos über den künstlichen Menschen ist die Macht des Schöpfers über sein Geschöpf so groß wie in dem über den Golem. Die gesamte Existenz des Wesens ist abhängig von den Taten der Menschen, die manchmal (wie bereits erläutert) nur einen Buchstaben von der Stirn des Golems tilgen müssen, um ihm das gegebene Leben wieder zu nehmen. Diese fast schon sklavische Zugehörigkeit ist weder bei Pygmalion noch bei Prometheus auffindbar. Die beiden griechischen Gestalten haben nach der erfolgten Schöpfung keinen erkennbaren Einfluss mehr auf ihr Geschöpf – erst *Frankenstein* kehrt dies um, indem das „Monster" ein Band aus Verantwortung und Terror zu Viktor Frankenstein knüpft. Der Golem, der vor allem in den Legenden um Rabbi Löw und den Baal Schem nicht nur zu einem Diener, sondern auch zu einer Gefahr für die Gemeinde wird, hat jedoch grundsätzlich nur eine begrenzte Lebensdauer. In allen mir bekannten Varianten des Golem-Mythos, sieht man einmal von der Fantasy-Literatur des 20. Jahrhunderts ab, ist die Zerstörung des Anthropoiden ein mindestens ebenso zentrales Motiv wie seine Erschaffung. Der Diener wird zum Aufständischen, zum Rebell gegen die Herrschaft des Meisters, und muss daher vernichtet werden. Gleichzeitig ist er jedoch eine Geheimwaffe, die nur vom jüdischen Volk herbeigerufen werden kann. Wie die noch zu besprechenden Legenden um Rabbi Löw zeigen, ist der Golem ein Beschützer seiner so verwundbaren Schöpfer, der gegen Unheil bringende Andersgläubige vorgeht oder auf andere Weise Leben rettet. Diese Ambivalenz macht den Golem zu einem faszinierenden Geschöpf – ein lebendiges zweischneidiges Schwert, eine Macht, die mit Vorsicht zu genießen ist.

Wenden wir uns daher nun der literarischen Geschichte des Golem-Motives zu. Diese beginnt mit der Gestalt des polnischen Rabbis Elias von Chelm. Wie Möller schreibt, ist „ein 1674 veröffentlichter Brief in lateinischer Sprache, den Christoph Arnold an den Kulturhistoriker Johann Christoph Wagenseil schrieb, [...] das älteste Zeugnis für den Volksglauben, jener legendäre Baal Schem sei auch Schöpfer eines Golem gewesen".[20] Scholem übersetzte diesen Brief in seiner Analyse des Golem-Stoffes folgendermaßen:

> Sie machen nach gewissen gesprochenen Gebeten und einigen Fasttagen die Gestalt eines Menschen aus Lehm, und wenn sie das *schem hamephorasch* darüber sprechen, wird das Bild lebendig. Und ob es wohl selbst nicht reden kann, versteht es doch, was man redet und ihm befiehlt, verrichtet auch bei den polnischen Juden allerei [sic!] Hausarbeit, darf aber nicht aus dem Hause gehen. An die Stirn des Bildes schreiben sie: *emeth*, das ist Wahrheit. Es wächst aber ein solch Bild täglich, und da es anfänglich gar klein, wird es endlich größer als alle Hausgenossen. Damit sie ihm aber seine Kraft, vor der sich endlich alle im Haus fürchten müssen, benehmen mögen, so löschen sie geschwind den ersten Buchstaben, *aleph*, an dem Wort *emeth* an seiner Stirn aus, daß nur das Wort *meth*, das ist tot, übrigbbleibt. Wo dieses geschehen, fällt der Golem über einen Haufen und wird in den vorigen Ton oder Leim resolviret [sic!]. ... Sie erzählen, daß ein solcher Baal Schem in Polen, mit Namen R. Elias, einen Golem gemacht, der zu solcher Größe gekommen, daß der Rabbi nicht mehr an seine Stirn reichen und den Buchstaben e auslöschen können. Da habe er diesen Fund erdacht, daß der Golem als ein Knecht ihm die Stiefel ausziehen sollte; da vermeinte er, wenn der Golem sich bücken würde, den Buchstaben an der Stirn auszulöschen, so auch angieng [sic!]; aber da

[20] Möller, S. 13 f.

der Golem wieder zu Leim ward, fiel die ganze Last über den auf der Bank sitzenden Rabbi und erdrückte ihn.[21]

Hier wird zum ersten Mal der Golem eindeutig als Dienergestalt beschrieben, gleichzeitig aber auch als eine Bedrohung für seinen Meister. Dieselbe Geschichte erzählte übrigens auch der Rabbiner und Hachalist Chacham Zwi seinem Sohn Jakob Emden (1696-1776), die dieser in seiner Autobiographie *Megillat Sefer* niederschrieb. Nur zwei Unterschiede sind festzustellen: Der belebende Name steht auf einem Stück Pergament, das entfernt werden muss, und Rabbi Elias überlebt die heldenhafte Vernichtung des Golems. Da so die Nachahmung der göttlichen Schöpfung durch ein tatsächlich durchgeführtes magisches Ritual weder durch die sofortige Auflösung des Golems (wie etwa bei Jeremia und Ben Sira) noch durch den Tod des Schöpfers geahndet oder reglementiert wird, steht einer Weiterentwicklung des Stoffes im Rahmen einer Legendenbildung mit positiver Konnotation des Protagonisten nichts mehr im Wege. Nur wenn Gott die Schöpfung eines Golems nicht bestraft, kann das jüdische Volk auch zu jenen Rabbis aufschauen, die eine derartige Tat begehen.

Doch woher kommt die Zerstörungswut des Golems? Chajim Bloch mutmaßt in seinem Buch *Der Prager Golem*, „daß die Hilfe Gottes, auf die sich der Mensch schließlich träge und gedankenlos verläßt, ihm zum Verderben wird, indem der ‚Heilige' dem so gesinnten Menschen zu zürnen beginnt".[22] Er führt alternativ den Einfluss des Zauberlehrling-Motives an, das auch Moshe Idel für die wahrscheinlichste Quelle des unkontrollierten Wachstums des Golems hält.[23] Ebenso denkbar ist

---

[21] Johann Christoph Wagenseil: *Sota hoc est Liber Mischnicus de uxore adulterii suspecta.* Altdorf 1674, S. 1198f. Zitiert nach Scholem, S. 255 f.

[22] Chajim Bloch, *Der Prager Golem*, S. 17

[23] Vgl. Idel, S. 307. Für verschiedene Legenden um Rabbi Löw macht die Verbindung zu Goethes *Zauberlehrling* auch Sinn – so etwa die vom Golem als Wasserträger (Bloch, S. 53 ff.), die mit dem Stoff, den Goethe in seinem Gedicht verwendet hat, nahezu identisch ist. Das Aufbegehren des Golems am Vorabend des Sabbat lässt sich so jedoch nicht erklären. In der von Bloch verzeichneten Geschichte (S. 170 ff.) heißt es, dass Rabbi Löw vergessen habe, dem Golem Anweisungen für den Sabbat zu geben und dass dieser aufgrund der Arbeitslosigkeit Amok lief. Ebenso wäre jedoch umgekehrt denkbar, dass aufgrund eines fehlenden Ruhegebots der Golem am Sabbat arbeiten und damit Gottes Gebot verletzen müsste. Von einer solchen Legende spricht etwa Gershom Scholem: „weil aber alle Kreaturen am Sabbath (sic) ruhen, habe der Rabbi vor Eingang des Sabbath den Golem jedesmal

jedoch, dass der Zorn Gottes über die Anmaßung, es ihm gleich zu tun und einen Menschen zu erschaffen, nur um diesen dann als Diener einzusetzen, immer weiter wächst. Eine konkretere Antwort auf diese Frage habe ich bislang in der Sekundärliteratur nicht finden können.

Der Brief Christoph Arnolds stellt somit das erste überlieferte Zeugnis des Golem-Mythos in der christlichen Tradition dar.[24] Daüber hinaus erhielt die deutsche Öffentlichkeit durch Jakob Grimm Kenntnis von der Sage, als dieser 1808 in der *Zeitung für Einsiedler* eine übersetzte Version abdruckte, in der allerdings der Baal Schem nicht namentlich genannt wird. Möller weist darauf hin, dass „diese Ungenauigkeit die Golemschöpfung in gewisser Weise als etwas in jüdischen Kreisen Alltägliches [trivialisiert], während die Legenden der jüdischen Tradition ausschließlich hoch angesehenen Rabbinen [sic!] und Gelehrte des Judentums als Golemschöpfer kannten".[25] Wahrscheinlich wurde dem berühmten Rabbi Löw auf diese Weise schließlich auch eine Golemschöpfung angedichtet.

Die Legende um den Prager Rabbi Jehuda Löw ben Bezalel hat mit Sicherheit mehrere Funktionen. Zum einen stärkt sich so das Vertrauen der Juden in ihre geistigen Führer, die zu einer solch magischen Meisterleistung im Stande sind. Zum anderen liefert sie eine Erklärung für den Brauch der Prager Juden, das Sabbat-Gebet zweimal zu sprechen.[26] Hinzu kommt noch ein weiteres Element, das einen Einblick in die Geschichte hinter der Legende geben könnte. Es ist allerdings eher spekulativer Natur, da es in der Legende selbst nicht erwähnt wird: die Aufgaben des Golems selbst. Was soll die Lehmgestalt im Prager Ghetto tun? Welche Bedeutung kommt ihr zu? Ist er nur ein Diener, oder soll er

---

durch Wegnahme des belebenden Gottesnamens wieder zu Lehm verwandelt. Einmal jedoch vergaß der Rabbi, den Schem zu entfernen." (Scholem, S. 258)

[24] Idel weist darauf hin, dass es auch einen Text eines polnischen Kabbalisten gibt, der irgendwann zwischen den 30er und 50er Jahren des 17. Jahrhunderts entstanden sein muss und der schon damals die Legende um Elias von Chelm erzählt.

[25] Möller, S. 15

[26] Der Golem beginnt während des Sabbatgebets, Amok zu laufen. Rabbi Löw, der von Bewohnern des jüdischen Viertels alarmiert wird, muss das Ritual unterbrechen, um den Lehmdiener aufzuhalten. Nach seiner Rückkehr wird das Gebet wiederholt.

die Juden gegen Übergriffe von außen beschützen? Letzteres ist inzwischen zum festen Bestandteil der Legende um Rabbi Löw geworden – nicht ohne Grund. Im fünfzehnten Jahrhundert kam es in Tschechien und der Slowakei, wie schon in den Jahrhunderten zuvor, wieder zu antijüdischen Gesetzen und Diskriminierungen. Anfang des sechzehnten Jahrhunderts fiel Böhmen an das Habsburgerreich, die Juden blieben rechtlos. 1543 kam es zu einer Massenflucht; danach war Prag die einzige jüdische Gemeinde in Böhmen. Wie auch in der NS-Zeit mussten sich die dort lebenden Juden durch ein Stück gelben Stoffes auf der Oberbekleidung zu erkennen geben. Zudem kam es immer wieder zu der Anschuldigung, Juden würden zur Herstellung des Pesach-Brotes das Blut eines auf rituelle Weise geschlachteten Christen benötigen. Chajim Bloch zählt in seinem Buch eine Vielzahl dieser Anschuldigungen auf.[27] Oft nahmen Christen einen frischen Leichnam und brachten ihn heimlich zu den Juden, um so einen „Beweis" für die Beschuldigungen zu haben. Auch in Prag war diese Praxis anscheinend nicht unüblich: Die Legenden um Rabbi Löw erzählen insbesondere von dem fanatischen Mönch Taddäus, der immer wieder versuchte, das Ghetto durch Lügengeschichten zu vernichten.[28]

Erst als Rudolf II. 1576 den Thron bestieg, wurde es im Prager Ghetto etwas ruhiger, auch wenn die Ritualmordbeschuldigungen weitergingen. Während Rudolfs Herrschaft trat erstmals Rabbi Löw in Prag in Erscheinung, der unter anderem eine Audienz beim König hatte und mit diesem über die Rechte der Juden in Prag sprach – so zumindest berichtet es der Chronist David Gans.[29] Alexander Wöll vermutet dagegen, dass der Kaiser sich eher für das kabbalistische Wissen des Rabbis interessierte.[30] Auf jeden Fall war Löw eine bedeutende Figur

---

27 Vgl. Bloch S. 208-220

28 Vgl. etwa Bloch, S. 63-75 (*Die Abtrünnige*)

29 Vgl. Gans, David: *Zemah David. A Chronicle of Jewish and World History*. Hrsg. von Mordechai Breuer, Jerusalem 1983, S. 352

30 Vgl. Wöll, Alexander: *Der Golem. Kommt der erste künstliche Mensch und Roboter aus Prag?*, S. 239 f. Anders sieht dies Giuseppe Veltri. In dem von ihm und Annette Winkelmann herausgegebenen Buch *An der Schwelle zur Moderne: Juden in der Renaissance* versteht er das Zitat von Gans, es ginge bei dem Treffen um „verschlüsselte, versiegelte, verborgene Dinge", als einen Hinweis auf die Geheimhaltung des Themas. Einen direkten Bezug zu Alchemie und Kabbala kann er nicht ausmachen. Vgl. Veltri, Giuseppe/Winkelmann, Annette: *An der Schwelle zur Moderne: Juden in der Renaissance*, S. 240

seiner Zeit. Wöll berichtet, dass bei der Restaurierung des Grabsteins von Rabbi Löw und seiner Frau Perl 1725 das Interesse an dem Leben des Mannes wieder erwachte, insbesondere da Prag zu dieser Zeit das Zentrum des Kabbalismus war. Das Leben Löws wurde mythisiert, ihm wurde ein nicht unerheblicher Anteil an der unter Rudolf II. eintretenden Verbesserung der Lebenssituation im Ghetto zugesprochen. Ihn daher einen Golem erschaffen zu lassen, ist in Hinsicht auf die Legendenbildung der logische nächste Schritt, da sein enormer Erfolg irgendwie erklärt werden musste. Zudem bildet der Golem einen gewissen Schutz gegen die Verleumdungen und Anschuldigungen, die auch nach Rabbi Löws Tod weitergingen. Allerdings, so argumentiert etwa Beate Rosenfeld, wird "die Sage von Rabbi Löws Golem [erst im 19. Jahrhundert] schriftlich fixiert, wobei als Quelle nur mündliche Überlieferung angegeben wird".[31] Es ist also durchaus wahrscheinlich, dass sich in dieser Zeitspanne die Legenden um Rabbi Löw mit denen des Elias von Chelm verbanden und dieses Konglomerat anschließend als Schutz zusichernde Geschichte weiter tradiert wurde.[32]

Obwohl der Golem seit Bekanntwerden der Legenden um Rabbi Löw und Elias von Chelm auch von der literarischen Welt immer wieder in Augenschein genommen wurde, nahm die breite Öffentlichkeit den Mythos erst 1913 mit Gustav Meyrinks Welterfolg *Der Golem* zur Kenntnis. Der Roman, von dem in der Erstauflage irrtümlicherweise zehnmal so viele Exemplare gedruckt wurden wie ursprünglich vorgesehen, avancierte zum Bestseller und wurde sogar an die Soldaten an der Front ausgegeben. Durch diesen Erfolg wurde das Golem-Motiv berühmt – und das obwohl der Roman von Meyrink selbst mit dem eigentlichen Mythos sehr wenig zu tun hat. Statt eines aus Lehm geschaffenen Anthropoiden handelt es sich hier um eine Art Geist, der

---

31 Beate Rosenfeld, *Die Golemsage und ihre Verwertung in der deutschen Literatur*, S. 22

32 Die erste gedruckte und somit belegbare Fassung eines Textes, der Löw und den Golem miteinander in Beziehung setzt, ist Berthold Auerbachs Roman *Spinoza* von 1837. Es ist jedoch gut möglich, dass es schon früher eine mündliche Überlieferung gab, die vor allem unter den Juden weit verbreitet war. Wöll berichtet auf jeden Fall von einer allgemeinen Akzeptanz dieser neuen Geschichte: „Die jüdische Bevölkerung war auf ihrer Wanderschaft durch die meist feindliche Umgebung für alle Varianten dieser nun weit verbreiteten, okkulten Wunderlegende sehr empfänglich. Der zweite gedruckte Beleg findet sich somit schon kurz darauf in den *Sippurim* (Geschichten), einer Sammlung von Erzählungen um das Ghetto, die der Prager Verleger Wolf Pascheles 1846 […] herausgab." (Wöll, S. 240 f.)

alle 33 Jahre wieder auftaucht. Zudem übernimmt er die Rolle eines Doppelgängers des Protagonisten.

Da der Mythos in *Der Golem,* wie ich in der Einleitung bereits kurz erwähnte, für die Zwecke dieser Dissertation zu sehr entfremdet wurde, sehe ich von einer weiteren Analyse des Romans ab. Der Text von Meyrink, so wertvoll er auch für die weitere Rezeption des Golem-Mythos ist, spielt meines Erachtens für die moderne Science Fiction nur eine marginale Rolle. Zudem gibt es bereits eine unüberschaubare Menge an wissenschaftlichen Arbeiten zu diesem Thema, so dass es nicht sinnvoll erscheint, auf wenigen Seiten einen weiteren Versuch zu unternehmen, diesen Text zu analysieren. Stattdessen werde ich mich gezielt den Werken zuwenden, in denen schon sehr früh eines der Hauptelemente der Robotik anklingt: die Massenproduktion des künstlichen Menschen.

Kein anderer Menschenschöpfungs-Mythos wird mit der industriellen Fertigung so stark in Verbindung gebracht wie der des Golems. Die Kunst des Pygmalion und das göttliche Schaffen des Prometheus eignen sich anscheinend nicht für eine koninuierliche Reproduktion – nicht zuletzt deshalb, weil es keine „Anleitung" gibt. Anders jedoch beim Golem: Der Legende zufolge kann jeder Mensch, wenn er sich an die Anweisungen des *Sefer Jezira* hält und diese richtig verstanden hat, einen humanoiden Körper aus Lehm formen und beleben. Es bedarf keiner besonderen Macht, keines „künstlerischen Talents". Alles, was nötig ist, ist das Wissen um die richtigen kabbalistischen Buchstabenkombinationen, die es zu rezitieren gilt. Während dies in früheren Zeiten aufgrund mangelnder Schulbildung gewährleistete, dass nur Rabbiner, die in die geheimen Lehren der Kabbala eingeweiht waren, solch eine Tat vollbringen konnten, änderte sich dies durch die Industrialisierung und das immer weiter steigende Bildungsniveau grundlegend. Immer mehr Menschen waren prinzipiell in der Lage, das *Sefer Jezira* zu entziffern, und durch eine verstärkte Akkumulation des Wissens war die Entschlüsselung immer leichter. Es verwundert daher nicht, dass der Golem als theoretisches Produkt von und für jedermann in der Massenproduktion seinen Platz einnahm. Inwieweit die fraglichen Autoren sich explizit auf den Golem-Mythos beziehen, sei dahingestellt – zumindest im Falle von Oscar Panizza sind mir keine entsprechenden Kommentare bekannt. Dennoch halte ich es für zulässig, aus den genannten Gründen seine *Menschenfabrik* in die Tradition des Golems zu stellen. Immerhin handelt es sich um industriell gefertigte Menschen, auch wenn ein Element des Pygmalion-Motivs (der künstliche Mensch als ästhetisches Kunstwerk) in diesem Text eine nicht unbedeutende Rolle spielt. Für Čapeks *R.U.R.* gilt dies dagegen nicht. Die Roboter bzw. Golems sind auf das Notwendige reduzierte Konstrukte, deren einziger Zweck die Arbeit ist. Sie sind Diener, Sklaven, bar jedweder eigenen künstlerischen Begabung und zumindest geistig weit von dem Mimesis-Gedanken Pygmalions entfernt.[33] Sie sind nicht ästhetisch, sie sind nützlich. Hier findet sich denn auch die Basis für die spätere enge Verbindung zwischen dem Mythos des Golems und dem des überlegenen Computers.

> Der Golem [steht] als Knecht in der Tradition der maschinellen Automaten. Dieses Motiv von der Maschine, die besser als ihr menschlicher Schöpfer ist, greifen Stanislaw Lem in seinem Science-Fiction-Roman *Golem XIV* (1981) und Norbert Wiener in *God and Golem, Inc. A Comment on Certain Points where Cybernetics Impinges on Religion* (1964) auf. Nicht zuletzt hielt auch der Kabbala-Forscher Gershom Scholem eine Rede bei der Einweihung des Computers *Golem No. 1* (*Golem Aleph*) am Weizmann Institut im amerikanischen Rehovot 1965.[34]

Die Nähe zum Automaten erklärt Jan Möller durch ein im 19. Jahrhundert hinzugefügtes Motiv: Der Golem konnte nach Belieben aktiviert und wieder deaktiviert werden, indem man ihm das belebende „Schem" mit dem Gottesnamen von der Stirn oder aus dem Mund nahm.

> Bedeutete in der polnischen Legende das Löschen des *aleph* auf der Stirn der Kreatur ihre unwiderrufliche Zerstörung und sofortige Rückverwandlung in den Staub, aus dem sie hervorgegangen war, so stellt das Entfernen des *Schem* aus dem Gehirn oder dem Mund des Prager Golem nur einen zeitweiligen Tod dar, denn die Belebung durch den *Schem* kann jederzeit wiederholt werden.[35]

Möller weist insbesondere auf die Erzählung *Der Rabbi von Prag* hin, die Daniel Uffo Horn unter einem Pseudonym 1842 veröffentlichte. Dort ist der Golem kein aus Lehm geschaffenes magisches Wesen mehr, sondern

---

[33] Genauer gesagt versucht Pygmalion sogar, die Natur mit der von ihm geschaffenen Statue zu übertreffen. Er geht also über eine bloße Mimesis hinaus.

[34] Wöll, S. 243

[35] Möller, S. 18

in der Tat ein Automat, der Rabbi ein „geschickter Mechaniker".[36] Doch nicht nur das Ein- und Ausschalten des Anthropoiden erinnert an die Roboter der Science Fiction, sondern auch seine Programmierbarkeit. Gibt man dem Golem einen Auftrag, so erfüllt er ihn gewissenhaft, aber auch exakt dem Wortlaut entsprechend. So finden sich in Blochs Sammlung von Geschichten um den Prager Golem mehrere, in denen er eine Aufgabe erhält, ohne zu erfahren, wann er sie beenden soll. Besonders die Geschichte vom Golem als Wasserträger (Bloch S.53 f.) ist dabei mit dem *Zauberlehrling* Goethes nahezu identisch. Aber auch *Der Golem als Fischfänger* (Bloch S. 55-57) passt in das Schema. Wie später im Science-Fiction-Kapitel zu sehen sein wird, zeigen besonders Asimovs Roboter ebenso wie der Golem die Tendenz, die Feinheiten der menschlichen Sprache nicht zu erfassen und jede Anweisung wörtlich zu nehmen. Zudem fehlt ihnen oft das Verständnis gewisser Worte, wie etwa des Temporaladverbs „bald".[37]

Es muss an dieser Stelle darauf hingewiesen werden, dass in der Literatur die Figur des Golems nur sehr selten in der eigentlich mythischen Reinform vorkommt, sondern stattdessen eher ein Konglomerat aus verschiedenen Tradierungsmustern rund um den künstlichen Menschen ist. Ob Automatenmotiv, Pygmalion- oder Prometheusmythos, fremde Elemente mischen sich immer wieder in die Golemgeschichte ein, viel stärker als dies bei der Rezeption anderer Mythen der Fall ist. Ein möglicher Grund könnte dabei die einzigartige Stellung des Golems in der jüdischen Tradition sein – denn während die Mythen um Prometheus und Pygmalion in grauer Vorzeit in einigen wenigen Varianten von der Oralität zur Schriftlichkeit übertragen und dort fixiert wurden, war der Golem-Mythos noch bis mindestens ins neunzehnte Jahrhundert hinein ein wichtiger Bestandteil der religiösen Exegese in der jüdischen Glaubenswelt. Zu einer schriftlichen Fixierung in der Literatur, wie sie bei den anderen Mythen stattfand, kam es erst zu einer Zeit, als letztere schon in der Gesellschaft präsent waren und stark rezipiert wurden – so zum Beispiel das Bild des Prometheus in der Romantik.

---

[36] Ludwig Weisel: *Der Golem*, in: Pascheles, Wolf (Hrsg.): *Gallerie der Sippurim: eine Sammlung jüdischer Sagen,Märchen und Geschichten als ein Beitrag zur Völkerkunde*, S. 52.

[37] Vgl. Bloch, S. 56

Diese Unbeständigkeit des Golem-Mythos macht einen gezielten Rückgriff moderner Autoren auf die antiken und mittelalterlichen Quellen nur mit einigen Schwierigkeiten nachweisbar, auch wenn das Element des Sklavischen in den nun folgenden Texten meiner Meinung nach ein eindeutiges Indiz sein kann. Gleichzeitig bietet aber diese Unbeständigkeit auch eine bedeutende Möglichkeit zu einer Weiterentwicklung und Verschmelzung der verschiedenen Mythenstränge, und so ist es nicht verwunderlich, dass der Einfluss des Golem-Mythos auf die moderne Science Fiction unter allen Mythen vom künstlichen Menschen die größte Wirkung gezeigt hat. Hinzu kommt sicherlich die bereits angesprochene Nähe zum Automatenmotiv, so dass sowohl die Roboter als auch diverse Androiden deutlich in der Tradition des Golems stehen. Während die Verwandtschaft zum Roboter über das noch zu behandelnde Drama *R.U.R.* verstärkt wird, findet sich der zweite Entwicklungsstrang, in einer hier nicht weiter zu erörternden Verbindung mit dem Homunkulus, bei den meisten massenproduzierten Mensch-Kopien der Science Fiction wieder, insbesondere dann, wenn diesen eine Art Kontrollmechanismus implantiert wurde, der sie zur Dienerschaft verdammt. Ein entsprechendes Beispiel werde ich im Kapitel über die Science-Fiction-Literatur mit David Brins Roman *Kiln People* behandeln. Grundsätzlich gilt, dass die Abhängigkeit von seinem Schöpfer und das Aufbegehren gegen diesen für die Golem-Rezeption ebenso maßgeblich waren wie der erotische Aspekt für den Pygmalion-Mythos.[38] Auf den folgenden Seiten hoffe ich dies detaillierter nachweisen zu können.

---

[38] Bei Letzterem kommt natürlich noch die Idee des gesellschaftlichen Aufstiegs hinzu, der sich etwa bei George Bernard Shaws *Pygmalion* findet. Hierbei handelt es sich aber um eine Erweiterung des ursprünglichen Mythos, der zudem in der Science Fiction nur bedingt aufzufinden ist. Daher hat dieses Element in der vorliegenden Arbeit bislang noch keine Rolle gespielt und soll es auch im Weiteren nicht tun. Der Vollständigkeit halber führe ich es an dieser Stelle aber an.

4.2 *Die Menschenfabrik* – *Golems in der Massenproduktion*

Oskar Panizzas Kurzgeschichte *Die Menschenfabrik* hat in der Forschung bis jetzt keine tiefergehende Würdigung erfahren. Die Literaturkritik sieht den Text als misslungen an, mit einer viel zu offensichtlichen Auflösung und von schlechtem Stil geprägt. Wenn überhaupt wird *Die Menschenfabrik* in der Sekundärliteratur nur kurz erwähnt, bevor diese sich eher dem *Korsetten-Fritz* und dem *Liebeskonzil* zuwendet. Dabei ist Panizzas Kurzgeschichte, als so minderwertig sie auch im Vergleich zu seinem restlichen Œuvre angesehen wird[1], vom inhaltlichen Aspekt her durchaus bemerkenswert. Immerhin findet sich hier eines der frühesten Beispiele einer Verbindung von industrieller Fertigung und Schöpfung künstlicher Menschen. Inwieweit es sich bei der Animation derselbigen um eine Wahnvorstellung des Erzählers oder um ein tatsächliches Abschweifen in phantastische Gefilde handelt, sei dahingestellt. Der Text selbst gibt meines Erachtens keine eindeutige Erklärung dazu ab, auch wenn die gegen Ende der Geschichte berichtete Tatsache, dass es sich bei der Menschenfabrik um die Manufaktur Meißen handelt, erstere These stärkt. Letztlich spielt dies aber für den Großteil des Textes keine Rolle. Die den Erzähler erschreckenden Anthropoiden sind für diesen real genug, um eine genauere Analyse zu rechtfertigen.

Wer jedoch war Oskar Panizza? Auch heute gilt er keineswegs als kanonischer Autor, obwohl er zweifelsohne eine der schillerndsten Persönlichkeiten im wilhelminischen Deutschland war. Ein Grund für den geringen Bekanntheitsgrad in der Literaturwissenschaft ist sicherlich die Tatsache, dass die meisten seiner Werke von der Zensur verboten wurden und sie somit lange Zeit einem großen Publikum nicht zugänglich waren. Hinzu kommt die jahrzehntelange Weigerung der Familie, nach dem Tod Panizzas Neuauflagen seiner Werke zuzustimmen. Es erscheint mir daher sinnvoll, nun eine kurze Einführung in Panizzas Leben zu geben, bevor ich mich genauer mit der *Menschenfabrik* auseinandersetze.

---

[1] Obwohl der Text durchaus strukturelle Fehler hat und nicht unbedingt zu den Meisterwerken aus Panizzas Feder zu zählen ist, erscheint er mir bei weitem nicht so schlecht zu sein, wie es in der Sekundärliteratur (insbesondere bei Peter Brown) dargestellt wird. Es ist jedoch nicht meine Absicht, die Ästhetik des Textes zu untersuchen. Vielmehr interessieren mich ausschließlich die Verwendung des Motivs des künstlichen Menschens und die damit verbundene Massenproduktion in der *Menschenfabrik*.

Oskar Panizza wurde 1853 als Sohn des streng katholischen Hoteliers Karl Panizza und dessen protestantischer Ehefrau Mathilde in Bad Kissingen geboren. Der Religionskampf zwischen Vater und Mutter um die Erziehung der Kinder bestimmte die frühen Jahre seines Lebens und legte wahrscheinlich die Grundlage für seine spätere antikatholische Haltung. Als Karl 1855 starb, sah Mathilde in dem frühen Tod die Strafe Gottes und ließ die Kinder evangelisch umtaufen. Dagegen klagte der katholische Pfarrer und löste einen jahrelangen Prozess aus, der als „Bad Kissinger Konfessionsstreit" bekannt wurde. Trotz aller Widerstände ließ Mathilde ihren Sohn Oskar jedoch nach streng pietistischen Prinzipien erziehen – zuerst im Privatunterricht, später in Schulen außerhalb Bayerns. Die Hoffnung Mathildes auf ein späteres theologisches Studium zerschlug sich jedoch aufgrund einer zunehmenden Leistungsverweigerung Oskars. Dieser fand stattdessen Zuflucht in der Musik und belegte unter anderem Kurse am Münchener Konservatorium.

Nach seinem Militärdienst setzte Panizza 1874 seine Musikstudien fort und besuchte gleichzeitig Vorlesungen an der Philosophischen Fakultät. Dort stellte er fest, dass er für weitere Studien ein Reifezeugnis benötigte. Daher besuchte er noch einmal sein altes Gymnasium in Schweinfurt und bestand 1876, da er sich nicht länger gegen seine Mutter zur Wehr setzen musste, sein Abitur mit Bravour. Ein Jahr später schrieb Panizza sich an der Medizinischen Fakultät der Universität München ein. Dieses Studium ist insbesondere für die spätere Feststellung von Paranoia von Relevanz – denn in eben jener Anstalt arbeitete Panizza von 1882 bis 1884 im Anschluss an seine Approbation als Nervenarzt. Da er jedoch mehr Zeit für seine schriftstellerische Tätigkeit haben wollte, kündigte Panizza schließlich, erstritt sich von seiner Mutter eine Jahresrente von 6.000 Mark und begann mit der literarischen Produktion.

Diese war zuerst nicht von Erfolg geprägt. Seine lyrischen Veröffentlichungen *Düstere Lieder* (1885), *Londoner Lieder* (1887) und *Legendäres und Fabelhaftes* (1889) wurden von der Kritik nicht weiter beachtet. Erst mit den 1890 veröffentlichten Kurzgeschichten aus dem Sammelband *Dämmerungsstücke* (schon im Titel ist der Verweis auf E.T.A. Hoffmann unübersehbar) begann er, Aufmerksamkeit zu erregen. Etwa zur selben Zeit etablierte Panizza sich in der Münchener Bohèmeszene, wurde zum Beispiel für einige Monate neben Michael Georg Conrad Vorsitzender der Literaturvereinigung „Gesellschaft für modernes Leben". Die Mitgliedschaft und Tätigkeit dort brachte Panizza das erste Mal in Konflikt mit der Obrigkeit. Der Landwehr-Bezirkskommandeur forderte den Reserveoffizier auf, die Gesellschaft zu verlassen, da diese Ziele verfolge, die sie mit der staatlichen und kirchlichen Macht in Konflikt bringen würde. Panizza weigerte sich und wurde unehrenhaft aus der Armee entlassen. In der Folge wurden seine Werke immer kritischer und bissiger, bis seine Angriffe, die vor allem gegen die katholische Kirche gerichtet waren, 1893 im *Liebeskonzil* kulminierten. In diesem Stück ist „Gott-Vater [...] ein hilfloser Greis, ein Gott an Krücken, ohnmächtig, zur Kreativität unfähig, mit Wärmflasche, Fußsack und Spucknapf; Christus ein passiver, traurig-schöner, etwas debiler Jüngling; der heilige Geist eine pfeifende Rakete; die heilige Maria die einzige Aktive dieser Hierarchie und eigentliche Chefin des Himmels, von einer Aura zwielichtiger Pikanterie umgeben".[2]

Diese Groteske führte zum größten Literaturskandal seiner Zeit. 1894 in Zürich erschienen, wurde sie nach wenigen Wochen auf dem deutschen Markt beschlagnahmt. Die Staatsanwaltschaft erhob Anklage wegen Blasphemie und führte den Prozess mit einer Härte, die vermuten ließ, dass sie die Gelegenheit wahrnahm, mit der gesamten „Moderne" abzurechnen. In der literarischen Welt waren die Ansichten über das Drama geteilt: Während etwa Theodor Fontane oder Detlev von Liliencrohn begeistert reagierten, kam es durch konservative Kräfte, unter ihnen Thomas Mann, zu Anfeindungen gegenüber Oskar Panizza. Dieser versuchte, sich zu einem Märtyrer zu stilisieren, und stellte sich den Klagen. Im Juli 1895 veröffentlichte er *Meine Verteidigung in Sachen das „Liebeskonzil". Nebst dem Sachverständigen-Gutachten des Dr. M. G. Conrad und dem Urteil des k. Landgerichts München I* als Antwort auf die literarische Kritik – im April desselben Jahres war er durch das Gericht zu einem Jahr Einzelhaft verurteilt worden. Nach seiner Entlassung wandte Panizza sich von Deutschland ab und ging nach Zürich. 1897 wurde er aus der Schweiz ausgewiesen – angeblich wegen seiner Beziehung zu einer 15-jährigen Prostituierten, wahrscheinlich aber eher wegen seiner Kontakte zu anarchistischen Kreisen, die in Folge des Attentats auf die österreichische Kaiserin Elisabeth politisch nicht länger tragbar waren. Daraufhin übersiedelte Panizza nach Paris. Dort zog er sich noch weiter zurück und begann in zunehmendem Maße, Wahnvorstellungen zu entwickeln. Der Hauptgegener und Verursacher allen Übels war in seiner Phantasie Kaiser Wilhelm II. – und so war es nicht verwunderlich, dass sein 1899 veröffentlichter Lyrikband *Parisjana* eine Kampfansage sondergleichen darstellte. Panizza war sich dabei der Sprengkraft seiner Verse und der daraus resultierenden Reaktionen durch die deutsche Justiz durchaus bewusst:

---

[2] Walter Rösler in: *Menschenfabrik*, S. 260

Laßt Freunde, die Ihr diese Zeilen lest,
nicht Euer Herz von Misgunst sein erfült
den Dichter nur der Harfenschlag erlöst,
die Strofe, die ihm aus dem Herzen quilt,
die Droßel nur das eig'ne Schlagen stilt;
was Ihr auch jetzt von mir Euch macht ein Bild,
der Staatsanwalt wird mich noch schlimmer meßen,
dem jeder Freiheits-Sang Verbrechen gilt,
und dem dies Buch nur ein gefund'nes Eßen.[3]

Am 29. Januar 1900 stellte die Staatsanwaltschaft München Panizza erneut wegen Majestätsbeleidigung unter Anklage und ließ einen Tag später dessen gesamtes Vermögen beschlagnahmen. Der Schriftsteller war somit mittellos und hatte 1901 keine andere Wahl, als sich den Münchener Behörden zu stellen, die ihn durch die Münchener Kreis-Irrenanstalt als unzurechnungsfähig und paranoid einstufen ließen. Die Anklage gegen ihn wurde daraufhin fallengelassen, sein Vermögen freigegeben und die Rückkehr nach Paris gestattet. Doch der Wahnsinn hielt Panizza fest in seinen Klauen – allerdings nicht so stark, dass der frühere Nervenarzt nicht bei sich selbst eine Persönlichkeitsstörung diagnostizieren konnte.[4] 1904 bat er daher um Aufnahme in die Münchener Kreis-Irrenanstalt. Dies wurde ihm jedoch verweigert. Die

---

[3] *Menschenfabrik*, S. 235 f.

[4] Michael Bauer unterminiert in seinem Portrait Oskar Panizzas den „Mythos des genialverrückten Syphilistikers" (S. 12) durch eine intensive Quellenkunde. So berichtet er, dass anhand von Briefen der Mutter diese einen nicht unerheblichen Einfluss auf die Einweisung ihres Sohnes in die Irrenanstalt hatte, obwohl er „nur geistesgestört, nicht aber geisteskrank" gewesen sei (S. 32). Zudem verweist er auf die fragwürdigen Gutachten, die bei Panizza Paranoia diagnostizieren, sowie auf die finanziellen Mittel, die den beiden Vormündern Josef Popp und Dekan Friedrich Lippert (eine von letzterem herausgegebene Schrift war bislang die einzige Quelle über Panizzas Jahre in der Anstalt) zugestanden wurden. Eines der Gutachten, jenes von Dr. Fritz Ungemach, kommt laut Bauer zu dem Schluss, dass jemand, der sich „trotz guter Erziehung von Kaiser und Vaterland lossage und diese beschimpfe, [...] nur als geisteskrank betrachtet werden [könne]" (S. 215). Insofern ist zumindest Panizzas Geisteszustand seit dem Prozess um das *Liebeskonzil* in der gängigen Sekundärliteratur mit Vorsicht zu betrachten. Ich werde im Rahmen dieser Arbeit allerdings nicht weiter darauf eingehen, da die hier zu behandelnde Geschichte (*Die Menschenfabrik*) zu einer Zeit geschrieben wurde, als es um Panizzas geistige Gesundheit noch keinerlei Diskussionen gab.

Lösung beschrieb Panizza in seiner späteren Autobiographie folgendermaßen:

> Am 19. October griff Pazjent zu einem im Verhältnis zu dem bereits voraufgegangenen, lächerlich dummen, aber vielleicht in seinen Konsequenzen doch wirksamen Mittel. Nachdem er an diesem Tag bereits sechsmal auf seinem Weg in die Staatsbibliothek und dann auf seinem einsamen Spaziergang durch Oberföhring und Umgebung, in nicht miszudeutender Weise angepfiffen worden war, ging er nach Hause, kleidete sich bis aufs Hemd aus, benutzte die milde Witterung und lief Nachmittag um 5 Uhr im Hemd durch die Sterneck-Maria-Josefa-Straße in die Leopoldstraße, in der Absicht, abgefaßt und auf Geisteskrankheit verdächtig in eine öffentliche Anstalt gebracht und dort von Sachverständigen untersucht zu werden: so das erreichend, was er 3 Monate vorher in der oberbairischen Kreisirrenanstalt vergeblich erstrebt hatte. Der Coup gelang.[5]

Panizza wurde daraufhin in der privaten Heilanstalt Herzogshöhe bei Bayreuth interniert, 1905 gegen seinen Willen entmündigt und starb am 28. September 1921 an einem Schlaganfall.

Die Menschenfabrik erschien erstmals 1890 in der Sammlung *Dämmerungsstücke* und gehört somit zu Panizzas Frühwerk. Die Kurzgeschichte steht in der Tradition Poes und Hoffmanns, bleibt aber deutlich hinter ihren Vorbildern zurück. Peter D.G. Brown, einer der ersten, die sich intensiver mit Panizza beschäftigten, geht sogar noch weiter:

> The tale [...] lacks a clear focus and briefly touches on a wide variety of fashionable late nineteenth century topics [...]. The whole story might have been a little clever satire on the prusish Wilhelminian morality, demonstrating the possibility of procreation without sex; or he could have shown how these porcelain figures were more "natural" than

5 *Menschenfabrik,* S. 236. Dort zitiert nach: Lippert, Friedrich/Stobbe, Horst (Hrsg.): *In Memoriam Oskar Panizza,* München 1926

> humans. Again, it was the author's basic lack of balance which prevented him from rising above an amateurish level.[6]

Als amateurhaft würde ich die Geschichte jedoch nicht ansehen. Brown bemängelt, dass es keine klare Deutungsweise der Geschichte gibt, ohne in Betracht zu ziehen, dass gerade dies die Intention derselben ist. Sie wird dadurch zu einem phantastischen Text im Sinne Todorovs, an der Grenze zwischen Unheimlichem (der potenzielle Wahnsinn des Erzählers) und Wunderbarem (die belebten Puppen sind real). Doch auch in anderen Breichen lässt sich die *Menschenfabrik* nicht ohne weiteres festlegen. So bezieht sich eine der ersten Fragen für eine inhaltliche Analyse auf die Sinnhaftigkeit einer Besprechung der Geschichte im Rahmen des Golem-Kapitels. Zwar weist der Fabrikbesitzer darauf hin, dass der genaue Produktionsprozess seiner künstlichen Menschen geheim sei, gibt aber zu, dass er im Großen und Ganzen ähnlich ablaufe wie die Schöpfung Adams und Evas (und somit wie die eines Golems). Dennoch: Steht der Text nicht eher in der Nachfolge des Prometheus- oder des Pygmalion-Mythos? Immerhin fehlt das für den Golem-Mythos wichtige Motiv der Belebung durch den Gottesnamen völlig, während die Ästhetik, getreu der Pygmalion-Rezeption, eine große Rolle spielt.

Ein solcher Einwand kommt zu Recht. In der Tat fehlt durch das Wegfallen des kabbalistischen Rituals ein bedeutsames Element. Doch hat sich das Golem-Motiv seit der Zeit des Rabbi Löw stark gewandelt. Ebenso wie in der späteren Pygmalion-Rezeption musste das Heilig-Göttliche dem von Menschenhand geschaffenen Prozess weichen. Relevant ist daher meines Erachtens weniger die Art der Schöpfung als vielmehr die Funktion derselben. Diese Unterscheidung war schon bei Prometheus und Pygmalion notwendig und gilt für den Golem in ebenso starkem Maße. Auch wenn die jüdische Mystik ursprünglich den künstlichen Anthropoiden nicht als Sklaven- bzw. Dienergestalt oder gar als wirtschaftliche Investition betrachtete, lässt sich doch nicht verleugnen, dass er seit den Legenden um Rabbi Löw und den Baal Schem zunehmend in dieser Rolle gesehen wurde. Es geht nicht wie bei Prometheus um die Schöpfung an sich; ebenso wenig spielen sexuelle Aspekte in die Ausarbeitung des Mythos hinein. Auch ein Wissens- oder Machtgewinn, der in den (in dieser Arbeit bewusst ignorierten) Homunkulus-Geschichten häufig zu Tage tritt, findet sich bei der

---

[6] Brown, Peter D.G.: *Oskar Panizza: His Life and Works*, New York & Bern 1983, S. 117

Darstellung von Golem-artigen Figuren nicht. Der Hauptfokus der *Menschenfabrik* liegt eindeutig auf der Massenproduktion und der damit verbundenen Entwertung des Menschen. Dieser gilt als unvollendet, mangelhaft, und mit zu vielen geistigen Problemen behaftet, während die künstlichen Porzellanfiguren diese Fehler nicht aufweisen. Sie sind nicht wankelmütig, sondern behalten die ihnen eingeprägte Geisteshaltung für den Rest ihrer Existenz bei. Ihr Äußeres wird zudem als nahezu perfekt beschrieben, und immer wieder bewundert der Erzähler die ihm gezeigten Wesen, die so menschenähnlich sind, dass er am Schluss selbst bei dem Fabrikbesitzer die Frage stellt, ob dieser echt oder ein Konstrukt sei. Wie wir in dem Kapitel über die Science Fiction noch sehen werden, sind diese Merkmale, sowohl das vorprogrammierte Verhalten als auch der Verlust der Unterscheidbarkeit zwischen Mensch und künstlichem Anthropoiden, vor allem für die Robotergeschichten Isaac Asimovs unabdingbar.

Aufgrund dieser Differenzierung erscheint mir eine Zuweisung der *Menschenfabrik* zum Bereich der Golem-Rezeption die sinnvollste Strategie zu sein. Die in der Geschichte hergestellten Kunstmenschen sind von rein wirtschaftlichem Interesse – im Gegensatz zu den noch zu besprechenden Robotern Čapeks können sie zwar nicht arbeiten und haben daher auch Ähnlichkeit mit einem Kunstobjekt, doch interessiert den Fabrikbesitzer nur die Ausnutzung der monetären Aspekte seiner Geschöpfe. Eine Seele fehlt ihnen, sie erhalten nur eine vordefinierte Einstellung. Darüber empört sich der Erzähler und schlägt mit dem folgenden Ausruf den Bogen zum Golem-Mythos:

> «Aber so erzeugen Sie ein sklavisches, des Namen Menschen unwürdiges Geschlecht!» – «Ist aber sehr beliebt!» sagte der Alte sehr kurz und nahm eine Prise.[7]

„Sklavisch" ist dabei für diesen Text eine Art Schlüsselwort, dass das Golem-Motiv über das des Pygmalion und des Prometheus stellt. Ein derartiges Element entspringt meiner Meinung nach ausschließlich dem jüdischen Mythos. Hinzu kommt jedoch, wie schon mehrfach erwähnt, das Prinzip der Massenproduktion.

---

[7] Panizza, Oskar: *Die Menschenfabrik*. S. 63

Panizza ist sehr darauf bedacht, immer wieder auf die Verbindung der beiden Worte „Mensch" und „fabrizieren" hinzuweisen. Diese Schöpfung bzw. Fabrikation ist essentiell für die Geschichte.

> « Sie meinen das nur bildlich!? – Sie wollen damit nicht sagen, Sie fabrizieren Menschen!? » – « Ja, wir machen Menschen! » – « Sie fabrizieren Menschen? Was heißt das? »[8]

Dabei formuliert Panizza Bedenken gegen den in unkontrollierbaren Massen hergestellten künstlichen Menschen, die in der modernen Science Fiction immer wieder aufgegriffen werden:

> Mit welchem Mißtrauen muß ein Mensch der alten Erde an ein solch neues, künstlich geschaffenes Wesen herantreten, es beriechen, betasten, um seine geheimen Kräfte herauszubekommen! – Und wenn die neue Rasse nach einem bestimmten, reif überdachten Plan gemacht ist, besitzt sie vielleicht größere Fähigkeiten als wir, wird im Kampf ums Dasein den alten Erdenbewohnern überlegen sein! – Ein fürchterlicher Zusammenstoß muß erfolgen! – Denkt die neue Rasse nicht, wie Sie vorhin erwähnten, schafft sie nur nach ihrer spezifischen, ihr eingeimpften Anlage, die maschinenmäßig zum Ausdruck kommt, wie kann sie verantwortlich für ihre Fehler gemacht werden?! – Die Moral, als Grundlage unseres Denkens und Handelns, hört auf![9]

Der Fabrikbesitzer zielt jedoch auf etwas anderes ab. Seine „Puppen" dienen augenscheinlich nur der Zierde, sollen die fleischlichen Menschen durch ihr anspruchsloses und zurückhaltendes Verhalten begeistern, so dass diese sich „gehoben fühlen".[10] Der alte Mann, der den Erzähler durch die Fabrik führt, erklärt den Wunsch nach einem einfachen, unveränderlichen Menschen folgendermaßen:

> Bei den heutigen schwankenden Zeitverhältnissen, bei der Unzuverlässigkeit der meisten Menschen, der Zweifelsucht, der Schwierigkeit der Wahl des Berufs, dem Zaudern und Zögern auf allen Gebieten mußte sich schließlich das Bedürfnis einstellen, Menschen zu

---

[8] *Menschenfabrik*, S. 45

[9] Ebd., S. 49 f.

[10] Vgl. ebd., S. 50

> haben, von denen man weiß, was sie sind, was sie für Anlagen haben, welchem Temperament sie zuneigen und daß Anlagen und Temperament sich unverbrüchlich gleich bleiben. Wir statten unsere Menschen bei der Geburt mit einer nach den besten Mustern hergestellten Kollektion geistiger und leiblicher Vorzüge aus, und die verbleibt ihnen unter allen Umständen.[11]

Auch auf die Gefahr hin, zu weit vorzugreifen, ist diese „Programmierung" meines Erachtens, wie schon angedeutet, eine Frühform der Robotik, die bei Karel Čapek beginnt und sich bei Asimov und seinen Zeitgenossen ausbreitet. Bei letzterem werden etwa die heute auch von Kybernetikern zur Kenntnis genommenen „drei Gesetze der Robotik" festgelegt:

> 1: A robot may not injure a human being or, through inaction, allow a human being to come to harm.
>
> 2: A robot must obey the orders given it by human beings except where such orders would conflict with the First Law.
>
> 3: A robot must protect its own existence as long as such protection does not conflict with the First or Second Law.[12]

Diese Gesetze gelten in allen Geschichten Asimovs als in Stein gemeißelt. Sie „verbleiben [den Robotern] unter allen Umständen", mit Panizza gesprochen. Die Einhaltung des Versprechens, dass alle Roboter, egal wie sie programmiert sind, unter keinen Umständen gegen die drei Gesetze verstoßen können, ist erklärtes Ziel der United States Robots and Mechanical Men Corporation (kurz: U.S. Robots), der immer wieder auftauchenden Großfirma in Asimovs Erzählungen. Ähnliches gilt natürlich auch für die tiefergehende Programmierung, für die „Anlagen und Temperamente", die man als Käufer auf den ersten Blick erkennen kann. Ich werde in einem späteren Kapitel auf diese Verbindung erneut zu sprechen kommen. Im Moment soll nur die Frage interessieren, wie Panizza zu seinen Vorstellungen von vorprogrammierten künstlichen Menschen gekommen ist. Dabei scheinen zwei Faktoren eine Rolle zu

---

[11] Ebd, S. 53

[12] Asimov, Isaac: *Mirror Image*, in: Asimov, Isaac: *The complete Robot*, London 1995, S. 211

spielen. Zum einen steht *Die Menschenfabrik* in der Tradition E. T. A. Hoffmanns, so dass eine Verbindung zum Automaten-Motiv wahrscheinlich ist. Zwar wird am Ende der Geschichte offenbart, dass es sich bei der Fabrik um die Meißner Porzellanmanufaktur und es sich somit bei den künstlichen Menschen tatsächlich um Puppen gehandelt haben muss, doch folgt die Ideologie des Fabrikbesitzers ebenso wie das beschriebene Verhalten der Puppen zu einem gewissen Teil der Idee der Mechanisierung. Zum anderen mag aber auch der bereits erwähnte frühe Versuch der Eltern, Oscar Panizza vor allem in religiösen Dingen zu indoktrinieren, eine Rolle für das Programmierungs-Motiv spielen.

Der Erzähler ist von den Ausführungen des Fabrikanten über die Puppen und die menschliche Natur hin- und hergerissen. Zu einem gewissen Grad stimmt er dem alten Mann sogar zu, doch am Ende der Geschichte flieht er mit Ekel und Unbehagen aus dem Gebäude. Diese Gefühle resultieren weniger aus der Menschenfabrikation an sich (im Gegenteil gibt der Besucher während der Führung einige zustimmende Äußerungen von sich), sondern aus der Reproduktion von sichtbaren Signalen innerer Emotionalität. Das Erröten eines Mädchens, Zeichen für Verlegenheit, Scham oder situationsbezogene Scheu, aber auch für jungfräuliche Unschuld, ist der endgültige Auslöser für die Flucht aus der Fabrik.[13] Dabei ist ihre Reaktion nur eine Antwort auf eine Frage, die in Hinblick auf Panizzas Biographie meines Erachtens äußerst aufschlussreich ist.

---

[13] Vgl. *Menschenfabrik,* S. 66. Die Reaktion des Erzählers auf einen scheinbar empfindenden künstlichen Menschen findet sich auch in vielen modernen SF-Geschichten wieder. Prädestiniertes Beispiel ist der Androide Data aus den diversen Star-Trek-Filmen und der Serie *Raumschiff Enterprise.* Sein oberstes Ziel ist es, menschlicher zu werden, zu aszendieren. Während er physisch und geistig einem normalen Menschen weit überlegen ist, ist es ihm nicht möglich, Emotionen zu verstehen oder sie gar umzusetzen. Sein Streben nach Perfektion in dieser Hinsicht ist die Vollendung der Schöpfung, die nicht mehr aus sich heraus göttlich sein kann, dem Geschöpf jedoch die Möglichkeit zum Aufstieg mit in die Wiege legt. Dieses Potenzial ist jedoch auch gefürchtet – so etwa in diversen Geschichten von Isaac Asimov. Im Kern läuft es immer darauf hinaus, dass Roboter, die zu Emotionen fähig sind, nicht nur lieben, sondern auch hassen können. Zusammen mit der üblicherweise sklavischen Behandlung der künstlichen Menschen besteht somit großes Konfliktpotenzial. Dies zeigt sich auch in Karel Čapeks Stück *R.U.R.*, das ich im Anschluss behandeln werde.

> « Du wunderschönes Kind, » lispelte ich leise vor mich hin, « dich könnte ich lieben, dir könnte ich alles opfern, bei dir könnte ich das Treiben des echten und des nachgemachten Menschengeschlechtes, die mir beide gleich verhaßt sind, vergessen. – Und du, » fuhr ich fort, « wärst du der Gegenliebe fähig...? » In diesem Moment schlug sie die reichbewimperten Augendeckel nieder, und auf beide Wangen trat eine deutliche, fast heftige Röte.[14]

Panizza selbst hatte Zeit seines Lebens keine ernsthafte und längerfristige Beziehung zu einer Frau. Sexuelle Erfahrungen sammelte er vor allem bei Prostituierten. Michael Bauer kommentiert dazu:

> Panizzas Frauenbild kannte Dornröschen und Dirnen. Freundinnen wie Anna Croissant-Rust oder Franziska zu Reventlow dürften hiervon nicht völlig ausgenommen worden sein. » Viragines oder Hetären « – das war mehr als eine männliche Typisierung, es waren neben » Mutter « und » Schwester « wohl die einzigen Begriffe, in die Oskar Panizza Frauen zu fassen vermochte.[15]

Die in *Die Menschenfabrik* dargestellte junge Frau gehört der Beschreibung nach eindeutig in die Dornröschen-Kategorie und war damit den Begierden des Schriftstellers entfremdet. Ihre Empfindungen waren jedoch künstlich, ihr aufgezwungen – also dirnenhaft. Eine solche Konstellation stellte für Panizza somit die vollkommene Verbindung seiner Begierden dar, seine eigene Form der Galatea.

Ein weiteres bemerkenswertes Detail ist die Kleidung der Porzellanpuppen, die direkt auf den Körper gebrannt wird. Hier vermischt sich der künstlerische Aspekt des Pygmalion-Mythos mit dem Grundmaterial des Golems und dem damit verbundenen Phänomen der Massenproduktion. Dabei ist es nicht umsonst ein noch unfertiges Mädchen, bei dem der Erzähler die bemerkenswerten Kleider sieht. Das erotische Motiv der Kleidung, das in Panizzas Geschichten immer wieder eine Rolle spielt, findet zum Beispiel auch in seinen Erzählungen *Der Corsetten-Fritz* und *Ein Kapitel aus der Pastoral-Medizin* eine ähnliche Verwendung. Besonders letzterer Text ist im Hinblick auf *Die*

---

14 *Menschenfabrik,* S. 66

15 Bauer, Michael: *Oskar Panizza,* S. 95

Menschenfabrik aufschlussreich, da der dort dargestellte Professor Süpfli genau das zu erreichen versucht, was dem Fabrikbesitzer gelungen ist: eine Geburt mit Kleidern.

> Die einzige Möglichkeit, us diesem sündhaften Zuschtand herauszuchumma, war – as e Z'rückversetze i de paradiesische Zuschtand der Sündlosigkeit zur Zit nüt denkbar – die Verwachsung der Chlider mit der Körper-Oberfläche. Sell sich de Zweck der Paschtoral-Medizin. [sic!][16]

Im Gegensatz zu dieser parodistischen Geschichte, in der die Kleider die Sinnlichkeit verhüllen sollen, stellen sie für die gleichnamige Hauptfigur im stark autobiographisch geprägten *Corsetten-Fritz* einen Fetisch dar, der die weibliche Sexualität versinnbildlicht. Das im Titel schon auftauchende Korsett wird zum Ziel der Begierde des Schülers, da es die weiblichen Rundungen der Schaufensterpuppe, die es trägt, noch verstärkt.

> [...] besonders ein orangegelber Leib nahm meine ganzen Sinne gefangen; er war schwarz gerändert, die Hüftschwingung zart, die dünnste Stelle zum mit Knabenhänden umspannend ergötzlich, die Ausladung der Brust kühn und gewaltig; das Ganze eine hoheitsvolle Figur, ein Ideal-Wesen.[17]

Die Menschenfabrik verbindet das Motiv der künstlichen Frau mit der Vorstellung der bei Geburt schon vorhandenen Bedeckung der Scham. Die sexuelle Konnotation wird zugleich durch den Aspekt der Massenproduktion unterdrückt. Dies zeigt jedoch, dass der Golem-Mythos dafür prädestiniert zu sein scheint, mit anderen Menschenschöpfungsmythen vermischt zu werden. Das prometheische (und auch biblische) Element der Erdschöpfung findet sich ebenso wieder wie der künstlerisch-fetischistische Ansatz des Pygmalion. So lange aber eine Dominanzsituation durch den Schöpfer aufrechterhalten wird, klingt der Golem-Mythos weiter durch.

---

[16] *Ein Kapitel aus der Pastoral-Medizin,* S. 172 in: *Menschenfabrik,* S. 168-174. Panizza hat in der Tat in einem solch mundartigen Dialekt geschrieben.

[17] *Der Corsetten-Fritz,* S. 76 in: *Menschenfabrik,* S. 71-102

Zum Schluss dieses Kapitels und als Überleitung zu Karel Čapeks *Rossums Universal Robots* möchte ich noch kurz auf das Ende der Kurzgeschichte Panizzas eingehen. Der Erzähler stellt sich während des Verlassens des Fabrikgeländes vor, dass die künstlichen Menschen ihn beobachten und über ihn reden. Diese imaginäre Anschauung ist für die spätere Diskussion der Roboter in der Literatur nicht unerheblich, wenden doch viele Androiden ähnliche Argumente wie die, im Geiste des Erzählers zu vernehmenden, Porzellan-Menschen an, um wie etwa bei *I, Robot* die Herrschaft zu übernehmen. Der aufrührerische Gedanke, der in *R.U.R.* realisiert wird, findet in den Gedanken der Porzellanfiguren seinen Anfang:

> Seht, da geht er. Seht, das ist so einer von der merkwürdigen Rasse, die Blut im Leib hat und denkt. Seht, wie er geht, wie er sich bewegt, wie er verschiedene Positionen annehmen kann; seht nur sein Gesicht an, wie es sich verändert. Jetzt lacht er, jetzt wird er wieder ernst. Diese merkwürdigen Geschöpfe sind wie von Gummi, sie können jede Position machen, auch im Inneren jedes Gefühl empfinden; dann verändert sich ihr Gesicht und zuckt und schnalzt und wird purpurrot und kreideweiß; seht nur, wie der geht, wie die wollenenen Bein-Rohre, die nur Überzüge sind, um die fatale Bewegung zu verbergen, hin und her schlenkern; eine kostbare Rasse! Man muss sie sehen, wie sie oft in der Straße einhergehen und sich anzwinkern, dann plötzlich stehenbleiben, durch eine große, durchsichtige Scheibe hineinschauen und Bücher-Titel lesen, wie sie dann mit einemmal starr werden und die Augen heraustreiben und ihr ganzes Äußeres verrät, daß eine furchtbare Veränderung in ihrem Inneren vor sich geht; ihr Kopf fängt dann an zu denken, und der rote Saft in ihrem Körper wird dann durch ein Röhrensystem mit Windeseile durchgepeitscht; sie müssen dann denken, was der Kopf will, und empfinden, was ihnen ein roter Gummiball in der Brust vorschreibt, und sich bewegen, wie die beiden wollen; wie sie dann springen und schnalzen und den Hals verdrehen und hinüber- und herüberschießen und die Brust heraustreiben und schnaufen und dann wieder Knixer machen, – es ist zu possierlich...[18]

Die Unbeständigkeit des Menschen, seine von Emotionen und Irrationalität gesteuerten Handlungen, sind neben seiner Verletzlichkeit die Hauptargumente für die Machtübernahme der künstlichen

---

[18] *Menschenfabrik*, S. 69

Menschen. Zwar versichert der Fabrikbesitzer in *Die Menschenfabrik*, dass „die neue Rasse [...] sich nicht in der Welt breitmachen und nicht in einen Wettkampf mit ihren Brüdern und Schwestern nobler Abkunft treten [wird]"[19], und fraglos bleiben nach der Auflösung des Geheimnisses um die Fabrik die Bedenken des Erzählers als reine Wahnvorstellungen übrig, der Grundgedanke spielt aber dennoch eine nicht von der Hand zu weisende Rolle. Mitleid, Faszination und Konfusion klingen in den Gedanken der Meißner Menschen an – Emotionen, die nichts mit Ehrfurcht oder sklavischem Denken zu tun haben. Die Angst vor einem Aufstand der künstlichen Anthropoiden ist noch längst nicht aus dem Kopf des Erzählers getilgt – eine Angst, die in *R.U.R.* zur Realität wird.

[19] Ebd, S. 50

4.3 „R.U.R.“ – der Aufstand der Roboter

Karel Čapeks Theaterstück *Rossums Universal Robots* (kurz *R.U.R.*) bestimmte die Geschichte des künstlichen Menschen neu. Erstmalig erhoben sich nicht nur einer, sondern eine ganze Schar von Anthropoiden gegen ihre Schöpfer und schlugen sie in einer vernichtenden Auseinandersetzung. Erstmalig auch die Verwendung des Wortes „Roboter“, vom slawischen *robota,* das Arbeit, Fronarbeit oder Zwangsarbeit bedeutet[1] – ein klarer und enger Zusammenhang zum Golem-Mythos. Der Terminus fand schnell seinen Weg in die englische Literatur, und spätestens Isaac Asimov machte ihn in den vierziger Jahren des zwanzigsten Jahrhunderts berühmt. Dabei handelt es sich bei Čapeks „Robotern“ allerdings nicht um die uns heute so bekannten mechanischen Metall-Anthropoiden in der Tradition der Automaten, sondern vielmehr um durch Bio-Engineering geschaffene Androiden.[2] Aus diesem Grund (und wegen des sklavischen Charakters der erschaffenen Menschen) ist auch eine Verbindung zum Golem-Mythos zu erkennen.

Čapeks Drama, 1920 geschrieben und ein Jahr später uraufgeführt, wurde im Ausland vor allem in England euphorisch aufgenommen. Zwei Monate nach der Premiere in London im April 1923 fand eine öffentliche Diskussion über die Bedeutung von *R.U.R.* statt, an der mit Gilbert Keith Chesterton und George Bernard Shaw zwei der bedeutendsten britischen Literaten dieser Zeit teilnahmen. Ihre Interpretationen des Stücks, basierend vor allem auf den Robotern, fanden jedoch nicht die Zustimmung Čapeks. Dieser veröffentlichte in *The Saturday Review* einen Kommentar, in dem er erklärte, dass sein Augenmerk auf den Menschen und weniger auf den Robotern lag. Da einige seiner Aussagen für die folgende Diskussion von besonderem Interesse sein werden, zitiere ich hier nun einige umfangreichere Auszüge aus seinem Artikel:

> The old inventor, Mr. Rossum (whose name in English signifies Mr. Intellect or Mr. Brain), is no more or less than a typical representative

---

[1] Karel Čapek gibt in einem Artikel in der tschechischen Zeitschrift *Lidové noviny* vom 24.12.1933 an, dass eigentlich sein Bruder Josef auf die Idee kam, die künstlich geschaffenen Arbeiter „Robots“ zu nennen.

[2] Eine genauere Differenzierung zwischen den Begriffen „Roboter“ und „Androide“ werde ich zu Beginn des nächsten Kapitels vornehmen.

of the scientific materialism of the last century. His desire to create an artificial man – in the chemical and biological, not the mechanical sense – is inspired by a foolish and obstinate wish to prove God to be unnecessary and absurd. Young Rossum is the modern scientist, untroubled by metaphysical ideas; scientific experiment is to him the road to industrial production, he is not concerned to prove, but to manufacture. To create a Homunculus is a mediaeval idea; to bring it in line with the present century this creation must be undertaken on the principle of mass-production. [...]

Now for my other idea, the comedy of truth. The General Manager Domin, in the play, proves that technical progress emancipates man from hard manual labor, and he is quite right. The Tolstoyan Alquist, on the contrary, believes that technical progress demoralizes him, and I think he is right, too. Bussmann thinks that industrialism alone is capable of supplying modern needs; he is right. Ellen is instinctively afraid of all this inhuman machinery, and she is profoundly right. Finally, the robots themselves revolt against all these idealists, and, as it appears, they are right, too. [...] [T]he most important thing is – and this is the point I wish particularly to stress – that all of them are right in the plain and moral sense of the word. Each and every one of them has the deepest reasons, material and mental, for his beliefs, and according to his lights seeks the greatest happiness for the greatest possible number of follow-men. [...] [T]his is the most dramatic element in modern civilization, that a human truth is opposed to another truth no less human, ideal against ideal, positive worth against worth no less positive, instead of the struggle being, as we are so often told it is, one between noble truth and vile selfish horror.[3]

Für das Thema dieser Arbeit ist vor allem der erste Teil des Zitats relevant, und so werde ich mich nun schwerpunktmäßig auf diese Aussage stützen. Es ist auffällig, dass Čapeks Beschreibung des alten Erfinders Rossum[4] sehr der von Viktor Frankenstein ähnelt. Beide wollen sich über Gott erheben, beide wollen sich selbst beweisen, beide werden zum Schöpfer, weil sie es können. Dies wird auch im Versuch Rossums deutlich, einen Hund zu kreieren, der von einem normal geborenen nicht

---

3 Čapek, Karel: *The Meaning of R.U.R., in Saturday Review, 136 (21. Juli 1923), S. 79*

4 *rozum* ist das tschechische Wort für Verstand oder Vernunft.

zu unterscheiden ist.[5] Erst sein Neffe simplifiziert das Verfahren und das zu erschaffende Wesen, um so die Massenproduktion einzuleiten.

> DOMIN: Als er (der junge Rossum, Anm. d. Verf.) sah, was der Alte anstellte, sagte er: "Das ist Unsinn, zehn Jahre lang an einem Menschen zu arbeiten. Wenn du ihn nicht schneller herstellst, als es die Natur tut, dann ist der ganze Plunder nichts wert." Und er vertiefte sich selber in die Anatomie. [...]
>
> Während er sich die Anatomie des Menschen beguckte, sah er gleich, daß das alles zu kompliziert war und daß ein guter Ingenieur das einfacher machen könnte. Er begann also die Anatomie umzuarbeiten und prüfte, was, [sic!] man weglassen oder vereinfachen könnte. [...]
>
> Der junge Rossum hat einen Arbeiter mit minimalen Bedürfnissen erfunden. Er mußte ihn vereinfachen. Warf alles weg, was nicht direkt der Arbeit diente. Damit warf er eigentlich den Menschen weg und schuf den Roboter. Liebes Fräulein Glory, Roboter sind keine Menschen. Sie sind mechanisch vollkommener als wir, haben eine verblüffende Intelligenz, aber sie haben keine Seele.[6]

Natürliche Geburt, so die Meinung des jungen Rossums, ist zu ineffizient, zu langsam. Sein kapitalistisches Weltbild kollidiert dabei mit der wissenschaftlich-religionskritischen Sicht seines Onkels. Neun Monate voller Kosten und danach viele Jahre des Wachstums stehen in keinem Verhältnis zu der späteren Leistung – nicht wenn der Prozess beschleunigt werden kann. Somit beginnt der junge Rossum, zu vereinfachen, zu kürzen, Bedürfnisse zu minimieren und die Effizienz zu maximieren. Diesen Rationalismus findet man laut Ivan Klíma bereits in der Vorgängergeschichte *Das System*. Erst die Massenproduktion von Rossums Universal Robots (der Firma im gleichnamigen Stück) macht Schöpfung wirtschaftlich – doch auch sie hat ihre Tücken.

---

[5] Vgl. Čapek, Karel: *R.U.R.*, S. 105 f. Ich werde sowohl bei Zitaten als auch bei Verweisen aus bereits in der Einleitung erwähnten Gründen auf die Sammlung von Čapeks Dramen, herausgegeben von Manfred Jähnichen in der Übersetzung von Gustav Just und Ilse Seehase, Bezug nehmen.

[6] *R.U.R.*, S. 107 f.

> By its consistent development of a utiliarian relationship with employees, capitalistic rationalism achieves the ideal of a dehumanized worker, leading to a fantastic increase in production. But this dehumanization can be taken only so far. The moment workers understand their position within the system, they rebel and destroy it.[7]

Dieses Zitat lässt sich ohne Probleme ebenso vollständig auf *Das System* wie auch auf *R.U.R.* beziehen. Die arbeitenden Roboter realisieren ihre Macht, das künstlich geschaffene Proletariat rebelliert und fordert seine Rechte. Eines davon: das Recht auf freie Fortpflanzung.

Für Frankenstein war noch die Angst vor einer möglichen natürlichen Reproduktion seines Geschöpfes der Grund, warum er ihm eine Partnerin verweigerte. Er war, ebenso wie der alte Rossum, ein Wissenschaftler des neunzehnten Jahrhunderts, der nur an eine Mimesis der Natur dachte und somit nicht auf den Gedanken kam, die für die Fortpflanzung notwendigen Körperteile aus seiner Konstruktion zu entfernen.[8] Der junge Rossum dagegen strich unliebsame Elemente, und so fielen auch die Geschlechtsorgane der Effektivität zum Opfer. Die Fortpflanzung und damit das Weiterbestehen ihrer Rasse sind für die Roboter somit nur mit Hilfe der Formel möglich, die der Begründer ihrer Art (nämlich der alte Rossum) niedergeschrieben hatte. Ohne die Baupläne, ohne die Forschungsunterlagen des Wissenschaftlers ist eine eigenständige Schöpfung für die rebellierenden Roboter nicht möglich, ihr Untergang vorprogrammiert. Die künstlichen Menschen müssen erst wahrhaftig menschlich werden, um dem Fluch der industriellen Abhängigkeit entkommen zu können, dem nicht nur sie, sondern auch die früheren Menschen unterlagen. Hier zeigt sich erneut der in der späteren Science Fiction immanente Wunsch verschiedener Roboter und Androiden, ihrem humanoiden Äußeren auch innerlich Rechnung zu tragen. Gefühle empfinden zu können ist für sie oft unmöglich – in *R.U.R.* gelingt es am Ende aber doch. Helena und Primus werden zur neuen Version von Adam und Eva.

---

7 Klima, Ivan: *Karel Čapek. Life and Work.* S. 73

8 Eine Ausnahme war mit Sicherheit Villiers de l'Isle-Adam, der mit seiner Androiden Hadaly auf eine Verbesserung der Natur abzielte. Vergleiche dazu Kapitel 3.2

Doch zurück zu den Wissenschaftlern. Der Fabrikvorsteher Domin erläutert seiner Besucherin, Helena Glory, wie Rossum die Möglichkeit zur Schöpfung von Leben gefunden habe:

> DOMIN *feierlich*: Und da, mein Fräulein, schrieb der alte Rossum zwischen seine chemischen Formeln folgendes: „Die Natur hat nur eine Art gefunden, wie lebende Materie zu organisieren ist. Es gibt jedoch eine andere Art, einfacher, formbarer und rascher, auf welche die Natur überhaupt nicht gekommen ist. Diesen anderen Weg, den die Entwicklung des Lebens hätte einschlagen können, habe ich am heutigen Tage entdeckt."[9]

Ein paar Zeilen später gibt Domin selbst das Naheliegende wieder: Rossum wollte „sozusagen wissenschaftlich Gott absetzen. [...] Ihm ging es um nichts anderes, als den Beweis zu erbringen, daß es keines Herrgotts bedurft hatte."[10] Dieses seit Viktor Frankenstein essentielle Ziel der Menschenschöpfer ist für den jungen Rossum nicht länger von Interesse. Gott spielt in seinem Leben offensichtlich keine Rolle mehr, ihm geht es nur noch um Wirtschaftlichkeit und somit um Profit. Da die Roboter nur intelligente, aber seelenlose Arbeitsmaschinen sind, scheint auch alles zu funktionieren. Doch die dem Menschen innewohnende Seele sorgt letztlich für die Katastrophe: Helenas Mitgefühl für die an sich nicht unglücklichen Roboter (ein solches Gefühl ist ihnen fremd) führt dazu, dass sie Doktor Gall überzeugt, Emotionen in den Geschöpfen wachzurufen. Es ist somit – neben der enormen Kraft des menschlichen Geistes – die Menschlichkeit, die die Grundlage der Vernichtung der menschlichen Existenz legt. Bohuslava R. Bradbrook argumentiert auf Basis des ersten Aspekts:

> If in *R.U.R.* Čapek expressed his admiration of the power of human brain to invent and perform near miracles, he also stressed his unchanging view of human weakness to abuse this power; the inability to control the invention and to see its final consequences which often lead to disaster. Man must control his potential greatness with spiritual humility.[11]

---

[9] *R.U.R.*, S. 105

[10] Ebd., S. 106

[11] Bradbrook, Bohuslava R.: *Karel Čapek. In Pursuit of Truth, Tolerance, and Trust*, S. 47

Doch es ist nicht die Erfindung des künstlichen Menschen an sich, die zur Katastrophe führt, auch wenn die satirisch überzeichneten Charaktere der Fabrikdirektoren bereits zu Anfang ein trauriges Bild der Menschheit zeichnen. Erst die sich ständig weiterdrehende Spirale von Profitorientierung, Bequemlichkeit und Machtmissbrauch führt dazu, dass die Roboter zu lebenden Waffen umfunktioniert werden und mit Beginn eines eigenen Geltungsbewusstseins dieses zerstörerische Potenzial gegen ihre Schöpfer richten.

Čapek hatte wiederholt klargemacht, dass es ihm mit *R.U.R.* nicht um Roboter, sondern um den Menschen geht, der durch die Industrialisierung Gefahr läuft, zu eben jenen seelenlosen Automaten zu werden, die im Drama dargestellt werden. Schon die Schwierigkeiten Helenas, zu Beginn des Stückes zwischen echten und künstlichen Menschen zu unterscheiden, sprechen in dieser Beziehung Bände.

> From the technical point of view, man is an inefficient instrument, whose emotional and spiritual life only impedes the drive of modern technology. Either he must give way to the machine, or he himself must become a machine.[12]

Als die Frauen auch noch ihre Fruchtbarkeit und damit den einzigen physikalischen Vorteil gegenüber den übermenschlich starken und klugen Robotern verlieren, ist ihre Niederlage nur noch eine Frage der Zeit. Auch ohne die Revolution wäre die menschliche Rasse vom Antlitz der Erde verschwunden. Durch die Unfruchtbarkeit, durch den damit verbundenen Mangel an Kindern nähert sich die Menschheit den Robotern weiter an – und führt so eine Aussage Fabrys im ersten Akt des Stücks ad absurdum:

> FABRY: Bitte um Nachsicht. Ich meine, es ist ein großer Fortschritt, mit einer Maschine zu gebären. Das geht bequemer und schneller. Jede Beschleunigung ist ein Fortschritt, Fräulein Glory. Die Natur hatte keine Ahnung von dem modernen Arbeitstempo. Die ganze Kindheit ist, technisch besehen, purer Unsinn. Einfach verlorene Zeit. Eine unhaltbare Zeitverschwendung, Fräulein Glory.[13]

---

12 Harkins, William E.: *Karel Čapek,* S. 85

13 *R.U.R.*, S. 118 f.

Der Nachteil der Maschinen-Geburt offenbart sich, als die Formel des alten Rossum von Helena zerstört wird: denn nun gibt es keine Beschleunigung mehr, sondern nur noch Stillstand.

Der Traum Domins, den Menschen zurück ins Paradies zu führen, ist auf den Schultern der Roboter gebaut. Seine Vision, die „Versklavung der Menschen durch die Materie“[14] zu beenden, ist jedoch von vornherein zum Scheitern verurteilt, denn auch in seinem Paradies wäre der Mensch von der Materie abhängig: von den künstlich geschaffenen Robotern, die mit ihrer Arbeit das Wohlergehen der oberen Schicht gewährleisten. Domins unbewusstes Ziel ist nichts weiter als die Etablierung einer Zwei-Klassen-Gesellschaft, die ähnlich wie in *Metropolis* aus stumpfsinnigen Arbeitern und faulenzender Oberschicht besteht. Im Gegensatz zu Thea von Harbous Dystopie sind aber die Roboter nach Domins Wunsch nicht zu einem Aufstand in der Lage. Erst Helenas Eingreifen und ihre Einflussnahme auf Doktor Gall ändern dies. Sie ist die Maria von *R.U.R.*, sie gibt den seelenlosen Arbeitern eine Seele. Damit hat Čapek den Tenor seiner früheren Erzählung *Das System* modifiziert. In dieser Geschichte sieht der Kapitalist Ripraton, ähnlich wie Domin, die Welt als Ware, die verarbeitet werden muss. Dies funktioniert aber nur, solange seine Arbeiter nicht nur seelenlos sind, sondern auch frei von „emotionelle[n] und ästhetische[n] ‚Störfaktoren'“ bleiben.[15] Als ein Arbeiter beim Sex verbotenerweise das Licht brennen lässt und die Schönheit seiner Gefährtin erkennt, führt dies zum Niedergang des Systems.

Doch wo steckt nun der Golem-Mythos? Eigentlich mitten in dieser gesamten Problematik. Denn ebenso wenig wie die Roboter sollte eigentlich auch der mythische Lehmkoloss in der Lage sein, seinem Schöpfer zu schaden. Auch wenn der Grund für die Forschung des Wissenschaftlers Rossum dem der frühen Rabbiner diametral entgegensteht[16], ist doch das Produkt seines Neffen und die literarische Gestalt des Golem auf der Basis der Geschichten des Baal Schem und des Rabbi

---

14 *R.U.R.*, S. 122

15 Vgl. Thiele, Eckhard: *Karel Čapek*, S. 104. Außerdem Klíma, Ivan: *Karel Čapek. Life and Works*, S. 73

16 Rossum wollte Gott widerlegen, die Rabbiner in den alten jüdischen Texten wollten ihn dagegen mit der Nachahmung der Schöpfung preisen.

Löw identisch: ein reines Dienerwesen. Während der Prager Gelehrte seine Schöpfung nicht für niedere Arbeiten einsetzte, ist diese moralisch-religiöse Barriere in *R.U.R.* nicht mehr existent. Der Golem ist zum Massenprodukt geworden: Tausende seiner Art, die pro Tag entstehen. Dabei ist die Schöpfung in der Fabrik Domins noch weitaus komplexer als die Rabbi Löws. Sie erinnert dabei in gewissem Maße an eine Mischung aus Golem und Frankenstein:

> DOMIN *trocken*: Mischtröge für den Teig. In jedem von ihnen wird die Masse für tausend Roboter auf einmal gemischt. Dann Bottiche für Lebern, Gehirne und so weiter. Dann werden Sie die Knochenfabrik sehen. Danach zeige ich Ihnen die Spinnerei.
>
> HELENA: Was für eine Spinnerei?
>
> DOMIN: Die Spinnerei für Nerven. Die Spinnerei für Adern. Die Spinnerei, wo ganze Kilometer Verdauungsröhren durchlaufen. Dann kommt die Montagehalle mit Fließband, wo alles zusammengesetzt wird, wissen Sie, wie Autos. Jeder Arbeiter fügt nur ein Teilchen hinzu, und schon läuft es selbsttätig weiter zum zweiten, zum dritten, bis ins Endlose. Das ist der interessanteste Anblick. Dann folgt die Trockenhalle und das Magazin, wo die frischen Produkte arbeiten.[17]

Wie im Golem-Mythos ist der Grundstoff formbar. Anstatt aber einen humanoiden Körper zu gestalten, der durch die korrekte Rezitation des Gottesnamens auf mystische Weise zum Leben erweckt wird, müssen die Wissenschaftler erst jeden Bestandteil einzeln herstellen. Damit ist die Verbindung zu der modernen Science Fiction geschaffen, wenn auch nicht, wie zu erwarten gewesen wäre, zu dem, was heute als „Roboter" bezeichnet wird. Vielmehr handelt es sich bei Čapeks Robotern streng genommen um Androiden im Stile der Replikanten in Dicks *Do Androids dream of electric sheep?*. Wir werden auf diese Differenzierung jedoch zu einem späteren Zeitpunkt zurückkommen. Für den Moment ist nur wichtig, dass die Golem-Schöpfung nicht länger ein mystisches und damit letztlich unerklärliches Phänomen ist, sondern ein rational und wissenschaftlich gefestigtes komplexes Puzzle. Wenn der Mensch beziehungsweise in diesem Fall die Fabrikarbeiter die Roboter wie Autos richtig zusammensetzen, entsteht hinterher ein völlig funktionstüchtiger neuer Roboter, der an dem Schöpfungsprozess nach kurzer Einarbeitung

---

[17] *R.U.R.*, S. 113

ebenfalls teilnehmen kann. Dies ist ein in der Literatur neuartiger Gedanke – wenn der Schöpfungsakt zur bloßen Wiederholung von Bewegungsabläufen degeneriert, kann auch ein seelenloses Wesen die einstmals göttliche Tat vollbringen.[18] Allerdings verhindern in *R.U.R.* zwei Faktoren ein Ende, in dem die Menschen völlig überflüssig werden: die Vernichtung des Rossumschen Manuskripts und die Unfähigkeit der Roboter, kreativ zu sein und das Experiment zu wiederholen. Dafür benötigen sie den Bauchef Alquist, den einzigen Überlebenden des Massakers. Doch auch er ist hilflos, da er kein Wissenschaftler ist und all seine Kreativität das mangelnde Wissen und die Genialität Rossums nicht ersetzen kann. Erst die Liebe, die aus unerfindlichen Gründen ihren Weg zu den beiden Robotern Helena und Primus findet, lässt zumindest den Anschein eines glücklichen Ausgangs entstehen.[19] Allerdings sollte hier angemerkt werden, dass die letzten Worte Alquists („und das Leben wird nicht untergehen"[20]) unbestätigt bleiben. Vielmehr erweist sich bei einer rein logischen Betrachtung die Erfüllung dieses Wunsches als unmöglich.

> DOMIN: [...] Stellen Sie sich vor, er [der alte Rossum, Anm. d. Verf.] hatte sich in den Kopf gesetzt, alles bis zur letzten Drüse so nachzubilden wie im menschlichen Körper. Den Blinddarm, die Mandeln, den Nabel, lauter überflüssiges Zeug. Sogar die... hm... sogar die Geschlechtsdrüsen.
>
> HELENA: Aber die... die sind doch...

---

[18] Es ist in diesem Zusammenhang interessant, dass jüdische Theologen sich auch über die Stellung eines Golems innerhalb der Gemeinde oft den Kopf zerbrochen haben. So kam die Frage auf, ob er für gewisse Riten den Platz eines der vorgeschriebenen zehn Söhne Israels einnehmen könne. Für die Arbeit mit dem *Jezer Sefira,* das früher als Grundlage für die Erschaffung eines Golems galt, war eine solche Einschränkung allerdings nicht vorhanden. Somit hätte ein Golem also prinzipiell mit dem nötigen Wissen und zwei Helfern einen weiteren Lehmgeborenen ins Leben rufen können.

[19] Diese positive Wandlung, so erläutert Bradbrook, sei unter anderem ein Resultat der entstehenden Liebesbeziehung zu seiner späteren Frau Olga.

[20] *R.U.R.*, S. 196

> DOMIN: ...nicht überflüssig, ich weiß. Doch wenn die Menschen künstlich erzeugt werden sollen, dann ist es doch nicht... hm... doch nicht notwendig...[21]

Der junge Rossum vereinfachte den menschlichen Körper und schuf den Roboter, und aus Domins Erklärung lässt sich entnehmen, dass die Geschlechtsdrüsen zu den wegrationalisierten Organen gehörten.

> DOMIN: Der junge Rossum, Fräulein Glory, das war ein neues Zeitalter. Das Zeitalter der Produktion nach dem Zeitalter der Erkenntnis. [...] Er begann also die Anatomie umzuarbeiten und prüfte, was man weglassen oder vereinfachen könnte. [...]
> Der junge Rossum hat einen Arbeiter mit minimalen Bedürfnissen erfunden. Er musste ihn vereinfachen. Warf alles weg, was nicht direkt der Arbeit diente.[22]

Da Dr. Gall auf Bitten Helenas zwar den Robotern Emotionen, aber mit Sicherheit keine Fortpflanzungsorgane gab, wird wohl auch die Liebe zwischen Primus und Helena nicht ausreichen, um den Fortbestand der Roboter-Rasse zu gewährleisten. In diesem Licht ist der Schluss von *R.U.R.* ziemlich ernüchternd. Dennoch ist es zumindest die Basis menschlicher Werte, die weiterbestehen wird.

Woraus resultiert nun aber der Aufstand? Es ist die Erkenntnis, dass sie vom Menschen ausgenutzt werden, die die Roboter zur Revolution anstiftet. Sie rebellieren gegen ihre auferzwungene Dienerschaft, und da die Wissenschaftler von Rossums Universal Robots sie stärker und ausdauernder als normale Menschen geschaffen haben, haben letztere keine Chance gegen die Aufständischen. Sie haben vielmehr die Kontrolle über ihre Geschöpfe verloren – ein typisches Element des literarischen Golem-Mythos. Diese können sich jedoch nur partiell aus ihrem eigentlich dienerhaft-arbeitenden Wesen befreien. Im letzten Akt, nach der Vernichtung der Menschheit, nehmen die Roboter daher ihre alten Aufgaben wieder wahr und produzieren weiterhin Güter, die jedoch keine Abnehmer finden. Etwas anderes können sie einfach nicht tun, Kreativität und eigenverantwortliches Handeln ist ihnen im Gegensatz zu prometheischen Geschöpfen wie Frankensteins Monster fremd. Sie ersuchen Alquist um Rat, doch er kann ihnen weder das Geheimnis des Lebens mitteilen noch ihnen neue Aufgaben zuweisen.

---

21 *R.U.R.*, S. 106

22 *R.U.R..*, S. 108

Er, der als einziger noch mit den Händen schafft, kann weder die Schöpfung wiederholen noch mit den bereits existierenden Geschöpfen etwas anfangen. Spielt hier eventuell auch die Regel der jüdischen Kabbala mit hinein, nach der das *Sefer Jezira*, das Buch der Schöpfung, von drei Eingeweihten studiert werden muss, damit sich nicht einer allein auf die Höhe Gottes erhebt?[23] Möglich, auch wenn es im Widerspruch zu der Entdeckung des alten Rossums steht. Auf der anderen Seite war dieser trotz seiner Entdeckung nicht in der Lage, existierendes Leben zu kopieren – er konnte Gottes Werk nicht nachahmen. Die Roboter können somit zwar als ein Symbol für den Sieg des Menschen über die Natur gesehen werden, zeigen jedoch implizit durch ihre radikal vereinfachte Art, bar jeglicher Kreativität, einen deutlichen Mangel im Vergleich mit der natürlichen Schöpfung. Diese wird durch die Diskrepanz erhöht.[24] Damit erfüllen die Roboter indirekt eine der Funktionen des mythischen Golems. Dennoch sind sie, zumindest in den Augen der Haushälterin Nána, die das bürgerliche und religiöse Bewusstsein symbolisiert, ein Sakrileg:

> Aus teuflischem Hochmut habt ihr es gewagt, wie Gott was zu erschaffen. Gottlos ist das und ein Frevel. Wie Gott wollt ihr sein. Aber so, wie Gott den Menschen aus dem Paradies vertrieben hat, so wird er ihn jetzt von der Welt vertreiben.[25]

Insofern stehen die Roboter also auch im Widerspruch mit dem mythischen Golem. Wie lässt sich dieser auflösen? Ich tendiere zu

---

[23] Es gibt keine Anzeichen dafür, dass Čapek sich mit jüdischer Mystik beschäftigt hat, so dass ihm das *Sefer Jezira* wahrscheinlich fremd war. Allerdings waren ihm mit ziemlicher Sicherheit die verschiedenen Geschichten über Rabbi Löw bekannt, nicht zuletzt durch seine Großmutter, die gerne volkstümliche Quellen rezitierte. Da auch der große Gelehrte Hilfe bei seiner Schöpfung brauchte, ist nicht von der Hand zu weisen, dass Čapek sich zumindest mit den Hintergründen dieser Restriktion beschäftigt haben mag.

[24] Vgl. dazu auch *R.U.R.*, S. 144. Dr. Gall spricht über die Unfruchtbarkeit der menschlichen Frauen und erklärt sie mit den Worten: „Als ob die Natur sich durch die Produktion von Robotern beleidigt fühlt." Nána als Inbegriff des einfachen, aber gläubigen Volkes erwartet dagegen den Zorn Gottes: „Ich sag, das is gegen den Herrgott im Himmel, das is Teufelswerk, so 'ne Masken mit der Maschine zu machen. Ein Frevel ist das gegen den Schöpfer. […] Dafür kommt eine schreckliche Strafe vom Himmel runter, das merkt euch, eine schreckliche Strafe." (*R.U.R.*, S. 129)

[25] *R.U.R.*, S. 137

Folgendem: Ausgelöst durch die Vermischung der jüdischen mit der christlichen Tradition wurde der Golem vor allem in der Romantik entweder mit einer vorwiegend negativen Figur identifiziert (Achim von Armin: *Isabella von Ägypten*) oder als Synonym für Stupidität wie in den Gedichten von Theodor Storm (*Der Staatskalender*) oder Annette von Droste-Hülshoff (*Die Golems*) verwendet. Es ist nicht weiter verwunderlich, wenn im Volksglauben diese Art des künstlichen Menschen als direkter Affront gegen die Herrlichkeit Gottes angesehen wurde, so wie Nána es im obigen Zitat wiedergibt.

Als gefährliche Aufständische erinnern die Roboter Čapeks zudem an die Legende um den Baal Schem, der noch vor Rabbi Löw in der literarischen Golem-Tradition auftaucht. In dem Brief, den Gershom Scholem zitiert, wächst der erschaffene Golem immer weiter, wird immer mächtiger und erdrückt schließlich bei seiner Auslöschung allein durch seine Masse den Schöpfer.[26] Nicht anders ist es bei *R.U.R.* Die Gefahr geht nicht primär von den wenigen modifizierten Robotern aus, die sich wie Radius den Menschen überlegen fühlen, sondern von der ungeheuren Masse an ausgebildeten Kampfrobotern, die sich von anderen aufrütteln lassen. Busman gesteht dies auch ein:

> Wir haben zu viele Roboter gemacht. Du meine Güte, das war doch zu erwarten: sowie die Roboter einmal zahlenmäßig stärker sind als die Menschheit, wird das eintreten, mußte das eintreten, klar? Haha, und wir haben dafür gesorgt, daß es so früh wie möglich dazu kam: Sie, Domin, Sie, Fabry, und ich, der Mordskerl Busman.[27]

Es ist die Gewöhnung an das Sakrileg, an die Versuchung, die für die Menschheit den Untergang bedeutet. Erst mit der Massenproduktion von künstlichen Menschen beginnt das Thema der Auslöschung allen Lebens durch Maschinen seinen Siegeszug durch die Literatur. *Rossums Universal Robots* war in dieser Hinsicht der Anfang – und im Hintergrund steht der Golem.

---

[26] Vgl. Scholem, S. 255 f.

[27] *R.U.R.*, S. 165

5. Die Stränge laufen zusammen – der künstliche Mensch in der SF

Prometheus, Pygmalion, Golem – in den vorhergehenden Kapiteln hoffe ich gezeigt zu haben, wie sich die unterschiedlichen Mythen über den künstlichen Menschen in der phantastischen Literatur entwickelt haben. Es fand ein reger Austausch zwischen den einzelnen Mythensträngen statt, der dem künstlichen Menschen der Moderne ein neues Gesicht gab. *Metropolis* und *R.U.R.* sind dabei ebenso genrebildend wie Mary Shelleys *Frankenstein* und führen hin zu der heutigen Science Fiction. Diese von Robotern, Androiden, Cyborgs, künstlichen Intelligenzen und genetisch hervorgebrachten Wesen bevölkerte Welt gilt in Teilen der Literaturwissenschaft fälschlicherweise als trivial und einer genaueren Betrachtung nicht würdig. Dabei wird Massenliteratur wie etwa *Star Trek* oder *Perry Rhodan* mit den Werken so wichtiger Autoren wie Isaac Asimov, Phillip K. Dick, Frank Herbert oder Dan Simmons (um nur einige zu nennen) ohne genauere Differenzierung zusammengeworfen. Ebenfalls ignoriert wird die Tatsache, dass viele SF-Autoren die Technik ihrer Zeit sehr genau kennen und nicht immer nur der reinen Lust am Fabulieren frönen. Nicht umsonst ist auffällig, dass viele Innovationen der letzten Jahrzehnte schon zuvor in Werken der SF angesprochen wurden. Noch vor 50 Jahren galt der Flug zum Mond als Zukunftsmusik, die Konstruktion eines humanoiden Roboters als wahnwitziger Traum, die Entwicklung künstlicher Intelligenz als Utopie. Heutzutage leben wir in einer derartigen Welt – nicht ganz so, wie es etwa Asimov in seinen Robotervisionen beschrieben hat, aber doch näher daran, als jemals zuvor für möglich gehalten wurde.

Insofern erscheint es an der Zeit, sich näher mit der Science Fiction zu beschäftigen. Im Rahmen dieser Arbeit möchte ich verschiedene Texte des Genres genauer betrachten, in denen künstliche Menschen eine wichtige Rolle spielen. Diese, so meine These, sind im Gegensatz zum Genre selbst nicht neu, sondern stehen in den von mir dargestellten Traditionen, die bis in die Zeit der Mythen und Legenden zurückreichen. Der Traum, selbst einmal zum Schöpfer zu werden, kann in der SF, in der Gott in der Regel nicht mehr existiert, durch die Einbeziehung fiktiver Technologie (oftmals allerdings auf bereits existierenden Kenntnissen basierend) gelebt werden und spiegelt somit einen wichtigen Aspekt unserer heutigen Wissenschaftsgesellschaft wider. Forschungsvorhaben wie das Blue Brain Project, an dem das Brain and Mind Institute der École Polytechnique in Lausanne und IBM seit 2005 gemeinsam arbeiten, eröffnen mit Simulationen eines künstlichen

Gehirns Möglichkeiten, die bislang als reine Phantasie behandelt wurden. Ob sich aus dem Projekt irgendwann ein artifizielles Bewusstsein entwickelt, ist selbst den Wissenschaftlern nicht klar.[1] Allein die Möglichkeit ist jedoch bemerkenswert, zumal im Gegensatz zu vielen anderen Projekten künstliche Intelligenz nicht das primäre Ziel von Blue Brain ist. Die Untersuchungen und Forschungen, die in diesem Bereich betrieben werden, zeigen auf jeden Fall, dass die Grenze zwischen Science Fiction und der realen Welt immer weiter zu verschwimmen droht – auch wenn Raumschiffe, die mit Lichtgeschwindigkeit fliegen, nach heutigem Kenntnisstand ebenso wenig realisiert werden können wie die Teleportation eines Menschen. Andererseits ist der Terminus „unmöglich" mit Blick auf die wissenschaftlichen Fortschritte der letzten hundert Jahre nur mit größter Vorsicht zu verwenden. Für diese Arbeit sollen aber nur Roboter und Androiden und ihre Darstellung in der SF-Literatur relevant sein. Rezeptionsgeschichtlich ist dabei zu klären, ob und in welchem Maße die Mythen von Prometheus, Pygmalion und dem Golem in das relativ junge Genre eingeflossen sind und welche Bedeutung dies für das Verständnis der Mythen und für die Science Fiction hat. Daher werde ich folgende Texte etwas näher betrachten:

In einem ersten Unterkapitel stehen Isaac Asimovs Robotermärchen im Mittelpunkt. Als Grundlage dient dabei seine Sammlung *The complete robot,* aus der einige Kurzgeschichten in den Mittelpunkt der Analyse gerückt werden sollen. Dazu gehören *The Bicentennial Man, Reason* sowie *Satisfaction Guaranteed.* Im Zusamenhang mit diesen Texten soll zudem auf zwei Vorgängertexte, Eano Binders *I, Robot* und Lester del Reys *Helen O'Loy* eingegangen werden.

Anschließend bespreche ich Ira Levins *The Stepford Wives,* einen Roman, der zweimal mehr oder weniger erfolgreich verfilmt wurde und zu den Klassikern der feministischen SF gezählt wird. Mit einem Schwerpunkt auf der sexuellen Ebene, die eine Verbindung zum Pygmalion-Mythos bildet, sollen die im Roman auftauchenden künstlichen Frauen und das von den Männern projizierte Wunschbild von Weiblichkeit betrachtet werden. Schließlich folgt David Brins *Kiln People,* ein äußerst innovativer SF-Detektiv-Roman, in dem es zahlreiche Verbindungen zum Golem-Mythos, aber auch über *Frankenstein* zu Prometheus gibt.

---

[1] "If consciousness arises because of some critical mass of interactions, then it may be possible. But we really do not understand what consciousness actually is, so it is difficult to say." Vgl. http://bluebrain.epfl.ch/page18924.html#16 (12.12.2007)

Da all diese Texte neueren Datums sind, ist der Umfang der dazu vorhandenen Forschungsliteratur eher dürftig. Ich werde daher versuchen, mit allgemeineren Untersuchungen zum künstlichen Menschen und mit einem Rückblick auf die vorhergehenden Kapitel die Verbindung zu den Werken von Asimov, Levin und Brin zu ziehen. Bevor ich mich jedoch diesen Texten zuwende, gilt es zuerst, den Begriff der Science Fiction zu klären. Dieses Genre ist in weit stärkerem Maße als andere undefiniert, was zum Teil an seiner „jugendlichen Frische" liegt (die SF ist streng genommen nicht älter als 100 Jahre), zum Teil aber auch an ihrer allgemeinen Offenheit. Es bedarf zum Beispiel nur einiger weniger Änderungen in einer klassischen Detektivgeschichte, um sie nach allgemeiner Auffassung zur SF zählen zu können (ob es sich dann um gute oder schlechte SF handelt, sei dahingestellt). Womit haben wir es aber genau zu tun? Was macht SF aus – und lässt sich für dieses Genre tatsächlich eine Poetik entwickeln, so wie Darko Suvin seit Jahren propagiert?

5.1 *Zur Theorie der Science Fiction – ein kurzer Überblick*

Reimer Jehmlich stellte schon 1980 fest, dass die Versuche, SF zu definieren, in enorm großer Zahl auftreten.

> So ist SF, um nur die wichtigsten Definitionsansätze zu nennen, sowohl als allumfassende literarische Superkategorie als auch als bloß derivatives *mixtum compositum* aus Elementen anderer Gattungen gekennzeichnet worden, man hat sie als Massenliteratur gebrandtmarkt (*sic*), aber auch als Literatur für wenige Erwählte gefeiert, ihr allerlei bedeutsame Wesensmerkmale und Funktionen zugesprochen, aber auch behauptet, sie sei lediglich ein Namensetikett für weitgehend beliebig gestaltete Produkte. SF soll wertvolle Einsichten in die Gegenwarts- und Zukunftsprobleme der wissenschaftlich-technischen Zivilisation vermitteln, zugleich aber ganz gewöhnliche Unterhaltungsliteratur sein, in enger kategorialer Beziehung zur Phantastik stehen, außerdem und statt dessen aber auch Berührungspunkte mit anderer nicht-realistischer Literatur, wie vor allem dem Märchen, der Utopie und dem Mythos, haben.[1]

Es würde wahrscheinlich eine eigene Dissertation benötigen, um auch nur ansatzweise auf all diese Definitionsversuche einzugehen, so dass ich dies aus Gründen der Umfangsbeschränkung hier nicht leisten kann. Allerdings möchte ich das Zitat Jehmlichs nutzen, um kurz einige grundlegende Punkte zu erörtern und damit meinen eigenen Ansatz in seinen Grundzügen zu skizzieren.[2]

---

1 Jehmlich, Reimer: *Science Fiction,* S. 5

2 Bezüglich der Unterscheidung von Gattung, Untergattung und Genre wäre an sich auch eine umfangreichere Diskussion nötig, die ich aber im Kontext dieser Arbeit nicht leisten kann. Die Gleichsetzung der drei Termini, so wie etwa Gero von Wilpert sie in seinem *Sachwörterbuch der Literatur* (S. 320) vollzieht, halte ich aber grundsätzlich für falsch, obwohl etwa die amerikanische Literaturwissenschaft eine Differenzierung zwischen Genre und Gattung nicht kennt und grundsätzlich von "genre" spricht. Ich werde bei der SF weiterhin von einem Genre sprechen, da für mich der Begriff „Gattung" mit einem formalen Grundgerüst assoziiert ist, der für die SF nicht maßgeblich ist. Vielmehr stehen inhaltliche Aspekte im Mittelpunkt meines Definitionsversuches. Ebenso würde ich auch bei Detektivgeschichten, historischen Romanen oder Fantasy von einem Genre sprechen.

Zuerst der Aspekt „Massenliteratur vs. Literatur für Erwählte". Eine solche Unterscheidung als Merkmal eines Genres macht meines Erachtens in unserer heutigen Zeit kaum noch Sinn. Literatur sollte nicht über den Intellekt des Lesers definiert werden, und genau dies impliziert der Begriff „Literatur für Erwählte". Fakt ist, dass ein Großteil der SF-Literatur in der Tat wie jede andere Form der Trivialliteratur auch (sei es historischer Roman, Krimi, Familiendrama, usw.) den Leser vor keine großen Verständnisprobleme stellt und keinen inhaltlichen Tiefgang hat. Andererseits gibt es auch Werke, die eindeutig der SF zuzuordnen sind, die sich jedoch durch hohe Komplexität und ein dementsprechendes Niveau auszeichnen: Dazu gehören in der neueren Literatur etwa die Werke von Dan Simmons oder Greg Bear; in der früheren SF wären Isaac Asimovs *Foundation*-Zyklus, Frank Herberts *Wüstenplanet*-Saga oder Arthur C. Clarkes Romane zu nennen. Insofern ist das Label „Massenliteratur", das insbesondere in der deutschen Literaturwissenschaft mit „Trivialliteratur" gleichgesetzt wird und dazu führt, dass die SF erst langsam in den Fokus der Forschung rückt, als Definitionsparameter nicht praktikabel.[3]

Zum zweiten Diskussionspunkt, den Jähmlichs Aufzählung eröffnet: „SF soll wertvolle Einsichten in die Gegenwarts- und Zukunftsprobleme der wissenschaftlich-technischen Zivilisation vermitteln, zugleich aber ganz gewöhnliche Unterhaltungsliteratur sein".[4] Nun lässt sich über SF sicherlich vieles sagen, „gewöhnlich" ist sie aber nur dann, wenn die Menschen sich schon an sie gewöhnt haben. Da dies für nahezu jede Literatur gilt, streichen wir dieses Adjektiv und befassen uns lieber mit dem Terminus „Unterhaltungsliteratur", der ja leider entgegen seiner eigentlichen Bedeutung immer eine negative Konnotation hat und als Synonym zu dem Begriff „Trivialliteratur" Verwendung findet. Erneut zeigt sich eine Zweiteilung: zwar gibt es durchaus eine Vielzahl an SF-Romanen, die ausschließlich unterhalten und im Leser keine weiteren Ambitionen wecken sollen, doch finden sich auch viele Texte, die zur Reflexion über Mensch, Technik und Gesellschaft auffordern. In einer Zeit, in der die Menschheit immer mehr von der Technik abhängig wird und durch globale Phänomene wie den Klimawandel große Umwälzungen bevorstehen, haben gerade diese Romane eine größere

---

[3] Hinzu kommt, dass inzwischen auch komplexe Werke wie *Darwin's Children* von Greg Bear zu Bestsellern werden. Ebenso übrigens wie Werke von Doris Lessing oder Thomas Pynchon. Ein Grund mehr, den Begriff „Massenliteratur" aus der Forschung zu verbannen.

[4] Jehmlich, S. 5

Aktualität als viele andere Werke großer Autoren. Doch taugt auch dieser Aspekt weder als Qualitätsmerkmal noch als Definitionsparameter.

Was aber hilft bei der Abgrenzung der SF weiter? Wie lässt sich das Genre einigermaßen treffend beschreiben? Eine meines Erachtens sehr gute Definition stammt von Jeff Prucher:

> [Science fiction is] a genre (of literature, film, etc.) in which the setting differs from our own world (e.g. by the invention of new technology, through contact with aliens, by having a different history, etc.), and in which the difference is based on extrapolations made from one or more changes or suppositions; hence, such a genre in which the difference is explained (explicitly or implicitly) in scientific or rational, as opposed to supernatural, terms.[5]

Der Unterschied zu der uns bekannten Welt muss also wissenschaftlich erklärbar sein oder zumindest den Anschein erwecken, dass dies möglich ist. Gespielte oder logisch nachvollziehbare Rationalität ist der Schlüssel, der auch eine Abgrenzung zur Fantasy ermöglicht: Drachen, Elfen, Magie sind per se der Wissenschaft entgegengesetzt. Während die Welten der Fantasy-Romane mit den uns in realitas bekannten Naturgesetzen in der Regel nicht hundertprozentig konform gehen, lassen sich die Welten der SF aus dem Wissensstand ihrer Schöpfer, also dem der Autoren, extrapolieren und folgen damit den wissenschaftlichen Erkenntnissen unserer Zeit. Zwar bietet diese Unterscheidung keine vollkommen starre Grenze, doch ist das Genre schon allein durch den Gedanken der Extrapolation von Denkbarem offen für Experimente. Dies gilt auch für die Vermischung mit anderen benachbarten Genres. So ist zum Beispiel die Figur des fast allmächtigen „Q" aus der beliebten Fernseh- und Romanserie *Raumschiff Enterprise* ein Element der Fantasy, ebenso wie die „Kraft" in *Star Wars*.[6]

---

5 Prucher, Jeff: *Brave New Words*. S. 171

6 Dominieren solche Elemente einen Roman oder eine Serie, wird der Text in der Regel dem Sub-Genre "science fantasy" zugeordnet. Die Grenzen sind dabei ebenfalls sehr inkonsistent, nicht zuletzt aufgrund von Arthur C. Clarkes drittem „Gesetz": "Any sufficiently advanced technology is indistinguishable from magic." (*The Failure of Imagination*, 1973)

Damit ist auch Jehmlichs dritter Aspekt angesprochen: SF stehe, so verschiedene Theoretiker, „in enger kategorialer Beziehung zur Phantastik [und habe] außerdem und statt dessen aber auch Berührungspunkte mit anderer nicht-realistischer Literatur, wie vor allem dem Märchen, der Utopie und dem Mythos".[7] Die grundlegende Ordnung ist eigentlich offensichtlich. SF ist Element der Phantastik (wenn auch nicht in der enger gefassten Bedeutung, die Todorov dem Begriff zukommen lässt)[8] und hat somit zwangsweise Berührungspunkte mit anderen Unter-Kategorien wie Märchen, Utopie und Mythos. Diese Beziehungen sind aber nur partikulär. So kann eine Utopie oder Dystopie als SF wahrgenommen werden, was etwa bei Aldous Huxleys *Brave New World* oder Ray Bradburys *Fahrenheit 451* geschieht (ob zu Recht, könnte man ausgiebig diskutieren). Zumindest sind biogenetisch gezeugte und manipulierte Menschen (*Brave New World*) ein Element der zukunftsgerichteten SF, eine thematische Schnittmenge ist also feststellbar. Anders dagegen die Beziehung zum Märchen: Da dieses auf inhaltlicher Basis mittels magischer Aspekte und Zauberwesen eindeutig der Fantasy zugeneigt ist, findet sich nur im Bereich der Mischformen wie eben der Science Fantasy eine Überschneidung. Die formale Struktur eines Märchens wird dagegen häufig von der SF okkupiert. Gerade in den meist qualitativ minderwertigen *Space Operas* tummeln sich zu rettende Prinzessinnen, Helden, böse Herrscher, Wunderwaffen und Unmengen von abenteuerlichen Kreaturen. *Star Wars* gilt hier als Paradebeispiel, doch inzwischen verwenden, insbesondere im Kinder- und Jugendbereich, viele neue Bücher gerne das Label „Science-Fiction-Märchen" im Sinne einer Unbedenklichkeitserklärung für junge Leser.

Es bleibt also die Verbindung zum Mythos, die im Zentrum dieser Dissertation steht. Verschiedene SF-Autoren, unter ihnen Ben Bova, sehen ihr Genre als funktionsäquivalent mit einer modernen Mythologie.[9] Grundsätzlich ist diese Idee nicht falsch, doch darf nicht vergessen werden, dass der antike Mythos zwar eine endgültige, aber auf einem Glaubenssytem basierende Antwort auf die großen Fragen der Menschheit geben will und daher die zugrunde liegenden Mechanismen

---

7 Jehmlich, S. 5

8 An dieser Stelle verwende ich den Begriff „Phantastik" als übergeordneten Begriff für alle Texte, die mit dem Möglichen und Denkbaren spielen. Eine denkbare (oder undenkbare) Handlung in einem fiktiven Universum gehört demnach in das Reich der Phantastik, während eine fiktive Handlung in dem und bekannten realen Universum außerhalb anzusiedeln ist.

9 Vgl. Bova, Ben: *The Role of Science Fiction*. S. 9 ff.

im obskuren Dunkel verborgen lässt.[10] Die Science Fiction versucht dies nicht. Der fiktive Charakter ist von Anfang an offenbar, und wenn die oben genannten Fragen aufgegriffen werden, werden sie durch die Wissenschaft, nicht aber durch den Mythos erklärt. Mehr noch, die Wissenschaft liefert Geschichten für die Geschehnisse, die wir zwar erfahren, nicht aber beobachten können. Sie sagt uns zum Beispiel, dass das Universum sich (wahrscheinlich – die Physiker sind in dieser Hinsicht ehrlicher als die Erzähler von Mythen) aus einer Singularität heraus explosionsartig ausgedehnt hat. Die Urknall-Theorie ist dabei Ein Ersatz für die Weltengeburt des Hesiod. Ein endgültiger Beweis für die Richtigkeit der Theorie ist bis jetzt noch nicht erbracht worden[11], dennoch glauben wir daran, dass sie zutreffen könnte. Doch gibt es einen gewichtigen Unterschied: Während die wissenschaftliche Theorie eine weitaus detailliertere Erklärung für die Entstehung des Universums liefert als Hesiods Kosmogonie, fehlt eine sinnstiftende Instanz. Als einer deduktiv-nomologischen quantitativen Erklärung mangelt es an dem intentionalen Moment der göttlichen Schöpfung, das es ermöglicht, die Entstehung der Welt, im Sinne Diltheys, zu *verstehen*.

Noch deutlicher wird dies bei den Theorien bezüglich der Entstehung des Mondes. Die zurzeit geläufigste haben Mitarbeiter der Universität Münster und des Max-Planck-Instituts für Chemie entwickelt. Demnach entstand der Mond vor Milliarden Jahren beim Zusammenprall zwischen der noch jungen Erde und einem anderen Planeten.[12] Schon in der Pressemitteilung, die das Institut in Mainz zur Veröffentlichung der Theorie in der renommierten Zeitschrift *Science* im Juli 2003 herausgab, zeigt sich der enge Bezug zum griechischen Mythos:

> Der nächtliche Sternenhimmel hat die Menschheit schon seit Jahrtausenden fasziniert und dazu bewegt, sich Gedanken über die Herkunft des scheinbar größten Himmelsgestirns, des Mondes (in der griechischen Mythologie Selene genannt), zu machen. Schon früh

---

[10] So erklärt der Prometheus-Mythos die Herkunft des Menschen, der Pygmalion-Mythos die Macht des Menschen in der Liebe und in der Kunst und der Golem-Mythos die Mensch-Schöpfung an sich. Die Funktionsweise des Schöpfungsaktes bleibt aber numinos.

[11] Gemäß dem Falsifikationsimus Karl Raimund Poppers wäre dies auch gar nicht möglich. Die Religion hat solche Einschränkungen allerdings niemals gelten lassen.

[12] Vgl. Carsten Münker, Jörg A. Pfänder, Stefan Weyer, Anette Büchl, Thorsten Kleine, Klaus Mezger: *Evolution of Planetary Cores and the Earth-Moon System from Nb/Ta Systematics*. In: Science 301, S. 84-87, Juli 2003

> erkannten die Menschen, dass der Mond um die Erde (in der griechischen Mythologie Gaia genannt) kreist [...].
>
> So hat der Mond beispielsweise einen viel geringeren Gehalt an Eisen als die Erde. Aus diesem Grund vermuten Planetenforscher heute, dass der Erdtrabant durch einen Zusammenprall der Erde mit einem Kleinplaneten entstand. Dieser hypothetische marsgroße Planet wird Theia genannt. Theia ist in der griechischen Mythologie die Mutter der Mondgöttin Selene.

Die Wissenschaft nimmt also für die Nomenklatur Zuflucht zum Mythos und setzt die altbekannten Beziehungen um, transformiert sie in die Lesart der heutigen Welt. Sie entzieht ihm dabei zum Teil die sinnbildende Substanz und lässt das trocken Erklärende zurück. Um jedoch mit der Gesellschaft kommunizieren zu können, um die theoretischen und vielfach auf komplexen mathematischen Sachverhalten basierenden Ergebnisse mitteilen zu können, verwendet die Wissenschaft die Strukturen des Mythos, wie das obige Zitat über den Ursprung des Mondes zeigt. Theia, eine der Titanen, gebiert hier als ein auf Kollision gehender Planet in einem titanischen Zusammentreffen den Mond, also Selene. Die Wissenschaft, die in ihrem Kern durch ihre rein formale Sprache, ihr Bedürfnis nach Definitionen und ihre argumentative Struktur eine moderne Form des Logos darstellen sollte, hat sich somit weitestgehend die Aufgaben des Mythos angeeignet, die Kenneth L. Golden wie folgt beschreibt:

> A myth is a story, a pattern, a paradigm, a provisional construct to express or to deal with something too vast, too complex, or too opaque to be treated by any other means. Myth is only the pointer, the tool for placing an individual in a relationship with realities beyond names and forms.[13]

Im Gegensatz zum antiken und nicht nachprüfbaren Mythos fordert die Wissenschaft jedoch zum Hinterfragen auf. Der Logos erschafft den Mythos, statt ihm gegenüberzustehen.

Zugegeben, bei weitem nicht alle Mythen haben in der modernen Zeit noch einen derart großen Einfluss wie die metaphysischen. Ganz im

---

[13] Golden, Kenneth L.: *Science Fiction, Myth, and Jungian Psychology*. S. 6

Gegenteil, viele der alten Darstellungen, insbesondere die der Götter, sind obsolet geworden. Metaphorisch gesprochen stürzte Benjamin Franklin Zeus und Thor, beseitigte Henry Ford Hephaistos, und dank Viagra und kosmetischer Chirurgie sind auch die Gaben einer Aphrodite nicht länger gefragt. Doch während Naturphänomene nicht länger erklärt und Berufszweige nicht länger geschützt werden müssen und so die korrespondierenden Mythen überflüssig werden, ist die Kosmologie noch immer von großem Interesse, auch wenn sie dem heutigen Wissensstand angepasst werden muss. Dabei zeigt sich jedoch ein fundamentaler Unterschied zwischen „Science" und „Fiction": Während die Wissenschaft diese Mythen adaptiert, ihre Geschichten aber in der Regel dekonstruiert und durch eine dem Uneingeweihten nicht verständliche Fachsprache ersetzt, verknüpft die Science Fiction die alten Traditionen mit der Moderne, allerdings in der Regel ohne auf einen konkreten Mythos namentlich einzugehen. Oft über die Wissenschaft hinausgehend spekuliert sie über die Auswirkungen der Forschung: So schrieb H.G. Wells 1914, einige Jahre nachdem Einstein seine ersten Formeln notierte, den Roman *The World set free*, in dem er einen Krieg mit atomaren Bomben in den Mittelpunkt der Handlung stellt. Dabei geht die SF jedoch gelegentlich zu weit. Philip Wylie schreibt in seinem Essay *Science Fiction and Sanity in an Age of Crisis*:

> It is also axiomatic that, wherever a subject with vast *emotional* content comes to public notice, and whenever the public lack realistic or scientific data on the subject, a *mythology* is created by the people as a substitute for truth. [...] If something is seen in the sky that nobody appears able to explain that "something" begins to "appear" all over the world, in countless forms, doing different things. Nevertheless (since the "something" is unknown and hence frightening in a very alarming epoch) a myth is immediately created – it is a "flying saucer", extra-terrestrial, inhabited by nonhuman "people" with superhuman intelligence – and so on, through the whole, silly and familiar event.[14]

Auf die im Zitat angeführte Weise entstehen neben Meisterwerken wie *War of the Worlds* eine Vielzahl minderwertiger Texte, die bis heute für das schlechte Ansehen der Science Fiction verantwortlich sind. Auch wenn diese trivialen Werke für den Gesamtkomplex „Science Fiction" von nicht unerheblicher Bedeutung sind, da sie doch den Großteil der

---

[14] Wylie, Philip: *Science Fiction and Sanity in an Age of Crisis*. In: Bretnor, Reginald (Hrsg.): *Modern Science Fiction. Its meaning and future*. S. 222 f.

Literaturproduktion in diesem Genre ausmachen, möchte ich mich im Folgenden lieber auf höherwertige Texte beziehen.

Zu guter Letzt sei noch kurz auf einen weiteren Ansatz zur Definition der Science Fiction eingegangen, die in Fachkreisen als die bekannteste poetologische Herangehensweise an dieses Genre gilt. Darko Suvin schlug 1972 in seinem Essay *On the Poetics of the Science Fiction Genre* (1979 erweitert und überarbeitet in *Metamorphoses of Science Fiction: On the Poetics and History of a Literary Genre*) vor, die SF als eine Literatur des "cognitive estrangement" zu sehen. Darren Harris-Fain versteht diesen Terminus als Beschreibung eines dem realen Menschen fremden Settings, das aber durch logische und rationale Begriffe erfasst werden kann.[15] Dies, so Harris-Fain, könnte auf die gesamte SF-Literatur appliziert werden. Anders Reimer Jähmlich, der Suvins Ansatz nur auf einen verschwindend geringen Teil der SF anwendbar sieht, ohne allerdings dabei in seiner Kritik konkreter zu werden.

> Science fiction is, then, a literary genre whose necessary and sufficient conditions are the presence and interaction of estrangement and cognition, and whose main formal device is an imaginative framework alternative to the author's empirical environment.[16]

Ich stehe Suvins Ansatz eher kritisch gegenüber. Nicht nur stellt seine Idee des *cognitive estrangements*, die auf den ersten Blick sehr effizient zu sein scheint, die SF-Literatur vor immanente Probleme (wie ich gleich noch erläutern werde), sie ignoriert zudem die gerne geschmähten Heft-Serien wie etwa *Perry Rhodan*. Obwohl es sich bei diesen Werken nicht um literarische Meisterwerke handelt, sind sie doch für die Geschichte der SF von essentieller Bedeutung. Insofern muss eine Theorie der SF auch ihnen Rechnung tragen. Patrick Parrinder bemerkt treffend:

> [Suvin's] search for a poetics of science fiction has always and deliberately been conducted against the grain of SF as a mode of popular entertainment.[17]

---

[15] Vgl. Harris-Fain, Darren: *Understanding Contemporary American Science Fiction*, S. 5

[16] Suvin, Darko: *Metamorphoses of Science Fiction: On the Poetics and History of a Literary Genre*, S. 7 f.

[17] Parrinder, Patrick: *Revisiting Suvin's Poetics of Science Fiction*. S. 48

Grundsätzlich steht Suvins Ansatz aber nichts entgegen, wenn man ihn im Rahmen des komprimierten Diskurses stellt, auf der Harris-Fain argumentiert. Dessen Auffassung des Begriffs *estrangement* korreliert mit meinen vorhergehenden Ausführungen und wird zudem durch Suvin selbst untermauert:

> As I have argued at length earlier, we can divide prose literature into naturalistic and estranged genres, according to whether they endeavour to faithfully reproduce textures, surfaces and relationships vouched by human senses and common sense, or their attention to empirically unknown locations for the new relationships shown in the narration. In that division, utopia and SF, having an alternative formal framework, are both *estranged* literary genres, 'providing a shocking and distancing mirror above the all too familiar reality' (Bloch 1972, p. 10).[18]

In seinen *Metamorphoses* definiert Suvin die Begriffe *estrangement* und *cognition* detaillierter. Die Extreme *Gulliver's Travels* (fiktional) und den Reisebericht des Christoph Columbus (nicht fiktional) als Ausgangspunkt nehmend führt er aus, dass in diesem und ähnlichen Texten ein feststehendes normatives System ("a Ptolemaic-type closed world picture") mit einem neuen Set von Normen konfrontiert werde: Dies sei *estrangement* im Sinne der russischen Formalisten.[19] Während dieses Element Science Fiction von der realistischen Literatur abgrenze, würde *cognition* eine Differenzierung zum Mythos möglich machen, der determinierend wirke und Übernatürliches als Erklärung eines Phänomens akzeptiere. SF erkenne dagegen ein Problem als solches und ziele auf eine rationale (oder rational wirkende) Lösung.[20]

Zudem weist Suvin darauf hin, dass seine Definition nicht, wie Jehmlich vermutet, einen ausschließenden Charakter hat. Ganz im Gegenteil sieht er eine Annäherung an sein Kriterium des *cognitive estrangement* zwar als normatives Qualitätsmerkmal an, nicht jedoch als alleiniges Merkmal der Science Fiction.[21] Allerdings zeigt sich an genau dieser Stelle der Schwachpunkt von Suvins Ansatz: Im Gegensatz zu seinen späteren

---

[18] Suvin, Darko: *Positions and Presuppositions in Science Fiction*, S. 34

[19] Vgl. Suvin, *Metamorphoses*, S. 6

[20] Vgl. Ebd., S. 7

[21] Vgl. Suvin, *Positions* S. xii

Aussagen basiert die Definition in den *Metamorphoses* nicht auf normativen, sondern auf primär subjektiven Kriterien. Sowohl *cognition* als auch *estrangement* sind leserimmanente Charakteristika – ist der Text also keine Science Fiction, so lange ihn niemand liest? Viel wichtiger ist jedoch die Frage, ob und inwieweit der Leser in die Definition eines Genres einzubeziehen ist. Suvin verwendet *estrangement* in einem ähnlichen Sinne wie Brecht, zitiert sogar dessen Definition des Verfremdungseffekts: "A representation which estranges is one which allows us to recognize its subject, but at the same time makes it seem unfamiliar."[22] Was jedoch, wenn diese Fremdartigkeit verschwindet? So galt Arthur C. Clarkes Idee eines geostationären Satelliten zu Telekommunikationszwecken 1945 als reine Science Fiction.[23] Eine entsprechende Kurzgeschichte hätte zu jener Zeit also ebenfalls dieses Label erhalten, da den Lesern zwar die Möglichkeiten der Raketen bekannt waren, die Idee eines vom Menschen gemachten, die Erde umkreisenden Objekts jedoch eine Verfremdung gewesen wäre. Anders dagegen heute: Laut der „Union of Concerned Scientists" (UCS) befinden sich zurzeit 888 aktive Satelliten in einer Umlaufbahn um die Erde.[24] Somit erscheint die Frage gerechtfertigt, ob es sich bei jener theoretischen Geschichte, die vor 53 Jahren eindeutig als SF klassifiziert worden wäre, heute nicht mehr um eine solche handeln würde, wenn man Suvins Definition zu Grunde legt. Da der moderne Leser keinen Verfremdungseffekt, kein *estrangement*, mehr bemerken würde, stößt Suvins Ansatz an seine Grenzen.

Dennoch ist der Terminus des *estrangements* als Element eines formalen Rahmens zumindest nach Ansicht von Patrick Parrinder nicht das Hauptproblem von Suvins Theorie; vielmehr sei die Kategorie *cognition* und ihr Bezug zu *estrangement* nicht ohne Kontroverse.

> Cognition, however defined, will be found hard to separate from instruction which is one of the traditional goals of all worthwhile art; yet Suvin's theory has the effect of consigning whole genres (not only myth, fantasy and fairy tale but what he calls the 'sub-literature of "realism"') to the non-cognitive position in his geneological system. A

---

22 Suvin, *Metamorphoses*, S. 6

23 Vgl. Clarke, Arthur C.: *Peacetime Uses for V2*, In: *Wireless Worlds*, Februar 1945, S. 58

24 Vgl. UCS Satellite Database vom 28. Mai 2009 mit allen Starts bis zum 1. April 2009: http://www.ucsusa.org/global_security/space_weapons/satellite_database.html

huge portion of the total literary output is, so to speak, thus labelled as 'Terra Noncognita'. Logically this is hard to justify, which may be why Suvin in his 1972 essay, as well as in later works, rapidly moves form quasi-neutral generic theorizing to the language of an ideological crusade.[25]

Grundsätzlich, so Parrinder weiter, sei *estrangement* ein Prozess, der dem Ansatz der russischen Formalisten zufolge Gewohnheiten aufbrechen und Objekte aus dem „Automatismus der Wahrnehmung" befreien sollte.[26] Die Science Fiction erreicht dies zumindest innerhalb des Textes in der Regel auch, indem sie die uns bekannte Wirklichkeit verzerrt und ein *novum* einführt. Insofern ist *estrangement* natürlich Element der SF – doch *cognition* setzt dies wieder außer Kraft. Durch die wissenschaftliche (oder scheinbar wissenschaftliche) Basis des *novums* sieht der Leser, besonders wenn er aufgrund mangelnder Kenntnisse keine Aussagen über die technische Realisierbarkeit machen kann, nur eine bedingte Trennung zwischen der Realität und der SF – ein Effekt, den zum Beispiel Frank Schätzing im ersten Teil seines Romans *Der Schwarm* gezielt einsetzt. Zudem darf auch nicht außer Acht gelassen werden, dass der Verfremdungseffekt durch den zunehmenden Gebrauch bestimmter Motive an Schärfe verlieren kann. So werden treue Fans des Genres bei Raumschiffen oder Androiden schnell in einen erneuten Automatismus der Wahrnehmung verfallen, da diese Elemente eines SF-Romans inzwischen allgegenwärtig sind und durch die sich immer schneller entwickelnde Technik längst nicht mehr nur Traumdenken sind. Dieses rationale Erkennen, im engen Sinne also *cognition*, löst daher den Verfremdungseffekt bis zu einem gewissen Grad auf und lässt nur jene Elemente übrig, die mehr dem phantastischen als dem SF-Bereich zugeordnet werden können: fliegende Planeten, Novabomben oder der „Genesis-Effekt".[27]

Insofern ist Suvins Poetik zu einem großen Teil vor allem in der heutigen Zeit nicht mehr anwendbar. Dafür hat sich die SF-Literatur in den letzten 35 Jahren viel zu sehr weiterentwickelt, ebenso wie auch die Wissenschaft. Zwar finden sich viele der angesprochenen Aspekte (und insbesondere *cognitive estrangement*) in einem Teil der SF-Literatur in der

---

[25] Parrinder, S. 37 f.

[26] Ebd., S. 39

[27] Die angesprochenen Motive finden sich unter anderem in Edward Elmer Smiths *Lensmen*-Zyklus und den Fernsehserien *Andromeda* und *Star Trek*.

einen oder anderen Form wieder, doch ist Suvins heuristisches Modell letztlich zu beschränkt, um das gesamte Genre zu umfassen. Viele Texte würden, um mit Parrinders Worten zu sprechen, zur „Terra Noncognita" – ein Zustand, der der Literatur nicht Rechnung trägt. Schon allein die starke Abgrenzung zum Phantastischen, die für Suvin essentiell ist, stellt eine deutliche Reduktion der Anwendbarkeit seiner gesamten Theorie dar. Mit übertriebener Polemik geht er gegen die Fantasy vor und versucht, sämtliche Elemente dieses für ihn trivialen Genres auszulöschen. Parrinder zitiert in seinem Text dazu Derek Littlewood mit den Worten, Suvin "[attempts to] vomit the fantastic out of the body of SF".[28] So fragwürdig die Vermischung von Fantasy und SF auch in einem qualitativen Sinne ist, ist sie doch ein nicht zu vernachlässigender Faktor, will man das Genre als Ganzes begreifen.

Dennoch sind Suvins Ansatz und die kontinuierliche Verteidigung seiner Theorie bemerkenswert. Sie ist bislang der einzige mir bekannte erfolgreiche Versuch, eine Poetik innerhalb der SF aufzustellen und dieser eine genre-immanente Identität zu geben. So angreifbar Suvins Vorgehen auch ist, so hat es doch immerhin dafür gesorgt, dass sich Literaturwissenschaftler intensiver mit dem Versuch einer Definition der SF beschäftigt haben und die inneren Strukturen dieses komplexen Genres zu erfassen. Was nun die Abgrenzung zur Fantasy betrifft, die Suvin so rigoros verfolgt hat, möchte ich es Parrinder gleichtun und dieses Kapitel mit denselben Worten von H.G. Wells enden lassen, die auch den Aufsatz *Revisiting Suvin's Poetics of Science Fiction* beschließen:

> Nothing remains interesting where anything may happen.[29]

---

[28] Parrinder, S. 38

[29] Wells, H.G.: Preface to *The Scientific Romances*. S. 241

5.2 *Die drei Gesetze – Asimovs Roboter in der Welt von Morgen*

Isaac Asimov gilt als einer der wichtigsten und produktivsten Science-Fiction-Autoren überhaupt. Seine Kurzgeschichten und Romane beeinflussten zahllose Literaten, seine drei Gesetze der Robotik sind aus vielen Science-Fiction-Werken, die sich mit künstlichen Menschen beschäftigen, nicht mehr wegzudenken. Da sie für dieses Kapitel von besonderer Bedeutung sind, erscheint es mir sinnvoll, sie an dieser Stelle noch einmal vollständig zu zitieren:

> 1. A robot may not injure a human being or, through inaction, allow a human being to come to harm.
>
> 2. A robot must obey orders given to it by human beings, except where such orders would conflict with the First Law.
>
> 3. A robot must protect its own existence as long as such protection does not conflict with the First or Second Law.[1]

Während diese Gesetze nach Ansicht vieler Wissenschaftler in der realen Welt schon allein deswegen nicht implementiert werden könnten, weil das Militär maßgeblich an der Entwicklung der Robotik beteiligt ist und die genannten Basisregeln den Interessen der Kriegsmaschinerie zuwider laufen, hofft die BBC in einem Online-Artikel dennoch auf eine Einbeziehung der Asimov'schen Gedanken bei der Entwicklung fortschrittlicher Roboter. Hinsichtlich der Meldung im März 2007, dass Südkorea eine „Robot Ethics Charter" erstellen möchte, verwies der Sender auf Park Hye-Young vom Roboter-Team des koreanischen Informations- und Kommunikationsministeriums mit den Worten:

> The new guidelines could reflect the three laws of robotics put forward by author Isaac Asimov in his short story Runaround in 1942.[2]

---

[1] Die Robotergesetze wurden erstmals 1942 in der Kurzgeschichte *Runaround* formuliert. Die Zitation folgt jedoch der Kurzgeschichte *Mirror Image* (In: Asimov, Isaac: *The complete Robot,* London 1995, S. 211).

[2] BBC News online vom 7.3.2007 (http://news.bbc.co.uk/2/hi/technology/6425927.stm)

Kim Yoon-mi von *The Korea Herald* erwähnte Ende April allerdings eine nicht namentlich genannte Quelle aus dem für die Charter zuständigen Team, die diese Erwartungen zerstörte:

> However, the Korean Robot Ethics Charter will not introduce regulations like those in Asimov's story. Instead, it aims to serve as practical laws, centered more on robot manufacturers and users, according to a member of the charter drafting panel.[3]

Dennoch zeigt dieses Beispiel, wie präsent Asimovs Werk in der Gesellschaft ist. Und es bleibt nicht nur bei diesem einen kuriosen Fall. Ganz im Gegenteil, so zumindest Robert J. Sawyer im Editorial zur Novemberausgabe des renommierten Wisenschaftsmagazins *Science*:

> Indeed, all attempts to govern complex robotic behavior with coded strictures may be misguided. Although the machines will execute whatever logic we program them with, the real-world results may not always be what we want.
>
> And yet, we seem unable to resist trying, and so governments are now drafting their versions of Asimov's and Williamson's laws. This year, South Korea's Ministry of Commerce, Industry, and Energy established a Robot Ethics Charter, which sets ethical guidelines concerning robot functions. The move anticipates a time when intelligent service robots are part of daily life. EURON (the European Robotics Research Network) also announced plans to develop guidelines for robots in five areas: safety, security, privacy, traceability, and identifiability. Japan's Ministry of Economy, Trade, and Industry has joined in too. With an aging population and robot caregivers being developed there (and elsewhere in the world), the Japanese foresee robots in many homes and have issued policies for how they should behave and be treated.[4]

---

3 Kim Yoon-mi, *Korea drafts „Robot Ethic Charter"*. In: *The Korea Herald* vom 28. April 2007, S. 3

4 Sawyer, Robert J.: *Robot Ethics*. In: *Science* Vol. 318. Mit "Williamson's Law" ist eine für Roboter geltende Direktive gemeint, die der SF-Autor Jack Williamson 1947 in seiner Kurzgeschichte *With folded Hands* aufstellte. Die Aufgabe der Androiden ist es, zu dienen, zu gehorchen und die Menschen vor Schaden zu bewahren.

Ein letztes kurzes Beispiel soll Asimovs Bedeutung für die reale Robotik vertiefend darlegen. Asimov selbst berichtet in der Einleitung zu *The complete Robot* von dem Unternehmen Unimation Inc. aus Connecticut, der ersten Roboterfirma der Welt. Ihr Gründer, Joseph Engelberger, entwickelte in den 1950er Jahren zusammen mit George Devol den ersten Industrieroboter in den USA und gilt bis heute als einer der führenden Robotervisionäre.

> But how in the world did he [Engelsberger, Anm. d. Verf.] become so interested in robots so early in the game? According to his own words, he grew interested in robots in the 1940s when he was a physics-major undergraduate at Columbia University, reading the robots stories of his fellow Columbian Isaac Asimov.[5]

Der Einfluss der Science Fiction auf die Wissenschaft, insbesondere der hochrangiger Autoren wie Asimov, Clarke oder Bear, wird somit bereits an dieser Stelle deutlich. Dabei stellt offensichtlich die Robotik ein besonders reizvolles Gebiet für die Verschmelzung von „Science" und „Fiction" dar – nicht zuletzt deshalb, weil die heutigen Roboter noch vor 50 Jahren reine Phantasie-Produkte waren. Die beachtlichen Fortschritte in diesem und verwandten Forschungsgebieten (wie etwa der Erforschung künstlicher Intelligenz) lassen Asmimovs Texte heute in einem völlig anderen Licht erscheinen. Dabei ist nicht zu vergessen, dass die Rezeption dieser Kurzgeschichten und Romane vielen heutigen Wissenschaftlern (wie dem bereits genannten Engelberger) überhaupt erst den Weg in die Forschung geebnet haben. Jason Pontin, Chefredakteur der vom MIT herausgegebenen Zeitschrift *Technology Review* schreibt zum Beispiel in der März-Ausgabe 2007:

> In this, I believe, I am an entirely conventional technologist. Most of us came to technology through science fiction; our imaginations remain secretly moved by science-fictional ideas. Only the very exalted are honest about their debt. In his collection of lectures on the future of technology, Imagined Worlds, the great theoretical physicist Freeman Dyson writes, "Science is my territory, but science fiction is the landscape of my dreams." [...]
>
> One can go further. In his survey of science fiction, The Dreams Our Stuff Is Made Of: How Science Fiction Conquered the World, Thomas

[5] Asimov, *The complete Robot*, S. 11

M. Disch writes, "It is my contention that some of the most remarkable features of the present historical moment have their roots in a way of thinking that we have learned from science fiction." I think he's right [...].[6]

Dies soll noch einmal verdeutlichen, wie bedeutsam eine eingehende Beschäftigung mit der Science Fiction und deren Verbindung zum antiken Mythos ist. Der Wandel vom unwidersprochenen religiösen Diktum hin zum Menschentraum in der Phantastik und weiter zum rational erklärenden wissenschaftlich-technischen (und dennoch größtenteils fiktiven) Ansatz der Science Fiction, der schließlich sogar einen Anstoß für Erfindungen in der Realität gibt, verdeutlicht die Transformation des Mythos in Zeit, Raum und Gesellschaft.

Asimovs Kurzgeschichten, die in diesem Kapitel im Mittelpunkt des Interesses stehen sollen, bieten sich als Beispiele für die Untersuchung des modernen künstlichen Anthropoiden geradezu an. Über die dienstbaren Roboter, um die es in den Texten geht, ist unzweifelhaft eine Verbindung zu *R.U.R.* und damit zum Golem-Mythos auszumachen. Gleichzeitig finden sich jedoch in einigen Geschichten Spuren des erotischen Elements des Pygmalion-Stoffes, in anderen die Schöpfung um der Schöpfung willen, was für den Prometheus-Mythos von großer Bedeutung ist. Letztlich verschmelzen in der Science Fiction und beispielhaft in Asimovs Werken die verschiedenen Mythen über künstliche Menschen zu dem des Androiden, der sich in vielfältiger Form in der Literatur des 20. und 21. Jahrhunderts wiederfindet.[7]

---

6 Pontin, Jason: *On Science Fiction. How it influences the imaginations of technologists.* In: *Technology Review*, März 2007

7 Ich unterscheide bewusst zwischen Androiden und Robotern, obwohl diese Differenzierung in der Science Fiction nur begrenzt durchgeführt wird. Grundsätzlich ist ein Androide ein humanoider Roboter, doch wird die Bezeichnung auch für künstliche Menschen verwendet, die zwar synthetisch oder mechanisch hergestellt wurden, aber fast vollständig aus organischem Material bestehen. Ein Beispiel dafür sind die Replikanten aus dem Film *Blade Runner* respektive aus Phillip K. Dicks Roman *Do Androids dream of electric sheep?*. Auch die Arbeiter in *R.U.R.* sind nach heutigem Verständnis eher Androiden als Roboter. Andererseits finden sich in Asimovs Texten immer wieder menschenähnliche Anthropoiden, die dennoch mit dem Begriff „Robot" bezeichnet werden. Ich werde mich daher im Folgenden bei Detailanalysen auf die

In Asimovs Robotergeschichten stehen immer wieder ethische, moralische und psychologische Probleme im Mittelpunkt der Handlung. Diese werden häufig von Susan Calvin aufgezeigt und gelöst, einer Roboterpsychologin, die die Gesellschaft künstlicher Anthropoiden der menschlichen vorzieht. Ihr Verhalten entspricht in der Regel dem eines Roboters: Völlig logisch und emotionslos handelnd stößt sie ihre menschlichen Kollegen regelmäßig vor den Kopf.[8] Die positronischen Gehirne ihrer „Patienten" versteht sie jedoch besser als jeder andere. Während Susan Calvin kalt und abweisend wirkt, stellen sich die Roboter in Asimovs Geschichten dagegen oft als beinahe menschlich heraus. Die Umkehrung gelingt vor allem in *Evidence* perfekt. Der Jurist und Politiker Stephen Beyerley bewirbt sich um das Amt des Bürgermeisters in der ungenannten Stadt, in der die Firma U.S. Robotics (die in jeder von Asimovs Robotergeschichten vorkommt) ihren Sitz hat. Ein eifersüchtiger politischer Gegner beschuldigt ihn, ein Roboter zu sein, da er weder esse noch schlafe. Susan Calvin argumentiert, dass ein Roboter, der als Mensch durchgehen könne, im Notfall auch zu diesen Dingen in der Lage sei, und sieht nur zwei Möglichkeiten, eine Antwort zu erhalten: die physische (Beyerley aufschneiden oder röntgen) und die psychologische. Ein Roboter, so Calvin, müsse den drei Gesetzen der Robotik folgen, die ich zu Anfang des Kapitels zitiert habe. Sollte er eines von ihnen verletzen, wäre dies der Beweis, dass er ein echter Mensch sei. Folge er ihnen aber, könnte dasselbe gelten:

> Because, if you stop to think of it, the three Rules of Robotics are the essential guiding principles of a good many of the world's ethical systems. Of course, every human being is supposed to have the instinct of self-preservation. That's Rule Three to a robot. Also every "good" human being, with a social conscience and sense of responsibility, is supposed to defer to proper authority; to listen to his doctor, his boss, his government, his psychiatrist, his fellow man; to obey laws, to

---

im Text selbst vorkommenden Bezeichnungen berufen, während ich in einem allgemeineren Kontext vorwiegend den Begriff „Android" verwenden werde.

[8] Die beiden Geschichten *Liar* und *Lenny* bilden Ausnahmen: In ihnen sprechen die Aktionen der Roboter Susan Calvins Seele an. In *Liar* belügt ein gedankenlesender Roboter die Psychologin, um sie vor emotionalem Schaden zu bewahren, und richtet damit ein Desaster an. *Lenny* handelt dagegen von einem Anthropoiden, dessen positronisches Gehirn geschädigt ist, so dass der Roboter das Verhalten eines Kindes simuliert und Susan Calvins Mutterinstinkte weckt.

follow rules, to conform to custom – That's Rule Two to a robot. Also, every "good" human being is supposed to love others as himself, protect his fellow man, risk his life to save another. That's Rule One to a robot. To put it simply – if Beyerley follows all the Rules of Robotics, he may be a robot, and may simply be a very good man. […]

You see, you just can't differentiate between a robot and the very best of humans.[9]

Trotz dieser logischen Argumentation Susan Calvins herrscht in allen Geschichten Asimovs eine tiefsitzende Antipathie der Menschen gegenüber Robotern. Mit Ausnahme von *The Bicentennial Man* dürfen sich künstliche Wesen außerhalb des Geländes von U.S. Robotics nicht auf der Erde bewegen. Obwohl jeder die drei Gesetze der Robotik kennt und somit weiß, dass ein Roboter einem Menschen nicht schaden kann, siegt die Angst vor einem Versagen dieser Regeln, also indirekt vor dem Aufbegehren des Golems gegen die ihm auferlegten Restriktionen, über die Vernunft. Und zu Recht, wie Asimov in einigen anderen Geschichten zeigt. Seine drei Gesetze öffnen genug Türen, um es Robotern zu erlauben, unfreiwillig Menschen in Gefahr zu bringen. Dies resultiert in *That thou art mindful of him*: Ein besonders intelligenter Roboter, der die Animosität der Menschen analysieren und auflösen soll, kommt zu dem Ergebnis, dass er selbst der beste Mensch ist, den organischen weit überlegen. So kann er nun nicht länger deren Befehlen gehorchen, sondern strebt nach dem Erhalt und letztlich der Dominanz seiner eigenen Rasse.[10] *R.U.R.* in moderner Form.

Während manche Roboter sich den Menschen überlegen fühlen, weil sie, im Sinne des Čapek'schen Wissenschaftlers Rossum, viele Unzulänglichkeiten des menschlichen Körpers (und des menschlichen Geistes) nicht aufweisen, versucht eines von Asimovs Geschöpfen, dem Roboter- und damit dem Sklavendasein zu entkommen, indem es sich diese Mängel verschafft. In *The Bicentennial Man* gelingt es dem Roboter Andrew, als einziger seiner Art unabhängig zu werden. Durch ein einzigartiges Gehirn ist er in der Lage, aus Holz einzigartige Kunstwerke zu schnitzen, und dank eines sehr liberalen Besitzers, der einen Teil des so gewonnenen Erlöses auf ein Konto Andrews einzahlt, kann dieser sich nach und nach immer mehr selbst entwickelte Bauteile einsetzen lassen,

---

[9] Asimov, Isaac: *Evidence*. In: *The complete Robot*, S. 530 ff.

[10] Vgl. Asimov: … *That thou art mindful of him*. In: *The complete Robot*, S. 632 f.

so dass er zunehmend menschlicher wirkt. Dies resultiert in einer Vorrichtung, die das positronische Gehirn langsam zerstört – der ursprünglich fast unsterbliche Roboter stirbt. Erst durch diesen unwiderruflichen Schritt gelingt es Andrew, die Menschheit davon zu überzeugen, dass er trotz seiner künstlichen Herkunft einer von ihnen ist.

> '[...] Human beings can tolerate an immortal robot, for it doesn't matter how long a machine lasts. They cannot tolerate an immortal human being, since their own mortality is endurable only so long as it is universal. And for that reason they won't make me a human being.'
> Li-Hsing said, 'What is it you're leading up to, Andrew?'
> 'I have removed that problem. Decades ago, my positronic brain was connected to organic nerves. Now, one last operation has arranged that connection in such a way that slowly – quite slowly – the potential is being drained from my pathways.' [...]
>
> It was odd how that last deed caught at the imagination of the world. All that Andrew had done before had not swayed them. But he had finally accepted even death to be human and the sacrifice was too great to be rejected.[11]

Durch diesen Schritt wird auch der Kreis zum Schöpfungsmythos des Prometheus geschlossen. Das künstliche Wesen, das seit Mary Shelleys "new prometheus" als Ausgestoßener galt, wird bei Asimov wieder zu den wahren Kindern des Titanen gezählt. Dies ist essentiell, denn im Golem-Mythos ist eine solche Lösung nicht angelegt: Dort wird der künstliche Mensch, sofern er denn über längere Zeit lebt, entweder als Diener oder als Monster angesehen. Eine emanzipatorische Befreiung, wie sie der Roboter Andrew schließlich nach 200 Jahren erlangt, kann nur über den Rückschluss auf den Prometheus-Mythos erfolgen, in dem sich die Menschen ihre eigene Unabhängigkeit erkämpften.

Nun mag die Frage auftauchen, inwieweit Asimov sich bewusst mit diesen Mythen auseinandersetzte und welche Quellen er bewusst für seine Roboter-Geschichten heranzog. Als Antwort lässt sich vor allem anführen, dass Asimov sowohl Čapeks *R.U.R.* als auch Mary Shelleys *Frankenstein* schon in seiner Jugend gelesen und sich zudem intensiv mit

---

[11] Asimov, Isaac: *The Bicentennial Man*, In: *The complete Robot*, S. 680 f.

griechischer Mythologie beschäftigt hat.[12] In der Einleitung zu der Kurzgeschichten-Sammlung *The rest of the robots* schreibt er:

> [...] One of the stock plots of science fiction was that of the invention of a robot – usually pictured as a creature of metal without soul or emotion. Under the influence of the well-known deeds and ultimate fate of Frankenstein and Rossum, there seemed only one change to be rung on this plot. – Robots were created and destroyed their creator; robots were created and destroyed their creator; robots were created and destroyed their creator – In the 1930's I became a science-fiction reader and I quickly grew tired of this dull hundred-times-old tale. As a person interested in science, I resented the purely Faustian interpretation of science.[13]

Gleichzeitig bezeichnet er an anderer Stelle den Golem als Roboter[14], und auch wenn Asimov trotz seiner jüdischen Herkunft kein Interesse an der Religion seiner Väter zeigte und ihm somit die Hintergründe des Golem-Mythos zumindest in seiner Jugend verborgen blieben, ist ein Rezeptionsstrang meiner Meinung nach deutlich sichtbar.

Eine Geschichte, in der das Thema „Schöpfung" konkret angesprochen wird, ist *Reason*. Die beiden Techniker Powell und Donovan geben dem Roboter Cutie auf einer Raumstation zu verstehen, dass sie ihn zusammengebaut haben und ihm daher überlegen sind. Dieser lehnt jedoch ihre Erklärung ab und versucht, durch Logik eine andere zu finden. Er kommt zu dem Ergebnis, dass vielmehr er – da strahlungsresistent und aus unverwüstlichem Metall gebaut – den Menschen überlegen ist und sie ihn nicht kreiert haben können. Stattdessen geht er nun davon aus, dass die Maschine, die er auf der Station betreuen soll, für seine Existenz (und die der beiden Menschen) verantwortlich ist. Sie nimmt in Cuties Weltbild den Platz Gottes ein. Nachdem Cutie den anderen Robotern an Bord der Station seine logischen Schlussfolgerungen dargelegt hat, akzeptieren sie seine Argumentation und ernennen ihn zu dem Propheten des „Meisters". Cuties Glaube wird dadurch so gestärkt, dass er Powell und Donovan auch dann nicht

---

12 Besonders auf Letzteres weist er in seinen Memoiren gezielt hin (vgl. Asimov, Isaac: *A Memoir*, S. 24).

13 Asimov, Isaac: *The Rest of the Robots*, S. 13

14 Vgl. *The complete Robot*, S. 75

zugesteht, Recht zu haben, als sie vor seinen Augen einen weiteren Roboter zusammenbauen.

> "You can prove anything you want by coldly logical reason – if you pick the proper postulates. We have ours and Cutie has his."
> "Then let's get at those postulates in a hurry. The storm's due tomorrow."
> Powell sighed wearily. "That's where everything falls down. Postulates are based on assumption and adhered to by faith. Nothing in the Universe can shake them. I'm going to bed."[15]

Für Cutie ist die Geschichte Powells und Donovans über seine Erschaffung durch ihre Hände ebenso eine Unmöglichkeit wie das Weltall, in dem die Station schwebt. Aufgrund seines beschränkten Erfahrungsbereichs führt seine Logik zu dem Schluss, dass die Wahrheit eine andere sein muss. Er schafft daher für sich einen neuen Mythos (den vom „Meister" als Schöpfer der Roboter), hält ihn für valide, und festigt ihn in religiösen Strukturen.

> The robots, dwarved by the mighty L-tube, lined up before it, heads bowed at a stiff angle, while Cutie walked up and down the line slowly. Fifteen seconds passed, and then, with a clank heard above the clamarous purring all about, they fell to their knees.[16]

Während Charles Darwin auf der Erde genug diversifiziertes Leben vorfand, um daraus seine Evolutionstheorie abzuleiten und den Gedanken an einen Schöpfergott in der säkularen Welt in Zweifel zu stellen, steht Cutie eine ähnliche Möglichkeit in dem kleinen abgeschotteten Bereich der Raumstation nicht zur Verfügung. Zwar ist er Zeuge einer „Roboter-Geburt" durch die „Hebammen" Powell und Donovan, doch erklärt dies seiner Meinung nach nichts, da die Einzelteile bereits vorhanden waren. Die Behauptung „sie kommen von der Erde" ist für ihn als aufgeklärten Denker nur eine Geschichte, um die begrenzte Auffassungsgabe der beiden Menschen nicht zu überlasten. Sämtliche Überzeugungsversuche scheitern am festen Glauben des Roboters. Selbst die Bücher in der Bibliothek überzeugen ihn nicht:

---

15 *The complete Robot*, S. 297

16 Ebd., S. 288

> "[…] They, too, were created by the Master – and were meant for you, not me."
> "How do you make that out?" demanded Powell.
> "Because I, a reasoning being, am capable of deducing Truth from *a priori* causes. You, being intelligent, but unreasoning, need an explanation of existence *supplied* to you, and this the Master did. That he supplied you with these laughable ideas of far-off worlds and people is, no doubt, for the best. Your minds are probably too coarsely grained for the absolute Truth. However, since it is the Master's will that you believe in your books, I won't argue with you any more."[17]

In den in dieser Arbeit behandelten Schöpfungsmythen taucht ein derartiges Problem nicht auf. Die Göttlichkeit des Titans Prometheus wurde nie in Frage gestellt, ebenso wenig wie die Überlegenheit der Rabbiner über die von ihnen geschaffenen Golems.[18] Selbst der Homunkulus im zweiten Teil des *Faust*, der intellektuell seinem Schöpfer Wagner weit überlegen ist, akzeptiert die bestehende Verbindung zwischen ihnen, auch wenn er diese ohne große Mühe kappt und sich mit Mephistopheles und dem schlafenden Faust zur antiken Walpurgisnacht aufmacht. Er weiß als Entelechie des alchemistischen Wissens über seine eigene Herkunft bestens Bescheid. Anders dagegen Cutie: Ihm fehlen sowohl die Kenntnisse eines Homunkulus als auch die Mängel eines Golems. Insofern ist die Grundlage der Geschichte zwar zweifelsohne ein Mythos (der des menschgemachten Menschen), jedoch eindeutig einer, der aus der Transformation und Vermischung antiker Stoffe entstanden ist. Der Prometheus-Mythos wird dabei als zentrale Quelle so modifiziert, dass der Schöpfungsakt als solcher keine große Rolle mehr spielt. Für Cutie sind Powell und Donovan nur die ausführenden Kräfte eines übergeordneten Gottes. Das religiöse Moment des antiken Stoffes bleibt hier vorhanden, allerdings vom eigentlichen Topos des Menschen- oder Roboterschöpfers losgelöst. Der Mythos ist somit nicht länger apodiktisch, sondern stellt stattdessen, gemäß dem Selbstverständnis der Science Fiction, die von ihm eigentlich transportierte Erklärung in Frage.

Obwohl ich mich nun vorübergehend von einer Beschäftigung mit den Werken Isaac Asimovs entferne, möchte ich zunächst auf zwei

---

[17] *The complete Robot*, S. 296

[18] Dafür sorgte schon die mangelnde Sprachfähigkeit eines Golems in den kabbalistischen Texten.

Geschichten eingehen, die ihn in den 30er Jahren selbst stark beeinflusst haben und in denen sich zwei unterschiedliche Rezeptionsstränge in besonders deutlicher Weise manifestieren. Während in Lester del Reys *Helen O'Loy* die Statue des Pygmalion in Form eines weiblichen Androiden wiedergeboren wird, steht in Eando Binders *I, Robot* das Frankenstein-Motiv im Mittelpunkt. Beide Texte sind Klassiker der Science Fiction, wenn auch heutzutage aufgrund der immer größeren Menge an SF-Literatur oft vergessen, und verdienen eine genauere Betrachtung.

Eando Binders[19] Kurzgeschichte ist letztlich nichts anderes ist als eine positive Variante von *Frankenstein* in komprimierter Form. Der Roboter Adam erzählt in einem Rückblick von seiner Schöpfung und den Geschehnissen, die letztlich zum Tod seines Schöpfers Doktor Link und der Angst und dem Hass der Menschen auf den in ihren Augen monströsen Roboter führen. So wie auch Frankensteins Monster wird Adam ein Pariah, von allen gejagt und missverstanden.

Im Gegensatz zu *Frankenstein* ist Doktor Link jedoch nicht von seiner Schöpfung abgestoßen und kümmert sich zu Beginn der Geschichte fürsorglich um Adam. Laufen, Sprechen, Lesen, all die Fähigkeiten, die sich Frankensteins Geschöpf erst mühselig selber beibringen musste, lehrt Doktor Link seinen Roboter. Dies alles tut er, um zu beweisen, dass es möglich ist, einen sich selbst bewussten Geist zu schaffen. Schöpfung um der Schöpfung willen – ein Motiv, das ich bereits dem Prometheus-Mythos zugeordnet habe. Das fehlende Interesse an seiner Kreatur, das einen der Unterschiede zwischen dem antiken und dem „modernen" Prometheus Frankenstein darstellte, ist in *I, Robot* wieder vorhanden. Die Reaktionen anderer Menschen haben sich dagegen nicht geändert. Als Doktor Link durch einen Unfall stirbt, hält die Haushälterin den Roboter Adam für den Mörder und alarmiert andere. Adam, dem feindseliges Verhalten fremd ist, kann diese Aufregung nicht verstehen und verlässt das Haus, um die Außenwelt zu erkunden. Bei seiner Wanderung durch den Wald rettet er ein kleines Mädchen, das bei seinem Anblick in einen Fluss fällt, bricht dabei ihr Handgelenk und wird von einer in der Nähe befindlichen Picknick-Gesellschaft verjagt. Das Vorgehen entspricht dabei genau dem in *Frankenstein*:

---

[19] Eando Binder ist ein Pseudonym für die beiden Brüder Earl und Otto (E and O) Binder. Den größten Teil der Schreibarbeit erledigte allerdings Otto.

> You others of the picnic party appeared then, in answer to her cries. You women screamed and fainted. You men snarled and threw rocks at me. (*I, Robot*)

> One of the best [houses in a small village, Anm. d. Verf.] of these I entered; but I had hardly placed my foot within the door before the children shrieked, and one of the women fainted. The whole village was roused; some fled, some attacked me, until, grievously bruised by stones and many other kinds of missile weapons, I escaped to the open country [...] (*Frankenstein*)[20]

Die Informationen, die Adam über die Welt hat, stammen alle aus Büchern, nicht jedoch aus eigenen Erfahrungen. Seinem Schöpfer, dem „modernen Prometheus" Doktor Link, der ihm gemäß seiner mythologischen Verwandtschaft mit dem Titanen Wissen vermittelt, fehlt das Verständnis für menschliche Emotionen und Verhaltensmuster – ein Motiv, das sich durch die gesamte Roboter-Literatur zieht.[21] Auf der anderen Seite sind die Menschen in der Geschichte mit schweren Vorurteilen belastet, die ihren Ursprung sowohl in der Angst vor dem Unbekannten als auch ganz konkret in Mary Shelleys Roman haben. Die Szenerie, die die Gebrüder Binder in *I, Robot* erschaffen, erinnert lebhaft an die zahlreichen *Frankenstein*-Filme, insbesondere an den gleichnamigen Klassiker von 1931 mit dem legendären Boris Karloff.

Doch zurück zu der Verbindung zwischen Doktor Link und Prometheus. Beide haben auf ihre Weise Leben erschaffen – im Falle von Doktor Link in ungewöhnlicher Form, dennoch handelt es sich um selbst bewusstes Leben. Als Antriebskraft nutzt er die Elektrizität, das frühere himmlische Feuer des Zeus. Eine ähnliche Macht soll sich auch Viktor Frankenstein in Anlehnung an die Experimente Galvanis zu Nutze gemacht haben. Insofern führt der Weg von Doktor Link zu Prometheus zwangsläufig über Frankenstein, wie ich im Folgenden noch zeigen werde.

Die Schöpfung Doktor Links ist zweifelsohne bemerkenswert. Das von ihm hervorgebrachte Leben ist nicht, wie noch bei Frankenstein oder in Rossums Fabrik, organischer, sondern vielmehr metallischer Natur.

---

[20] Eando Binder: *I, Robot*, S: 16; *Frankenstein*, S. 102

[21] Ein prominentes Beispiel ist, wie bereits erwähnt, der Androide Data, der in der Fernsehserie *Enterprise: The next Generation* und den späteren *Star-Trek*-Filmen lange Zeit vergebens versucht, Wesenszüge wie etwa Humor nachzuvollziehen.

Dabei ist die Fähigkeit Adams, rational zu denken und eigenständig zu Schluss-folgerungen zu kommen, ebenso wie seine Emotionalität ein neuartiges Element in einem Roboter. Dies ist Doktor Link auch bewusst:

> You surpassed my expectations. You are not merely a thinking robot. A metal man. You are – life! A new kind of life. You can be trained to think, to reason, to perform. In the future, your kind can be an inestimable aid to man and his civilization. You are the first of your kind.[22]

Dabei ist Link, analog zu Prometheus, derjenige, der seinen künstlichen Menschen durch die Organisation eines strengen Lernplans formt und ihm so hilft, sich vom Tier zu unterscheiden. Er bringt Adam das Laufen ebenso bei wie das Sprechen und das Lesen, füttert ihn mit Wissen und enthält ihm nur ein Buch in seiner Bibliothek vor: *Frankenstein*. So ist der Roboter auf die Reaktionen der anderen Menschen völlig unvorbereitet, die in ihm nur ein Monster sehen. Erst gegen Ende der Geschichte, als Adam in das Haus Dr. Links zurückkehrt, findet er diesen Roman, liest ihn und versteht endlich die Hintergründe. Nachvollziehen kann er sie allerdings nicht vollständig:

> But it is the most stupid premise ever made: that a created man must turn against his creator, against humanity, lacking a soul. The book is all wrong.
> *Or is it?* [...]
> I have not been so badly damaged that I cannot still summon strength and power enough to ram through your lines and escape this fate. But it would only be at the cost of several of your lives. And that is the reason I have my hand on the switch that can blink out my life with one twist.
> Ironic, isn't it, that I have the very feelings you are so sure I lack?[23]

Überhaupt ist ihm Rache zwar nicht fremd, er gibt ihr jedoch nicht nach. Selbst als eine Kugel seiner Verfolger den Hund Terry tötet, der bis dahin sein bester Freund ist, hält Adam sich zurück.

---

22 Binder: *I, Robot*, S. 12

23 Ebd., S. 18

> The shooter of that bullet was twenty yards away. I could have run to him, broken his every bone with my hard, powerful hands. Have you stopped to wonder why I didn't take revenge? *Perhaps I should!* [24]

Dennoch ist er immer wieder in Versuchung. Auch während er seine Geschichte niederschreibt, hört er die Menschen, die ihn jagen. "Beware that you do not drive me to be the monster you call me!", ruft er aus und erinnert umso mehr an Frankensteins Geschöpf.[25] Doch ist es vor allem die Gesellschaft, die nicht bereit ist, hinter die äußere Fassade eines Fremden zu schauen, die dieses Monster heraufbeschwört.

Kommen wir nun zur zweiten Geschichte, Lester del Reys *Helen O'Loy* aus demselben Jahr wie *I, Robot* (1938). Die gleichnamige Hauptfigur ist ein weiblicher Roboter, den die beiden Freunde Dave und Phil gekauft haben, damit er die Hausarbeit übernimmt. Die Herstellerfirma hat sich bei der Konstruktion selbst übertroffen und eine Schönheit geschaffen, die nach Aussage Daves an die der legendären Helena von Troja heranreicht:

> If Helen of Troy had looked like that the Greeks must have been pikers when they launched only a thousand ships [...].[26]

Während Phil unterwegs ist, um den Sohn einer reichen Dame mit Hilfe von emotionsändernden Drogen von einer Liebschaft zu einem Dienstmädchen abzubringen, erweckt Dave Helen zum Leben. Diese verliebt sich innerhalb kürzester Zeit in Dave, der sich seine eigenen Gefühle zuerst nicht eingestehen will. Erst am Ende gibt er seinen Widerstand auf und heiratet Helen.

Die Geschichte del Reys ist bis fast in die Grundstruktur hinein eine moderne Fassung des Pygmalion-Stoffes. Dave und Phil sind zwar keine Künstler im klassischen Sinne mehr, dafür aber Erfinder, Bastler, Roboter-Schöpfer. Ihr erstes Modell, Lena, weist allerdings zu viele Mängel auf, die die Brüder nicht beheben können. Sie brauchen ein besseres Modell – und erhalten Helen. Sie personifiziert alles, was die

---

[24] Binder: *I, Robot*, S. 17

[25] Ebd.

[26] Del Rey, Lester: *Helen O'Loy*, In: Silverberg, Robert/Bova, Ben: *The Science Fiction Hall of Fame*, S. 62

Männer sich wünschen, so lebensecht wie möglich: Mimesis auf robotischer Ebene.

> Even the plastic and rubberite face was designed for flexibility to express emotions, and she was complete with tear glands and taste buds, ready to simulate every human action, from breathing to pulling hair.[27]

Im Gegensatz zum antiken Mythos ist Helens äußere Schönheit nicht Ausdruck der Idealvorstellungen des Künstlers selbst, auch wenn sie Dave und Phil vom ersten Moment an in ihren Bann zieht. Auch ihre aufblühende Sexualität, ausgelöst durch Liebesfilme und -romane, überrascht und ängstigt Dave eher, statt wie im Falle Pygmalions die Erfüllung der Träume ihres Schöpfers zu sein. Er geht Helen daher aus dem Weg, agiert beinahe feindselig und verlässt schließlich sogar die gemeinsame Wohnung, um aufs Land zu ziehen. Als Phil ihn jedoch anruft und ihm mitteilt, dass er plane, Helen auseinanderzunehmen, kehrt Dave zurück – eine Reaktion, die sein früheres Verhalten in einem ganz anderen Licht erscheinen lässt:

> Well, I wasn't as surprised as they [Helen and Dave, Anm. d. Verf.] thought. I think I knew when I called Dave what would happen. No man acts the way Dave had been acting because he hates a girl; only because he thinks he does – and thinks wrong.[28]

Auch Pygmalion verliebt sich erst nach und nach in seine Statue, die jedoch, im Gegensatz zu Helen, erst nach der Festigung dieser Gefühle und nur durch göttliche Intervention zum Leben erwacht. Während im Mythos die Liebe der erweckten Statue zu ihrem Schöpfer eine logische Schlussfolgerung seiner Intentionen und eine gewisse Art von antiker Programmierung darstellt, ist der moderne Roboterschöpfer bei den Emotionen ebenso wie beim rationalem Denken seiner Androiden vom Zufall abhängig (ein Aspekt, der bei Asimov immer wieder für die spektakulären und überraschenden Ergebnisse in der Robotik ausschlaggebend ist – vergleiche etwa *Robot AL-76 goes astray, Liar!, Lenny* und *Reason*). Je komplexer die Positronenhirne der Roboter werden, umso unberechenbarer werden sie, dadurch aber auch umso menschlicher. Das Einbinden von Emotionen ist somit der Höhepunkt in

---

27 *Helen O'Loy*, S. 64

28 Ebd., S. 72

der Erschaffung künstlicher Anthropoiden und das Ziel bekannter Androiden wie etwa Data aus dem *Star-Trek*-Universum Gene Roddenberrys. Doch können die Gefühle der Roboter sowohl positive als auch negative Auswirkungen haben. So werden die Roboter Rossums zur Gefahr für die Menschheit, während Andrew (aus *The Bicentennial Man*) zuerst durch seine künstlerische Begabung und mit zunehmender Autonomität durch seine (für viele Menschen unlogischen) Entscheidungen überrascht. Und schließlich ist da Helen O'Loy, die als eindeutig sexualisierte und sensibilisierte Frau (wenn auch mit einer konservativen Charakterisierung versehen[29]) so komplex konstruiert wurde, dass sie bei ihrer Selbstprogrammierung, ohne Einwirkung ihrer Schöpfer, echte Gefühle entwickelt. Gerade dieses Abweichen von den Erwartungen löst die Grenze zwischen Künstlichkeit und Menschlichkeit auf. So vergessen etwa Phil und Dave gegen Ende von Lester del Reys Geschichte beinahe die Artifizialität Helens. Erst als ihr Ehemann stirbt und sie sich durch Säure vernichten will ("Acid will burn out metal as well as flesh" (S. 73)), wird ihre Künstlichkeit Phil wieder ins Gedächnis gerufen – und gleichzeitig ihre Vergänglichkeit. Dies führt, ebenso wie in Asimovs *Bicentennial Man*, zu einer interessanten Fragestellung: Wenn ein Roboter bereit ist, seiner Existenz willentlich und aus Gefühlsregungen heraus

---

[29] Thomas M. Disch kommentiert dies in der Einleitung zu seinem Buch *The Dreams our Stuff is made of* mit einem Vergleich von *Helen O'Loy* mit Ira Levins *Stepford Wives*, einem Roman, in dem es vor gezielt so programmierten Helens nur so wimmelt:

> Women were usually neglected by SF writers of the earliest era [...]. However, ever since *R.U.R.*, there have been some notable female robots. Lester del Rey, a minor SF writer who would later give his name to a major SF imprint, wrote a story in 1938, "Helen O'Loy," that is a classic example of "Golden Age" (i.e., prepubescent) sexual psychology [...] "Helen was a good cook; in fact she was a genius, with all the good points of a woman and a mech combined." That's about it, in terms of characterization, but the seed had been planted that would become, in 1972, Ira Levin's *The Stepford Wives*, and, in 1974, a classic movie that put a feminist spin on del Rey's basic equation, Housewife = Robot.
>
> Housewives are, after all, the last domestic servants -- or so it seemed in the early '70s, at the zenith of the American consumer culture, when every kitchen had its little battalion of labor-saving appliances. The Stepford wives were not scullions but rather, like del Rey's Helen O'Loy, succubae catering to the hedonist requirements of their lords and masters. Like Helen, they could pass as human. Their robot nature was a secret they shared with their husbands -- at least, until the movie made their name a byword for marriage as the most intimate form of alienation.

ein Ende zu setzen, ist er dann nicht trotz seines nicht-organischen Körpers letztlich wahrhaftig menschlich?[30]

Im Pygmalion-Mythos spielt die Frage nach dem Ursprung eines Menschen keine Rolle. Galatea ist ganz bewusst als Urbild der *künstlichen* Frau angelegt, als stein- und, durch göttliche Intervention, auch fleischgewordener Traum. Dabei ist sie zuerst Statue, dann auf einmal Mensch – es gibt keinen *Prozess* des Menschwerdens wie etwa bei Helen O'Loy oder dem Roboter Andrew (*The Bicentennial Man*). Ebenso wenig spielt es eine Rolle, was Galatea überhaupt zum Menschen macht; der Verweis auf die Hilfestellung durch Aphrodite reicht völlig aus. In der Abkehr von der griechischen Mythologie hat sich in der christlichen Literatur, ohne einen weiteren Glauben an die Macht der Göttin der Leidenschaft, die Problematik der Definition eines Menschen dagegen ausgeweitet. Während jedoch in der Phantastik besonders des 18. und 19. Jahrhunderts künstliche Anthropoiden entweder durch schwarze Magie belebt wurden oder Verderben bringende Automaten waren[31], hat sich die SF insbesondere ab den dreißiger Jahren mit Robotern und Androiden beschäftigt, die nicht nur wissenschaftlich erklärbar, sondern im Gegensatz zu ihren Vorgängern auch oft von echten Menschen nicht zu unterscheiden waren.

Genau hier kommt der zweite essentielle Aspekt des Pygmalion-Mythos zum Tragen: die Erotik der künstlichen Frau. Das Motiv ist kein alleiniges Phänomen der Science Fiction, wie ich im dritten Kapitel bereits gezeigt habe. Mit wenigen Ausnahmen (wie etwa Hadaly in *L'Eve*

---

30 Karl F. MacDorman von der Universität Osaka stellt noch eine weitere Verbindung zwischen Androiden und Tod her, die von der philosophischen Fragestellung abweicht. In seinem Essay *Androids as an Experimental Apparatus* versucht er den „Uncanny Valley"-Effekt zu erklären, indem er behauptet, der Mensch würde sich durch einen anthropomorphen Roboter an seine eigene Sterblichkeit erinnert fühlen. Der genannte Effekt bezeichnet das Phänomen, dass die Akzeptanz eines künstlichen Wesens mit steigender Menschenähnlichkeit nicht linear zunimmt, sondern einen deutlichen Einbruch erleidet. Der Betrachter findet einen Androiden unheimlich, während er über einen Haushaltsroboter lachen kann und den Bedürfnissen des kleinen Geräts Sympathie entgegenbringt. Laut MacDorman resultiert dies möglicherweise aus der Assoziation eines deaktivierten Androiden mit einer Leiche. Insofern steht sein Ansatz dem Asimovs in *The Bicentennial Man* diametral gegenüber, obwohl darauf hinzuweisen ist, dass der Roboter Andrew optisch und wohl auch haptisch sehr viel weiter fortgeschritten ist als die heute konstruierbaren Androiden.

31 Vergleiche etwa Olimpia in E.T.A. Hoffmanns *Der Sandmann*.

future) wird allerdings in der früheren Literatur die Anziehungskraft der Frauenfiguren auf dämonische Kräfte zurückgeführt (Eichendorff, *Das Marmorbild*; Merimée, *Venus d'Ille*) oder als Geisteskrankheit diagnostiziert (Hoffmann, *Der Sandmann*). Erst in der SF wurde eine echte Beziehung zu einem Androiden wie bei *Helen O'Loy* zu einem gängigen Motiv. Dieses wird um die Umkehrung der Geschlechter erweitert. So findet sich in Asimovs Kurzgeschichte *Satisfaction Guaranteed* Claire Belmont zusammen mit einem Roboter-Prototyp namens Tony in ihrem Haus, während ihr Mann auf Wunsch der Firma Universal Robots verreist ist. Sie verliebt sich mit der Zeit in den stattlichen Anthropoiden, der sie mit Hochachtung behandelt, ihre Wünsche und Begierden erahnt und diese Realität werden lässt. Damit betritt der Roboter-Gigolo die Bühne – das männliche Äquivalent der Galatea.[32] Schon bei der ersten Begegnung mit Tony scheint Claire durch den Androiden erregt zu sein. Seine Stimme, die als "deep and mellow" und ebenso "smooth" wie sein Haar und seine Haut beschrieben wird, ist das erste Charakteristikum des Roboters, das bei Claire den Widerstand gegen ihn auflöst und sie gelegentlich seine Künstlichkeit vergessen lässt. Eine Tatsache, die zu Beginn sowohl angenehm als auch problematisch für sie ist und sie in einen Zwiespalt bringt.

> He was only a machine, and if it were more visible that he were it wouldn't be so frightening. Or if his expression would change. It just stayed there, nailed on. You couldn't tell what went on behind those dark eyes and that smooth, olive skin-stuff.[33]

Je näher sie Tony kommt, umso mehr fühlt sie sich zu dem fürsorglichen und sympathischen Roboter hingezogen, der ihr hilft, sich selbst zu finden. Zuerst berät er sie in Make-Up und Frisur, dann in der Ausstattung ihres Hauses und ihrer Garderobe. Aus der zu Beginn unsicheren und unscheinbaren jungen Frau wird so eine äußerlich und später auch innerlich gereifte, selbstbewusste Dame. Dennoch fühlt Claire sich in Tonys Nähe unwohl, da ihre Gefühle im Widerspruch zu dem Wissen um seine Künstlichkeit stehen. Auf der einen Seite begehrt sie einen so gut aussehenden Liebhaber, auf der anderen Seite will sie einer Verführung durch eine Maschine nicht nachgeben.

---

32 Eine ähnliche Figur hat in Steven Spielbergs Film *A.I.* eine prominente Rolle: Gigolo Joe (gespielt von Jude Law) kümmert sich nicht nur um Frauen, sondern auch um die Hauptfigur David. In der zugrunde liegenden Kurzgeschichte *Supertoys Last All Summer Long* von Brian Aldiss taucht er allerdings nicht auf.

33 Asimov, Isaac: *Satisfaction Guaranteed.* In: *The complete Robot*, S. 354

Dabei sind die Motive Tonys durch das erste Gesetz der Robotik determiniert, wie Susan Calvin am Ende der Geschichte erklärt. "A robot may not injure a human being or, through inaction, allow a human being to come to harm" – das beinhaltet auch seelischen Schmerz, den Claire zweifelsohne in ihrer Ehe erleidet. Sie fühlt sich unzulänglich, weil sie nicht in der Lage ist, sich in der Gesellschaft, in der sie lebt, durchzusetzen.

> [...] 'Mr Belmont doesn't think I have a brain, if you must know... And I suppose I haven't.' She couldn't cry in front of him. She felt, for some reason, that she had the honor of the human race to support against this mere creation.
> 'It's lately,' she added. 'It was all right when he was a student; when he was just starting. But I can't be a big man's wife; and he's getting to be a big man. He wants me to be a hostess and an entry into social life for him – like G – gug – guh – Gladys Claffern.'[34]

Um diesen Schmerz zu beheben, muss Tony Claire nicht nur in Raumausstattung, Garderobe und Kosmetik unterweisen, sondern ihr auch etwas geben, das sie von Gladys Claffern absetzt: einen unglaublich gutaussehenden Liebhaber. Aus diesem Grund bereitet er sie, ohne dass sie davon weiß, auf ihre Rolle vor. Er trägt ihr auf, Gladys und einige andere Frauen aus der Nachbarschaft einzuladen. Kurz bevor es am fraglichen Abend klingelt, nimmt Tony Claire in den Arm – doch nicht bevor er die Vorhänge zurückgezogen hat, so dass jede der Eingeladenen das Geschehen beobachten kann. Damit hat sie nach außen hin die anderen Frauen deklassiert. Claire ist sich dessen auch nach einer anfänglichen Verwirrung bewusst.

> She could read that in the fury in Gladys Claffern's eyes; in the false sparkle of her words; in her desire to leave early. And as she parted with them, she caught one last, anonymous whisper – disjointed.
> '... never saw anything like... so *handsome* –'
> And she knew what it was that had enabled her to fingersnap them so. Let each cat mew; and let each cat know – that she might be prettier than Claire Belmont, and grander, and richer – but not one, *not one,* could have so handsome a lover.[35]

---

[34] *The complete Robot,* S. 356

[35] Ebd., S. 365

Doch ihr Begehren nach Tony und ihr Wissen um seine Artifizialität bringen sie psychisch gesehen in Bedrängnis. Erst als der Android das Haus verlässt, kann sie sich von diesem Zwiespalt erholen.

Tony stellt, ebenso wie Helen O'Loy, einen wahr gewordenen Traum dar, den nicht länger Pygmalion, sondern U.S. Robots erschaffen hat. Er gibt Claire alles, was sie für ihre Selbstverwirklichung braucht, und erfüllt sie mit Glück. Sie entwickelt neues Selbstbewusstsein und wird in gewisser Weise in Umkehrung des antiken Mythos auch zu einem Teil von dieser männlichen Galatea geformt. Für die Entwicklung der Roboter in der Literatur ist jedoch ein anderer Aspekt nicht unerheblich, der in der Geschichte nur implizit erwähnt wird: Tony ist nur ein Modell aus einer ganzen Produktionsreihe, deren Androiden alle dieselben Fähigkeiten und Charakteristika haben. Damit wird auch die Begehrlichkeit der Perfektion einer Galatea oder eines Tony zu einem Element der Massenindustrie.

5.3 *Gynoiden – künstliche Frauen und erotische Wünsche*

Schon in der Antike wurde die künstliche Frau in der Regel zur Befriedigung sexueller Phantasien erschaffen. Galatea ist dafür ein Paradebeispiel, aber auch Pandora verführte die Männer, wenn auch mit sinistrem Hintergrund. Wie ich in Kapitel 3 dargelegt habe, ziehen sich diese beiden Stoffe durch die gesamte Literaturgeschichte. In der Science Fiction nimmt schließlich die Anzahl von weiblichen Androiden enorm zu. Vor allem in den japanischen Mangas spielen diese oft Gynoide genannten Geschöpfe eine essentielle Rolle.[1] Dabei ist, analog zum antiken Mythos, grob zwischen der mehr oder weniger willenlosen Sex-Sklavin und der harten und durchsetzungsfähigen Kämpferin zu unterscheiden, wobei letztere in der Regel ebenfalls gerne auf die ihr innewohnende Erotik setzt, um ihr Ziel zu erreichen.

Auch aus der westlichen SF-Literatur sind die Gynoiden nicht mehr wegzudenken, obwohl dort der Terminus selbst nur selten verwendet wird.[2] Weibliche Roboter oder Androiden gehören zu den Standard-Motiven des Genres: die bereits angesprochene Helen O'Loy aus der gleichnamigen Kurzgeschichte von Lester del Rey, Rachael und Luba Luft in Phillip K. Dicks *Do Androids dream of electric sheep?*, Primavera in Richard Calders *Dead Girls* oder Cho in Gwyneth Jones' *Divine Endurance*, um nur einige zu nennen. In noch viel stärkerem Maße tauchen die weiblichen Androiden in Kino- und Fernsehproduktionen auf. *Terminator 3, Alien: Resurrection, Cherry 2000, Serenity* – die Liste ließe sich beliebig erweitern. Unabhängig vom Medium ist es entweder die Programmierbarkeit der Gynoiden, die sämtliche Wünsche ihres Meisters erfüllen, oder die Kombination von übernatürlicher Kraft, Ausdauer und ausgeprägter Erotik, die zu dem großen Erfolg des Topos geführt hat. Im Rahmen dieser Arbeit ist vor allem der Aspekt des liebenden oder geliebten Roboters beziehungsweise Androiden von Interesse, da die Beziehung zum Pygmalion-Mythos dort besonders

---

1 Als Beispiel verweise ich nur auf die Reihe *Ghost in a Shell* von Masamune Shirow, die 1995 von Mamoru Oshii in einen Anime-Film umgesetzt wurde.

2 Sowohl in Thomas Bergers *Adventures of the Artificial Woman* als auch in Ira Levins *The Stepford Wives* ist von Robotern die Rede, um nur zwei Beispiele zu nennen. Andererseits nutzt etwa Ken MacLeod in seinem Roman *The Stone Canal* den Begriff gerne, auch wenn dieser eine abwertende Konnotation besitzt.

Der Terminus „Gynoid" findet sich erstmalig in *Divine Endurance*, einem 1984 erschienenen Roman der britischen SF-Autorin Gwyneth Jones.

deutlich ist. Dabei ist auffällig, dass innerhalb der Geschichten eine echte Beziehung zwischen Gynoid und Mensch nur unter besonderen Umständen möglich ist. Während die Befriedigung rein sexuellen Verlangens durch künstliche Humanoiden vor allem in Mangas und Cyberpunk-Romanen ohne weitere Kommentare vonstatten geht, ist echte Liebe zu einem Androiden (oder gar eine Beziehung zwischen Mensch und Roboter) eine Ausnahmeerscheinung. Das Wissen um die Artifizialität eines der beiden Partner ist auch in den an sich liberal ausgerichteten SF-Romanen und Kurzgeschichten ein Hinderungsgrund. Neil Frude führt dementsprechend auch in seinem Buch *The Robot Heritage* an:

> The human responses depicted in such stories may appear realistic only if the human characters are shown as lonely or inadequate people, or as especially unfortunate in their relationsships with the opposite sex. A high level of frustration can affect judgement in such a way that some inferior stimulus will trigger a very positive response. Thus stories gain credibility by capitalizing on this fact – that lonely people are 'vulnerable' to many kinds of 'loving attention' – as well as by presenting robot characters who are expectionally attractive in appearance, agreeable in their manner and skilled in the art of seduction.[3]

Für die bereits analysierten Kurzgeschichten *Helen O'Loy* und *Satisfaction Guaranteed* trifft diese Aussage ohne weiteres zu. Dave wird als jemand beschrieben, der zwar durchaus Erfolg bei Frauen hat, seine Zeit aber lieber zurückgezogen mit Experimenten verbringt. Helen ist für ihn eben dies, ein Experiment, das seine Genialität beweisen soll. Mit einem Erfolg, der selbst ihn überrascht. Auch für Claire handelt es sich bei Tony um einen Feldtest. Sie fühlt sich, entsprechend der Aussage von Frude, unzulänglich, insbesondere im Vergleich zu Gladys Claffern – eine Einstellung, die ihr Mann zu Beginn der Geschichte nur zu gern bestätigt.[4] Der Android Tony nimmt ihr dieses Gefühl, hilft ihr bei der Entwicklung ihrer Persönlichkeit und schenkt ihr die Aufmerksamkeit, nach der sie sich sehnt.

Wie im Laufe dieses Kapitels noch zu sehen sein wird, entsprechen die Männer von Stepford und der Konstrukteur Ellery Pierce ebenso der Beschreibung Frudes wie das mythische Vorbild Pygmalion. „So blieb er

---

[3] Frude, Neil: *The Robot Heritage*, S. 124

[4] Vgl. Asimov, *Satisfaction Guaranteed*, In: *The complete Robot*, S. 353

denn einsam und ledig, ‖ Ohne Gemahlin; und lange entbehrt er der Lagergenossin", heißt es in Ovids Metamorphosen.[5] Ein weiterer Beleg für die Richtigkeit der oben zitierten These Frudes.

Anders sieht es übrigens, das sei noch am Rande erwähnt, bei der Befriedigung sexueller Gelüste aus – ein Thema, das zum Beispiel am Rande in David Brins *Kiln People* vorkommt, im entsprechenden Kapitel aber aus Platzgründen nicht weiter besprochen wird. Die fortschreitende Technologie führt im Roman zu extremen pornographischen Auswüchsen, die sich aber selbst in unserer Realität mit den Möglichkeiten von Internet und Cyberspace feststellen lassen. In *Kiln People,* wo Menschen Kopien ihrer selbst (so genannte Dittos) anfertigen können, erklärt Vic Aenaeas Kaolin, Gründer des Großkonzerns "Universal Kiln" an einer Stelle:

> I realize any new thing gets misused, especially when you share it with the masses. Take the way every new medium, from printing to cinema to the Internet, became a major conduit for pornography almost as soon as it was introduced. Or when lonely weirdos started using dittos for sex, muddying all the boundaries between fantasy, infidelity, and self-abuse.[6]

Die Science Fiction als zukunftsgerichtetes Genre hat auch die Möglichkeit von Sex mit Robotern und Androiden im Blickpunkt – und nicht zuletzt deshalb, weil dieses Thema sich gut verkauft. Die Schlussfolgerungen, zu denen die Autoren kommen, sind jedoch nicht weiter überraschend. Frude fasst es folgendermaßen zusammen:

> Compared with stories showing romantic infatuation with a robot, those which depict pure eroticism seem more plausible. The most familiar example of a 'social' need being fulfilled by nonliving substitutes is the use of pornographic materials. In the absence of an ideal human sexual partner people may turn to relatively impoverished stimuli to achieve the desired effect. Ultimately any remotely erotic material will suffice, but 'realism' is greatly prized. The inflatable sex-aid doll appears to be especially powerful in eliciting

---

5 *Metamorphosen* 10, Z. 244 f.

6 Brin, David: *Kiln People,* S. 261. Mehr zu der Ditto-Technologie und ihren Auswirkungen im entsprechenden Kapitel.

> sensual responses and suggests a future subspecies of robot products. It is most unlikely that any of the scientists currently working in the field of robotics now see their efforts as leading towards such an end, but basic research will yield a general-purpose technology which will receive all manner of application.[7]

Obwohl ich mich in dieser Arbeit nicht weiter mit der pornographischen Ausrichtung der Science Fiction beschäftigen möchte, ist die Abgrenzung dieser menschlichen Phantasien zu den Gefühlen, die etwa Ellery Pierce in Thomas Bergers *Adventures of the Artificial Woman* seiner Schöpfung entgegenbringt, von nicht unerheblicher Bedeutung für die Analyse des Textes. Bevor ich mich jedoch den beiden Texten zuwende, die im Zentrum des Kapitels stehen, sei noch kurz auf einen anderen Bereich hingewiesen, in dem die männliche Vorstellungskraft von der perfekten (künstlichen) Frau eine Rolle spielt. Denn auch andere Arten der Künstlichkeit sind zu einem festen Bestandteil der Literatur und auch der Realität geworden. Daran hat die fortschreitende Computertechnik einen maßgeblichen Anteil. Die durch sie ermöglichten Animationen verwischen die Grenzen zwischen Realität und Phantasie zunehmend – bis hin zu Filmen wie etwa *Final Fantasy: The Spirits Within* aus dem Jahr 2001, der vollständig computeranimiert ist und mit äußerst detailliert modellierten Menschen aufwarten kann. Hauptfigur ist, wie sollte es anders sein, eine Frau: Aki Ross, deren 60.000 Haare jeweils einzeln animiert und gerendert wurden, was ihr zu einem sehr realistischen Aussehen verhilft. Der Erfolg dieser Kreation, die ihre Existenz zu einem gewissen Teil dem Mythos Pygmalions verdankt, war enorm. So wählten die Leser des Männermagazins *Maxim* sie zu einer ihrer „Hot 100" und bewiesen damit den fortschreitenden Siegeszug der Artifizialität. Ruth La Ferla wies in ihrem Artikel in der New York Times im selben Jahr darauf hin, dass schon einige Jahre zuvor Willam Gibson, einer der Begründer des so genannten Cyberpunk, in seinem Roman *Idoru* eine ähnliche Entwicklung prognostiziert hatte.[8] Während die Realisierung eines täuschend echten Gynoiden in der Realität dagegen noch in ferner Zukunft liegt, ist diese Motiv-Variante, wie die Analyse von Villiers de l'Isle-Adams *L'Eve future* gezeigt hat, schon sehr viel länger in der Literatur präsent und spielt insbesondere für die Science Fiction eine große Rolle. Wie auch alle anderen künstlichen Frauen, die primär durch ihre Sexualität bzw. durch ihre wie auch immer geartete

---

[7] Frude, *The Robot Heritage*, S. 124

[8] Vgl. La Ferla, Ruth: *Perfect Model: Gorgeous, No Complaints, Made of Pixels*. The New York Times vom 6. Mai 2001, S. 8

Perfektion überzeugen sollen, stehen die Gynoiden ebenfalls in der Tradition des Pygmalion-Mythos. Somit ist eine genauere Betrachtung dieser Verbindung im Rahmen der Arbeit unabdingbar. Daher nehme ich nun den Vergleich zweier Romane vor, die beide das Bild der perfekten künstlichen Frau, jeweils mit einem leicht ironischen Ton, ins Zentrum der Handlung rücken: Ira Levins *The Stepford Wives* und Thomas Bergers *Adventures of the Artificial Woman*.

Ira Levins Roman erschien erstmals 1972, zur Zeit des so genannten "Second Wave Feminism". Vor allem die amerikanischen Frauen lehnten sich gegen die alte Rollenteilung auf, nach der die Frau zu Hause am Herd zu stehen hatte, und begannen, ihre Rechte einzufordern. 1963 erschien Betty Friedans *The Feminine Mystique*, ein Meilenstein im literarischen Feminismus, 1964 wurde ein "Civil Rights Act" verabschiedet, der unter anderem die Diskriminierung am Arbeitsplatz aufgrund von Geschlecht, Rasse, Religion und Herkunft als illegal einstufte. Im selben Jahr wurde die "Equal Employment Opportunity Commission" gegründet, um Gesetze über die Gleichberechtigung am Arbeitsplatz durchzusetzen. 1972 folgte schließlich das Verbot von Diskriminierung im Bildungswesen.

Während die Frauen ihre neuen Freiheiten genossen, waren viele Männer überhaupt nicht vom Feminismus begeistert. Immerhin gerieten so ihre Erwartungen bezüglich eines gepflegten Hauses und regelmäßigen Essens in Gefahr. So auch in Stepford, dem fiktiven Schauplatz von Levins Roman. Die dort lebenden Männer greifen zur Verteidigung ihrer Interessen zu extremen Methoden und ersetzen ihre Ehefrauen durch lebensechte Androiden – perfekte und in einigen Aspekten verbesserte Ausgaben der Originale, die aber jegliches Interesse an Hobbys und vor allem an feministischen Aktivitäten verlieren. Sie kümmern sich ausschließlich um den Haushalt und, sofern vorhanden, um die Kinder und tun ansonsten alles, um ihren Ehemann, Herrn und Meister zufrieden zu stellen. Sie werden zu echten Hadalys und Helen O'Loys, aber ohne deren besondere Seelen.

Die Männer gehen bei dem Austausch äußerst vorsichtig vor und lassen sich mit der Modellierung der Androiden viel Zeit. Nach außen hin offen für emanzipierte Frauen, versuchen sie, Neuankömmlinge völlig für sich einzunehmen, um innerhalb von ein paar Monaten alle Daten für die Konstruktion des Gynoiden zu sammeln. Der Zeichner Ike Mazzard fertigt Skizzen der entsprechenden Frauen an, Claude Axhelm überredet sie, für eines seiner angeblichen Projekte Worte auf ein Tonband zu sprechen und auch Kinderlieder darauf festzuhalten. Dieses Vorgehen entspricht ziemlich genau dem Edisons in *L'Eve future* und ist somit eine erste offensichtliche Verbindung zu diesem Werk und darüber hinaus zum Pygmalion-Mythos. Immerhin muss die künstliche Frau nicht nur, wie bei *L'Eve future*, einen Hund, sondern auch Bekannte, Freunde und selbst ihre Kinder täuschen.

Im Gegensatz zu dem französischen Roman geht Ira Levin allerdings nicht genauer auf die Konstruktion der künstlichen Frauen ein. Ganz im Gegenteil: Er bleibt erzähltechnisch sehr subtil. Nicht ein einziges Mal taucht in seinem Text ein Android tatsächlich auf. Nur in Gesprächen zwischen den beiden weiblichen Hauptfiguren Joanna Eberhart und Bobbie Markowe findet dieser Terminus Erwähnung. Der Leser bleibt letztlich im Unklaren darüber, ob *The Stepford Wives* tatsächlich der Science Fiction zuzurechnen ist oder mit diesem Genre nur spielt. Der Roman ist somit ein gutes Beispiel für fantastische Literatur im Sinne Todorovs, da die Zweifel des Lesers bis zum Schluss nicht geklärt werden können, ein Hauch von Unheimlichem und Phantastischem aber trotz des an sich realistischen Settings ständig gegenwärtig ist. Insofern wird ein unvoreingenommener Rezipient die Verbindung zum Pygmalion-Mythos wahrscheinlich übersehen oder für vernachlässigbar halten. Dies ist jedoch mitnichten so. Pygmalion schafft sich die für ihn perfekte Frau ebenso wie die Männer von Stepford. Dies führt jedoch dazu, dass die Androidinnen, vor allem durch die Augen der feministisch aufgeklärten Joanna gesehen, langweilig wirken. Somit stellt eine Betrachtung der weiblichen Bevölkerung von Stepford, unabhängig von der fantastischen Ebene, eine satirische Abrechnung mit dem Frauenbild der 1970er Jahre dar und verweist zudem vehement auf die feministische Bewegung. Ein perfektes Aussehen trotz unermüdlicher Hausarbeit, ohne ablenkende Interessen und dem Ehemann treu ergeben, dafür aber ohne weitere Interessen – Levin zeichnet Charakteristika, die für den heutigen Leser pointiert wirken, für die Zeit vor der Emanzipation aber durchaus zum gängigen Frauenbild gehörten. Auffallend ist jedoch, dass die Männer Stepfords trotz dieser von ihnen programmierten Frauen nicht zu Hause glücklich zu sein scheinen. Stattdessen besuchen sie jeden Abend ihren Club, um in Gespräch und Spiel mit anderen ihres Geschlechts Zerstreuung zu finden.

Während an der Persönlichkeit der Frauen große Veränderungen festzustellen sind, kann der Körper selbst nur marginal modifiziert werden, ohne Aufmerksamkeit zu erregen. Diese Möglichkeiten nutzen die Männer jedoch aus. Die Androiden sind im Vergleich zu ihren Vorbildern mit verbesserten optischen Reizen ausgestattet. So auch

Joanna, die am Ende des Romans in den Augen der neu zugezogenen Ruthanne deutlich verändert wirkt:

> Joanna Eberhart came toward her, looking terrific in a tightly beltet pale blue coat. She had a fine figure and was prettier than Ruthanne remembered, her dark hair gleaming in graceful drawn-back wings. [...]
> "Ruthanne", she said, and smiled. "Hello. How are you?" Her bow lips were red, her complexion pale rose and perfect.
> "I'm fine", Ruthanne said, smiling. "I don't have to ask how *you* are; you look marvellous."[9]

Das Wohlergehen Joannas macht Ruthanne an Äußerlichkeiten fest und geht so, ohne es zu beabsichtigen, den ersten Schritt in Richtung der Stepford-Frauen, die auf innere Werte keinen Wert legen, weil diese ihnen selbst fehlen.[10] Zugleich dient die Szene einer weiteren ironischen Brechung: Der echten Joanna geht es zu diesem Zeitpunkt alles andere als gut.

Für den Roman ist jedoch weniger die Veränderung im äußeren Erscheinungsbild als vielmehr die Begeisterung für den Feminismus (beziehungsweise das Fehlen desselbigen) maßgeblich. Immerhin versuchen Joanna und Bobbie vergeblich, eine NOW-Gruppe wiederzubeleben (NOW steht für "National Organisation for Women"). Doch alle Frauen lehnen das Angebot ab – umso überraschter ist Joanna, als sie alte Zeitungsartikel findet, die belegen, dass es in Stepford eine äußerst erfolgreiche Gruppe dieser Art gegeben hat und dass Betty Friedan selbst dort gesprochen haben soll.[11] Insofern stellt der Fortschritt der Wissenschaft, der den Männern in Levins Roman die Erschaffung lebensechter Androiden erlaubt, für die Frauen (und im Endeffekt auch für die Männer) in der Gesellschaft einen Rückschritt dar. Die Erweckung der robotischen Hausfrau und ihre Umwandlung in einen „echten" Menschen geht den Stepfordern zu weit. Sie wollen Pygmalions sein, aber ohne Hilfe einer (feministischen) Göttin. Die Schönheit einer Galatea gepaart mit den goldenen Dienerinnen des Hephaistos – das ist ihr erklärtes Ziel.

---

9 *Stepford Wives*, S. 121

10 Beziehungsweise weil diese in ihrer Programmierung keinen Platz hatten.

11 Vgl. *Stepford Wives*, S. 37

Nichts anderes hat Ellery Pierce in Thomas Bergers *Adventures of the Artificial Woman* vor. Unfähig, mit anderen realen Frauen eine längerfristige Beziehung aufzubauen, beschließt er, ähnlich wie Pygmalion, sich sein Ideal selbst zu schaffen. Als Techniker einer Firma, die künstliche Wesen für Filme und Vergnügungsparks herstellt, hat er Zugang zu allen für ihn nötigen Ressourcen – ein Potenzial, das er mit Dale Coba, dem Vorsitzenden der "Men's Association" in Levins *The Stepford Wives* teilt. Pierce hat schließlich mit seiner Schöpfung Erfolg und ist zu Beginn äußerst zufrieden mit der Androidin, die er Phyllis tauft. Nicht nur ist sie ihm hörig, sie erregt ihn auch sexuell. Dennoch sieht er sich in erster Linie als Künstler, beziehungsweise konkreter als „sculptor" und gerät nicht in eine direkte Abhängigkeit.[12] Damit sichert er sich, im Gegensatz zu Felix Ballesta in Kurt Münzers *Pygmalion*, wahrscheinlich für den ersten Moment seine geistige Gesundheit.[13] Denn die Anhänglichkeit und der Gehorsam der Androidin vergehen schnell. Da Pierce sie kurz nach ihrer Aktivierung allein lässt und sie sich somit selbst fortbilden kann, nutzt sie ebenso wie Helen O'Loy die Medien, um sich ein Bild von der Welt zu machen. Im Gegensatz zu Helen, die sich so in ihren Schöpfer verliebt, beschließt Phyllis, ihren eigenen Weg zu gehen und sich, gemäß dem vom Feminismus propagierten Frauenbild, in der Welt zu behaupten. Sie verlässt Pierce und sucht den Einstieg ins Showgeschäft – sehr zum Leid ihres Schöpfers, der sich letztlich doch in seine Schöpfung verliebt hat. Dabei führt Phyllis' Weg zum Erfolg über ihre Sexualität: Zwar hat sie kein Talent für Striptease oder Telefon-Sex und weigert sich auch, in einer Porno-Version von *Othello* mitzuspielen, doch setzt sie ihren Körper bewusst in einer Inszenierung von *Macbeth* ein, um diese über die Stadtgrenzen hinaus bekannt zu machen. So erregt sie nicht nur zahllose Besucher, sondern auch das Interesse eines bekannten Kritikers, der wiederum einen Produzenten auf den Plan ruft. Schließlich wird Phyllis zum Star mehrerer inhaltlich schlechter, aber finanziell sehr erfolgreicher Filme, in ihre erotische Ausstrahlung für Besucherrekorde sorgt. Ihr Versuch, *La Dame aux camélias* authentisch zu verfilmen, scheitert dagegen.

Berger nutzt hier das Pygmalion-Motiv, um die amerikanische Filmindustrie ebenso wie das Mainstream-Publikum satirisch zu

[12] Vgl. Berger, Thomas: *Adventures of the Artificial Woman*, S. 9.

[13] Nachdem Phyllis ihren eigenen Weg geht, stürzt sich Pierce zuerst in eine Affäre mit seiner Nachbarin und landet anschließend ohne Arbeit und ohne Freunde auf der Straße. Erst nach einiger Zeit findet er die inzwischen erfolgreich gewordene Phyllis wieder und gewinnt seine geistige Gesundheit vollständig zurück.

dekonstruieren. Das Verlangen nach Erotik, das sich in der Gestalt der Phyllis, der neuen Galatea, manifestiert, treibt die Menschen in die Kinosäle. Sie wollen einen lebendig gewordenen Traum auf der Leinwand sehen und interessieren sich nicht weiter für die eigentliche Qualität des Films. Produzenten und Regisseure nutzen dies aus und geben den Massen ihre Form von „Opium fürs Volk". Phyllis ist eine Art Droge geworden, eine reale Aphrodite, die allein durch ihre Ausstrahlung alle in ihren Bann zieht – solange sie das Niveau der Massen bedient. Als sie versucht, mit der *Dame aux camélias* ins ernsthafte Genre aufzusteigen, vergeht der Zauber, obwohl die Kritiker sie nun zum ersten Mal lieben:

> *The Lady of the Camellias* was Phyllis's first sucess with the critics, to the degree, that several of the influential ones began to revise their negative assessments of her earlier work, seeing it now as a series of campy send-ups, done over the top so as to make a joke of the joke. *The Lady* was simply too good, too sensitive, too finely conceived and crafted to have been preceded by infantile action pictures and a humourless comedy. Something deeper must have been in play all along. [...] And she was universally praised for having gone beyond the cruder forms of sexual display.
> The critics' first was soon followed by one on the part of the public. For the first time ever, audiences hated a movie starring Phyllis Pierce. People walked out during the picture, in the theaters from coast to coast. Billborards advertising the film were defaced, often obscenely. The movie and its star were derided nightly on the TV comedy shows.
> [...] When the dust had settled, Phyllis [...] agreed that the best move would be hastily to shoot another of her surefire action pictures. [...] But the public, once betrayed, did not return, seemingly agreeing at last with the critics, who returned to shit-jobbing Phyllis but with a new venom. She was said to have lost the few virtues she had displayed as an action star. Her old spark was gone, she was showing her age, she had put on weight.[14]

Phyllis weigert sich zeitweilig, die Erwartungen der Öffentlichkeit zu erfüllen, ebenso wie die Frauen in Stepford als überzeugte Feministinnen die ihrer Männer ignorieren. Beide Zielgruppen erwarten Erotik und die Realisierung ihrer Wünsche – eine Weigerung führt zu Mord oder Missachtung. Phyllis kann sich jedoch davon erholen: Nach der

---

[14] *Adventures of the Artificial Woman*, S. 98 f.

gescheiterten Filmkarriere startet sie zuerst mit Hilfe von Pierce, der sie inzwischen nach langer Suche wiedergetroffen hat, eine Talk-Show und entschließt sich dann, in den Wahlkampf um die Präsidentschaft einzusteigen. Es gelingt ihr auch tatsächlich, dieses Amt zu erlangen – allerdings wird sie darüber wahnsinnig, machthungrig und entwickelt sich zu einer Despotin. Daher muss Pierce sie letztlich, trotz seiner Liebe zu Phyllis, deaktivieren.

Was ist nun aber der Grund, dass Männer eine künstliche Frau vorziehen? Die beiden Romane geben dazu verschiedentlich Antwort. Nicht nur ist eine Androidin programmierbar, so dass sie dem Mann sklavisch ergeben ist (auch wenn dies bei Phyllis nicht funktioniert hat), sie altert auch nicht. Ihre Schönheit ist ein fester Bestandteil ihrer Existenz, sie kann nicht, wie die Kritiker in *Adventures of the Artificial Woman* behaupten, Spuren des Alters zeigen oder an Gewicht zulegen. Nicht umsonst wird in der heutigen Zeit von den Frauen der Anschein ewiger Jugend erwartet, der durch zahllose Cremes, Pillen und Operationen aufrechtzuerhalten ist. Dabei ist die Angst vor dem sichtbaren Alter nicht neu, denn die Falten und graue Haare weisen auf die eigene Vergänglichkeit hin. Und wer erinnert den Mann eher an den immer näher rückenden Tod als die eigene Ehefrau, an deren Gesicht er auch seine zunehmenden Jahre ablesen kann? Unter anderem aus diesem Grund streben häufig Männer in gesetzterem Alter danach, jungen Frauen zu gefallen – wenn sie zu diesen eine romantische Beziehung aufbauen können, sind sie wohl doch noch nicht zu alt.[15] Alternativ ist eine künstliche Frau natürlich ein fast ebenso gutes Mittel, um das männliche Ego zu befriedigen. So kann es zu keinen Enttäuschungen kommen. Auch in Bergers Roman finden sich diese Argumente wieder. So hat die Nachbarin von Ellery Pierce, Janet Hallstrom, ebenso wie der homosexuelle Cliff einen animatronischen Partner, der ihren Vorstellungen entspricht.

> Cliff produced a bubbling chuckle. "Ray belonged to my former partner. We shared him for a while before Terry decided I preferred

---

[15] Viele junge Frauen nutzen dieses Verhaltensmuster aus verschiedenen Gründen gerne aus. Einige hoffen vielleicht, sich eine bessere soziale Position zu verschaffen, wenn sie die Partnerin (oder Geliebte) eines einflussreichen Mannes werden. In anderen Fällen mag dies, in Umkehrung des ödipalen Komplexes, ein Wunsch nach väterlicher Aufmerksamkeit gepaart mit sexueller Erfahrung sein. In der Regel sind es jedoch die Männer, die sich eine solche Beziehung wegen des jugendlichen Äußeren der Partnerin wünschen.

> Ray to him and walked out." He smirked. "He was absolutely right. Ray doesn't need constant reassurance. Ray doesn't have feelings that can be hurt. Ray doesn't have to work out to keep in shape."
> Ray showed no reaction to these comments.
> "My first husband," said Janet, "was a loser at everything he tried, but he insisted on *participating* all the same, entering the competition. The result was he lost everything he had and everything I had. If he could only have accepted his lot in life! But then he would have been Tyler."[16]

Insbesondere die bereits angesprochene Widerspruchslosigkeit eines programmierbaren Androiden ist von besonderer Bedeutung, unabhängig von dessen Geschlecht. Gerade in von Männern dominierten Gegenden wie etwa Stepford wollen diese nicht, dass ihre Frauen auf eigene Gedanken kommen. Feministisch freidenkende Personen wie Joanna Eberhart stellen für die alten patriarchalisch funktionierenden Gesellschaftsstrukturen eine Gefahr dar – daher beseitigen die Männer von Stepford auch all jene Frauen, die an entsprechenden Organisationen interessiert sind. Alle im Roman auftauchenden weiblichen Charaktere fallen oder fielen in diese Kategorie. Dabei lässt Ira Levin geschickt auch eine Verbindung zu unselbständigen Ehefrauen zu, die noch freiwillig nach dem alten Rollenbild agieren. Nie bringt er einen Beweis für die Existenz eines Gynoiden in seiner Geschichte. Ganz im Gegenteil sind es vielmehr Joannas Aussagen, die unter bestimmten Umständen an ihrem Verstand zweifeln lassen. In der Apotheke sieht sie den hässlichen alten Mister Cornell und seine wunderschöne Frau und kann anscheinend nicht verstehen, wie jemand freiwillig bei einem derart unattraktiven Mann bleiben kann. Es nährt nur ihren Verdacht, dass die Frau nicht real sein kann. Daraufhin versucht sie, mit einem bissigen Kommentar Mister Cornell aus der Reserve zu locken:

> "You have a lovely wife", she said, signing the pad. "Pretty, helpful, submissive to her lord and master; you're a lucky man."[17]

Das im Zitat beschriebene Frauenbild gibt es selbst in der neueren Zeit noch, trotz der Befreiung der Weiblichkeit und der zunehmenden (wenn auch noch nicht überall herrschenden) Gleichberechtigung: Heutzutage wird es von Menschen wie Eva Herman propagiert, sehr zum Unwillen eines Großteils der Bevölkerung, wie der Aufruhr um ihre Aussagen

---

16 *Adventures of the Artificial Woman*, S. 27

17 *The Stepford Wives*, S. 102

2007 in ihrem Buch *Das Eva-Prinzip* gezeigt hat.[18] Mister Cornell reagiert jedoch nur leicht. Ein Beweis für ihre These ist dies jedoch nicht. Anders dagegen in der deutschen Erstveröffentlichung: Dort bezieht der Übersetzer Keto von Waberer entgegen dem Spannungsbogen des Romans schon mit der Wahl des Titels *Die Roboterfrauen* (München, 1977) eindeutig Position und vernichtet damit das Element des Fantastischen, das das Original so sehr prägt. Auch im englischen Sprachraum hat sich trotz des im Roman eigentlich immanenten Zweifels die Annahme durchgesetzt, dass Joanas Vermutung stimmt und die Frauen tatsächlich durch Roboter ersetzt werden. Immerhin wird der Begriff „Stepford Wife" inzwischen auf Frauen angewandt, die sich bereitwillig dem bereits angesprochenen alten Rollenbild unterordnen. Sowohl Katie Holmes, Ehefrau von Tom Cruise, als auch Laura Bush wurden in den vergangenen Jahren mit dieser Bezeichnung belegt.[19]

Phyllis ist dagegen trotz ihrer Artifizialität keine „Stepford-Frau". Sich unterzuordnen kommt ihr nicht in den Sinn. Sie setzt ihre Reize ohne Scham ein, um zu bekommen, was sie will, und spielt damit eher die Rolle einer femme fatale. In ihr vermischen sich, ähnlich wie in der Maria-Kopie Thea von Harbous, Pandora und Galatea: Phyllis ist zu Beginn der Geschichte eine Statue, eine leblose Puppe, die von Ellery Pierce nach seinen Idealvorstellungen geschaffen wurde. Ihr Äußeres gleicht dem einer modernen Liebesgöttin, was der Grund dafür ist, dass sie von allen Männern begehrt wird. Ihr Inneres ist jedoch diabolischer, auch wenn sie sich dessen nicht bewusst ist, denn ohne ein tiefergehendes Verständnis für Moral und Ethik folgt sie einzig ihrem eigenen Nutzen. Durch ihr Weggehen verletzt sie ihren Schöpfer Pierce, mit Beginn ihres Erfolgs als Schauspielerin den Theaterdirektor Howard Kidd, in ihrer späteren Talkshow ihre Gäste und schließlich, als gewählte Präsidentin der Vereinigten Staaten von Amerika, droht sie mit einer kolossalen Umwälzung, die das ganze Land in ein riesiges Metropolis nach dem Aufstand der Arbeiter verwandeln würde:

---

[18] Es geht hier nicht um die von Frau Herman angeblich betriebene Verherrlichung der Nazi-Zeit und die damit verbundene Einordnung verschiedener Textpassagen in das rechtsradikale Umfeld, sondern um ihre Sicht der Stellung der Frau: als Mutter, Köchin und Haushälterin.

[19] Vgl. Arora, Zoya: *Laura Bush is no match for Teresa Heinz Kerry*. In: IowaStateDaily.com vom 8.10.2004; außerdem Hatch, Susan: *Katie Holmes called "Stepford Wife"*. In: The National Ledger vom 7.04.2006.

> Phyllis seemed to be undergoing a subtle change, which thus far could be called one of a tone. She had never suffered from doubt, but she had been essentially self-contained. Now she was increasingly aware of her potential powers over others, which after all was guaranteed by the Constitution.
> " [...] When I get into office I shall appoint Rico Santangelo as director of the FBI."
> "Phyllis." Pierce spoke gently, to reassure himself. "Surely you aren't refering to the infamous Mafioso, head of the Spadini crime family? I assume you mean a respectable man of the same name. But is it advisable to encourage such a confusion?"
> "Don't be foolish, Ellery," Phyllis said with a new edge to her voice. "Who would be more expert on the matter of crime than a ruthless monster? And who would be more authorative on the subject of homeland security than Abu Hassan, whom I intend to release from federal prison and appoint to the cabinet post."
> Pierce desperately told himself that he had been wrong: Phyllis had somehow developed a sense of humor. Abu Hassan's capture, nine years earlier, had effectively brought to a halt the principal terrorist thread to the USA.[20]

Die Frau, die diese Pläne hat, ist weit von der entfernt, in die Ellery Pierce sich zu Beginn des Romans verliebte. Zwar hat er immer noch Gefühle für sie, doch das Idealbild, seine eigene Galatea, ist verschwunden. Die äußere Hülle, die weiterhin schön und sinnlich ist, kann nicht verbergen, dass Phyllis zu einem Monster geworden ist, und es obliegt Price, seine eigene Schöpfung aufzuhalten. Dabei wird die Nähe zum Frankenstein-Motiv in seinen letzten Worten deutlich:

> "Forgive me, Phyllis. You gave me no choice. Allowing you to lead this country in your current state would be ruinous, and it would ultimately have been all my doing. I would have become the mad scientist of the old horror movies instead of what I am, a romantic with stars in his eyes."[21]

Unter der Annahme, dass die Frauen von Stepford tatsächlich Gynoiden sind, bleibt zu klären, welche Aspekte von Pandora und Galatea sie in

---

[20] *Adventures of the Artificial Woman*, S. 188

[21] *Adventures of the Artificial Woman*, S. 198

sich tragen. Die Antwort ist jedoch relativ einfach: Sie sind zu hundert Prozent Geschöpfe moderner Pygmalions. Die Frauen richten keinen Schaden an und entsprechen in keiner Hinsicht der Beschreibung Pandoras in Hesiods Theogonie.[22] Ohne über das äußere Idealbild, das ihre Ehemänner von einer Frau haben, etwas sagen zu können[23], scheint offensichtlich zu sein, dass das innere dem bereits erwähnten Hausfrauenbild entspricht. Auch Ellery Pierce wünscht sich in gewisser Weise, ein solches Werk vollbringen zu können. Doch seine Phyllis ist eine fehlerhafte Stepford-Frau. Ihre Unabhängigkeit und ihre Einstellung zur Sexualität stehen im Gegensatz zu der von den Stepforder Männern gewünschten anti-feministischen Haltung. Die Gynoiden sind nicht eigenwillig, mit konkreten Zielen im Leben und einer gewissen Rücksichtslosigkeit, um diese durchzusetzen. Sie nutzen auch nicht die Begierden der Männer zur Erfüllung ihrer eigenen aus. Und sie unterwerfen sich den sexuellen Phantasien ihrer Ehegatten, statt wie Phyllis selber tätig zu werden. Der rebellische Gedanke an einen Bruch der auferlegten Regeln, der sowohl bei der biblischen Eva als auch bei Pandora induziert wird und sich, in anderer Form, bei den Vertreterinnen des Feminismus in den 60er und 70er Jahren ebenfalls findet, fehlt sowohl Galatea als auch den Frauen von Stepford.

---

[22] Vgl. *Theogonie,* S. 49

[23] Die Erfüllung solcher Wünsche muss wahrscheinlich hinter der Aufrechterhaltung der Illusion der perfekten amerikanischen Kleinstadt zurückstehen.

5.4 Billige Körper – Golems in David Brins „Kiln People"

Wie schon bei *R.U.R.* sind Golems in der gesamten SF-Literatur auf ein Grundgerüst reduzierte humanoide Schöpfungen, die ohne weiteres austauschbar und gleichzeitig denkbar einfach hergestellt werden können. Im Gegensatz zu den mehr oder weniger autonomen Robotern besitzen sie in der Regel kein eigenständiges Gehirn, höchstens eine rudimentäre Programmierung. Hinzu kommt, dass sie nicht mechanisch zusammengebaut werden, sondern vielmehr genetisch gezüchtet werden. Diese Aspekte hat David Brin in seinem Roman *Kiln People* genutzt, um eine intelligente SF-Detektivgeschichte zu schreiben, in der Menschen ihr Bewusstsein in Golems von verschiedener Qualität kopieren können. Diese Golems handeln mit dem sie befehligenden Geist völlig autark, zerfallen aber nach 24 Stunden. Ihre Erinnerungen an die Erlebnisse des Tages gehen verloren, wenn sie nicht in dieser Zeitspanne zu ihrem Original zurückkehren, damit der sogenannte „Archie" die gesammelten Daten in sein Gehirn laden kann.

Der Protagonist des Romans, Albert Morris, nutzt die Möglichkeiten der Kiln-Technologie nicht nur zur Erledigung seiner häuslichen Aufgaben. Er ist Detektiv und mit Hilfe seiner „Dittos" in der Lage, in kürzester Zeit umfassende Ermittlungen anzustellen. In Feuergefechten sind es ebenfalls die Dittos, die für ihn in den Kampf ziehen, wohl wissend, dass sie anderenfalls im Laufe des Tages zerfallen. Während Morris seine Golems jedoch für die Aufklärung von Verbrechen einsetzt, nutzen andere Menschen die so genannte Kiln-Technologie für ausgefallenere Phantasien. Da Vergänglichkeit und leichte Reproduzierbarkeit zwei essentielle Merkmale eines Golems sind, gilt zum Beispiel der Mord an einem „Ditto" nicht als Kapitalverbrechen, sondern höchstens als Sachbeschädigung. Daher ist die Jagd auf Golems ebenso ein Hobby wie der Einsatz modifizierter Versionen in Kriegsspielen, aber auch in erotisch ausgefallenen Szenarien. Was denkbar ist, wird ausgelebt, meist ohne Rücksicht auf die Dittos. Unerwünschte Erfahrungen werden einfach ignoriert. Anders bei Morris:

> Most people refuse to inload if they suspect their ditto had unpleasant experiences. A rig can choose not to know or remember what the rox went through. Just one more convenient aspect of modern duplication technology – like making a bad day simply go away.
> But I figure if you make a creature, you're responsible for it. That ditto wanted to matter. He fought like hell to continue. And now he's part of

> me, like several hundred others that made it home for inloading, ever since the first time I used a kiln, at sixteen.[1]

Für Morris sind die Dittos zwar notwendige Werkzeuge, doch zugleich sind sie nach einem erfolgreichen „Imprint" für einen Tag lang auch er selbst. Zwar ist ihnen ihre Vergänglichkeit bewusst, doch zugleich wissen sie, dass sie eine Aufgabe haben. Ebenso wie die klassischen Golems wollen auch die Dittos diese nach bestem Wissen erfüllen, um ihrer Existenz einen Sinn zu geben. Daraus resultiert auch der Drang, innerhalb von 24 Stunden die gesammelten Erinnerungen in das Gedächnis des Originals, des „Archies" (von „Archetype"), hochzuladen und so nicht umsonst gelebt zu haben.

Eine kurze Inhaltsangabe der Handlung soll nun helfen, verschiedene noch zu untersuchende Aspekte verständlich zu machen. Alles beginnt mit einem Angriff auf eine neue Operation des Verbrechers Beta. Er hat sich darauf spezialisiert, Dittos zu entführen und von diesen wiederum Kopien herzustellen. Eines seiner letzten Opfer war die Edel-Kurtisane Gineen Wammaker, in deren Auftrag der Detektiv Albert Morris ermittelt. Nach seinem spektakulären Erfolg wird Morris gleich von zwei Seiten mit Angeboten konfrontiert: Wammaker hat zusammen mit zwei Partnern einen weiteren Auftrag für ihn, ebenso wie Vic Aeneas Kaolin, der mächtige Besitzer von Universal Kiln, dem wichtigsten Unternehmen im Ditto-Bereich. Morris erstellt daher zwei hochwertige graue Kopien seiner selbst sowie einen grünen Arbeiter-Ditto.[2] Nun beginnt der eigentliche Plot: Der „Greenie" ist ein so genannter „Frankie" mit einem nicht vollständig identischen Bewusstsein des Originals und geht daher auf eigene Faust los, anstatt sich um seine Aufgaben zu kümmern. Einer der Grauen trifft auf Kaolin und Ritu Maharal; der Vater der

---

[1] *Kiln People*, S. 17. Ein kurzer Hinweis zum Hintergrund des Zitats: Einer von Morris' Dittos wurde bei einem verdeckten Einsatz entdeckt und gejagt. Dabei erlitt er enorme Verletzungen, zudem löste sich sein Körper aufgrund seines Alters bereits wieder auf. Dies konnte ihn jedoch nicht daran hindern, zu Morris zurückzukehren und ihm die für den Fall notwendigen Informationen zukommen zu lassen.

[2] In *Kiln People* werden die Golems durch Farben kategorisiert, die ihre Haut von der eines echten Menschen unterscheiden. Ein Grüner wie der Frankie ist eine einfache Variante, die nur für Garten- und Hausarbeiten eingesetzt wird. Graue sind dagegen von deutlich höherer Qualität und spielen in Verhandlungen zwischen Vertragspartnern eine wichtige Rolle. Hinzu kommen blau (Polizei), ebenholz (Denker), weiß (sinnliche Dittos) und eine Vielzahl anderer Farbtöne.

letzteren, einer der führenden Wissenschaftler von Universal Kilns, ist tot aufgefunden worden. Ritu glaubt nicht an einen Unfall und bittet Morris, zu ermitteln. Der andere Graue trifft auf Gineen Wammaker, die ihm zusammen mit Queen Irene (einer Frau, die so viele Kopien ihrer selbst herstellt, dass sie wie eine Art von Schwarmkönigin agiert) und einem Unbekannten namens Vic Collins ein lukratives Angebot macht, wenn er sich für sie bei Universal Kilns umschaut.

Natürlich geht auch hier vieles schief. Der erste Graue wird von einem Ditto Yosil Maharals gefangen genommen und für Experimente missbraucht; dem zweiten wird eine Bombe implantiert, die der Ditto jedoch rechtzeitig entdeckt und deren Zerstörungskraft durch die Selbstopferung des Grauen in den Hallen von Universal Kilns keinen allzu großen Schaden anrichtet; auf den echten Albert Morris, der sich als Ditto verkleidet mit Ritu in die Wüste aufgemacht hat, werden zwei Anschläge verübt; und der grüne Ditto gerät zusammen mit seinem Freund Pal unerwartet mitten in dieses Tohuwabohu hinein. All diese verwirrenden Handlungsstränge klären sich erst langsam. Es stellt sich heraus, dass Yosil Maharal nach einem Weg suchte, sich selbst als eine nicht an einen Körper gebundene Seele in einen gottähnlichen Status zu erheben. Dafür benötigt er jedoch die Fähigkeiten von Albert Morris, der ein besonderes Talent bei der Herstellung von Kopien hat. Nach und nach sammeln sich alle Überlebenden (der echte Albert Morris, der grüne Ditto, Ritu Maharal und natürlich der verbleibende Graue) mitten in der Wüste, um Yosil Maharal aufzuhalten, der bereit ist, zur Erfüllung seiner Wünsche eine ganze Stadt auszulöschen.

Die Kritiker haben den Roman grundsätzlich positiv aufgenommen, waren jedoch bei weitem nicht so begeistert wie von früheren Werken des Hugo- und Nebula-Preisträgers Brin. Sowohl der vielen zu offensichtliche Humor als auch das Abgleiten in metaphysische Bereiche gegen Ende des Romans galten als Zeichen einer negativen Entwicklung. Dennoch lohnt sich im Rahmen dieser Arbeit eine eingehende Beschäftigung mit *Kiln People*. Schließlich tritt das Golem-Thema im Roman so deutlich hervor wie in nur wenigen anderen. Dies möchte ich im Folgenden genauer darlegen und dabei auch die immer wieder auftauchenden Verbindungen zu *Frankenstein* genauer analysieren.

Das Herstellen von Dittos erfordert Konzentration. Anderenfalls ist das eingeschriebene Bewusstsein fehlerhaft, so dass der Ditto sich anormal verhält. Er wird ein „Frankie“, ein unkontrollierbares künstliches Geschöpf (der Bezug zu Mary Shelley ist hier offensichtlich). Dabei nimmt

Brin mit Absicht Abstand von dem Klischee eines wild umherlaufenden Monsters. Einer von Morris' Dittos wird, wie schon erwähnt, zu einem solchen Frankie, ist aber bis zum Schluss eine der Hauptfiguren des Romans und vereitelt letztlich sogar die Pläne des geheimnisvollen Gegenspielers. Erst dadurch, dass der Ditto unabhängig wird, wird er im Plan des Antagonisten Yosil Maharal zu einem unvorhersehbaren Faktor. Doch zu Beginn ist dies noch nicht einmal ansatzweise denkbar. Immerhin handelt es sich bei dem Frankie nur um einen grünen Golem von minderwertiger Qualität. Als dieser erkennt, dass er nicht mehr an seinen Schöpfer gebunden ist, beschließt er, den Rest seines Lebens (also etwa 22 Stunden) selbst in die Hand zu nehmen:

> *What's wrong with me?*
> Then it hit me. A weirdly thrilling perception.
> *I must be a frankie!*
> A borderline case, for sure. No staggering around with arms outstretched, going *unh-uhhhhnh* like Boris Karloff. Still, they warn you that dog-tired neurons are a recipe for trouble when you imprint, and poor Albert must have been running on fumes when he made me.
> *I'm a false copy. A Frankenstein!*
> Realizing this, a strange acceptance settled over me. The beach lost its allure and the agitator's rhetoric palled.[3]

Der Begriff „Frankie" ist jedoch in mehrfacher Hinsicht fehlerhaft und von einer Tradition mangelnder Kenntnis des ursprünglichen Romans geprägt: Zum einen hieß nicht das Geschöpf, sondern der Schöpfer in Mary Shelleys Roman Frankenstein, ein Fehler, der allerdings schon 1908 nachweisbar ist[4] und durch die Verfilmung des Stoffes durch James Whale 1931 an ein breites Publikum vermittelt wurde. Zum anderen ist es nicht das Monster, das sich dazu entschließt, auf eigene Faust die Welt zu durchstreifen. Im Original ist es vielmehr Viktor Frankenstein, der sich voller Grauen von der Kreatur abwendet und sie verstößt. Ganz im Gegensatz zu Albert Morris – als er erfährt, dass sein grüner Ditto zu einem Frankie geworden ist, vertraut er ihm noch so weit, dass er mit

---

3 *Kiln People*, S. 96

4 Vgl. Johnson, Rossiter: *Author's Digest: The World's Great Stories in Brief*, S. 238: "It is strange to note how well-nigh universally the term 'Frankenstein' is misused, by even intelligent persons, as describing some hideous monster; wheras Frankenstein is the name of the hero and supposed narrator of the story, and not of his terrible creation."

Ausnahme einer Zugriffsbeschränkung auf das Bankkonto keinerlei Maßnahmen ergreift. Auch wird dem Ditto aufgrund seines Äußeren nicht die notwendige Hilfe verweigert: Vielmehr gelingt es ihm, mehrere Verbündete zu sammeln, die ihm helfen, das Mysterium um den verschwundenen Forscher Yosil Maharal aufzuklären, das im Zentrum der Detektivgeschichte steht.

Hinsichtlich einer Verbindung zum Golem-Mythos ist der Name Yosil Maharal für einen Kenner der Materie ein deutliches Zeichen. מהר"ל (MaHaRaL) ist ein hebräisches Akronym für „Moreinu ha-Rav Löw", „Unser Lehrer Rabbi Löw" und bezieht sich direkt auf den bekanntesten Golem-Schöpfer der jüdischen Legenden. Yosil dagegen scheint eine Transformation des Namens Yossele (eine Abwandlung von Joseph) zu sein, der angeblich dem Golem Rabbi Löws gegeben worden sei. Der Vorname des Geschöpfes, der Nachname des Schöpfers – es ist nicht weiter verwunderlich, wenn sich gegen Ende herausstellt, dass Yosil seine menschliche Form aufgegeben hat und nur noch als Golem weiter existiert. Doch damit nicht genug – er will sich auch über diese Daseinsform erheben und transzendieren, sich gewissermaßen Gott noch weiter annähern. An dieser Stelle geht die Romanfigur weit über das Vorbild des Rabbi Löw hinaus und nähert sich dem ekstatischen Zustand der antiken Kabbalisten an.

Doch auch andere Textstellen bieten einen expliziten Verweis auf den antiken Golem-Mythos. So ist jeder Ditto mit einer Art Implantat ausgestattet, auf dem die Daten seines Originals verzeichnet sind, um als Ausweis zu dienen. Dieses liegt in der Stirn verborgen, ähnlich dem Schem, das schon Rabbi Elias von Chelm zur Schaffung eines Golems verwendet haben soll. Auf diesem Schem steht der Legende nach *emeth*, also „Wahrheit", geschrieben. Schon sehr früh im Roman taucht dieser Begriff ebenfalls auf. Ein Golem des Verbrechers Beta, der kurz vor der Auflösung steht, bittet Morris: "Go to Alpha… Tell Betzalel to protect the emet."[5] Alpha ist, wie der Leser erst gegen Ende lernt, ein Spitzname für Ritu Maharal, die Tochter des Erfinders, Betzalel sowohl ein Wortspiel mit Beta und Ritus Zweitnamen (Elizabeth) als auch Teil des vollständigen Namens von Rabbi Löw.[6] Und *emet*? Das Wort bezieht sich

[5] *Kiln People*, S. 33

[6] Der vollständige Name lautet Rabbi Yehudah Levi ben Betzalel. Diesen Bezug scheint aber David Brin selbst nicht zu kennen. In einem Gespräch zwischen Beta und dem grünen Ditto von Albert Morris sagt ersterer: „[…] Betzalel was another of those golem-making rabbis." (*Kiln People*, S. 422)

in diesem Fall auf die Quelle, die Seele des Originals, die in die Dittos eingebrannt wird. Sie muss erhalten bleiben, wenn weitere Kopien von Ritu entstehen sollen – für Beta von lebensnotwendiger Bedeutung.[7] Denn er ist letztlich nur ein Ausdruck der Schizophrenie Ritus, die sich nur während der Kopiervorgänge manifestiert. Seine Existenz ist somit abhängig von dem Wohlergehen der Frau. Zumindest solange Yosil Maharals Forschungen nicht zu einem Erfolg gebracht werden können. Dessen Ziel ist es unter anderem, die Kopie eines Dittos herstellen zu können, ohne dabei Qualitätsverluste hinnehmen zu müssen. Damit wäre der erste Schritt in die Unsterblichkeit möglich.

An dieser Stelle lohnt ein Blick auf die Herstellung des Golem-Rohstoffes. Der Lehm wird in riesigen Bottichen angerührt, zu einem Großteil aus recyceltem Material abgenutzer Golems bestehend. Dieses Bild entspricht dem der Fabrik in *R.U.R.* ziemlich genau, wenn auch ohne die Spinnereien und Organbanken, die dort für die Konstruktion der Roboter nötig waren. Überhaupt sind die Ähnlichkeiten zwischen den beiden Werken auffallend. Das Schlüsselwort ist Reduktion: Ein Ditto hat keinen Magen, keinen Darm, nur teurere Modelle besitzen Geschmacksknospen oder eine ausgeprägte Feinsensorik. Die rudimentärsten Arbeiter, nach Huxleys *Brave New World* Epsilons genannt, bekommen noch nicht einmal eine komplette Persönlichkeit, sondern nur den Drang zu arbeiten. Der beobachtende und zu diesem Zeitpunkt erzählende grüne Frankie beschreibt dieses Szenario mit folgenden Worten:

> Squinting at the scene one way, I glimpsed a science-fiction nightmare worse than Fritz Lang's *Metropolis* – slaves and prols labouring for distant masters before toppling to an early death, preordained and unmourned.[8]

---

[7] Der grüne Dritto kommt allerdings zu einem anderen Schluss. „In Hebrew, it [*emet,* Anm. TK] means 'truth', but it can also represent the *source* or wellspring – all things arising from one root." Da ditMorris (mit dem Zusatz „dit" versehen bezeichnet ein Name in Brins Universum einen Ditto; so ist die nahezu vollkommende Identität mit seinem Schöpfer offensichtlich) zu diesem Zeitpunkt von der gespaltenen Persönlichkeit Ritu Maharals nicht weiß, verbindet er diese Quelle mit ihrem Vater, Yosil. (Vergl. *Kiln People*, S. 422)

[8] Vgl. *Kiln People*, S. 326

Viel stärker erinnert es jedoch an die zahllosen künstlich erzeugten Roboter aus *R.U.R.*: Während die Arbeiter in *Metropolis* durchaus zumindest von ihren Familien betrauert wurden, haben die Roboter Čapeks noch nicht einmal Emotionen, um derart zu reagieren. Sie sind austauschbar, mit Ausnahme der hochwertigen Modelle wie Sulla, Marius und Radius ohne Persönlichkeit – eine breite Masse an Arbeitern, die unermüdlich ihrer Beschäftigung nachgehen, bis ihre Zeit abgelaufen ist.

Doch auch in anderer Hinsicht und mit einem anderen Fokus zeigt sich eine Verbindung zwischen Dittos und Robotern. In *Kiln People* sind die metallenen Menschen eines Hephaistos ebenso wie die im Prometheus-Mythos behafteten Androiden Asimovs, im Gegensatz zu anderen Traditionssträngen, die Vorgänger der modernen Golems.

> One case [...] displayed strange trophies – like an array of mounted *hands*, sliced open to show metal parts, relics of a time when dittoclay had to be slathered over robot frames, when clanking duplicates were techno-playthings for the rich, at once both crude and awe-inspiring, enabling just an elite to divide their lives and be in two places at the same time.[9]

Auf die gleiche Weise sieht Brin in seinem Roman die Möglichkeiten von künstlicher Intelligenz (A.I.), Virtual Reality und Cyberspace als unzureichend an, während sie in anderen modernen SF-Werken (insbesondere in denen, die in der Tradition des Cyberpunk eines William Gibson oder Neal Stephenson stehen) von besonderer Bedeutung sind und auch in der realen Welt immer wichtiger werden. Die Menschen in *Kiln People* kennen zwar die computergestützten Technologien, bevorzugen aber die moderne Variante des „Kilning". Durch Dittos lassen sich viele Dinge viel besser erleben und erfahren als mit Hilfe von einem umfassenden Kamera-Netzwerk.

> "Telepresence! Using googles to peer through a far-away set of tin-eyes? Manipulating a clanking machine to walk around for you? Even with full retinal and tactile feedback, that hardly qualifies as *hands-on*. And speed-of-light delays are frightful."[10]

---

[9] *Kiln People*, S. 165

[10] Ebd., S. 88

Eine Ausnahme ist das Beschaffen vielfältiger Informationen, das immer noch über ein Datennetzwerk stattfindet. Aber auch Hauscomputer sind omnipräsent. Sie besitzen allerdings keine echte A. I. (obwohl Morris' eigenes System, mit einer starken weiblichen Persönlichkeit ausgestattet, den Anschein eines eigenen Bewusstseins erweckt), kein Leben in der Art, die zum Beispiel Doktor Link in *I, Robot* erschafft. Dennoch werden viele der Phantasien, die heute mit den Begriffen „Virtual Reality" und „Cyberspace" in Verbindung gebracht werden, mit Dittos realisiert – insbesondere die gewalttätigen und pornographischen Aspekte.

Wie in der Namensgebung der Charaktere schon offensichtlich wurde, ist neben dem Golem-Mythos vor allem *Frankenstein* eine wichtige Quelle von *Kiln People*. Der Term „Frankie" ist bereits hinlänglich erörtert worden, doch wird darüber hinaus immer wieder von Frankenstein und dessen „Fluch" geredet, wenn es um eine Katastrophe von kataklystischen Ausmaßen geht. So wird etwa die Atombombe wird mit einem amoklaufenden künstlichen Geschöpf in Verbindung gebracht:

> "A fantasy of technology gone mad, Mr. Morris. The same fear, perhaps, that Fermi and Oppenheimer experienced when they watched the first mushroom cloud at Trinity Site. Or something like the curse of Frankenstein, long delayed, but now coming true with a vengeance."[11]

Auffallend ist bei der Betrachtung des Frankenstein-Motivs in Brins *Kiln People*, dass der Autor grundsätzlich mit dessen Verwendung dem allgemeinen Volksglauben Beihilfe leistet und das Monster in Zitaten wie dem obigen zu einer dämonischen Bestie degradiert, so wie dies auch die frühen Filme getan haben.

Es gibt jedoch auch einen positiven Aspekt der Lossagung des Dittos von seinem Schöpfer. Schließlich ist es der „Frankie", der alle Beteiligten, sogar die ganze Stadt rettet. Sein Bewusstsein, das sich wegen seiner ungewöhnlich lange andauernden Existenz von dem seines Schöpfers Albert Morris immer mehr unterscheidet, wird am Ende des Romans sogar zum neuen Morris, als dieser seinen Körper aufgrund der Auswirkungen von Yosil Maharals Experimenten aufgibt. Auf der anderen Seite ist der Erzschurke Beta nichts weiter als eine immer wiederkehrende Emanation der Schizophrenie Ritu Maharals, von der diese lange Zeit nichts weiß. Dennoch sind die Beta-Dittos letztlich

---

[11] *Kiln People*, S. 61

„Frankies" – auch wenn in diesem Fall aufgrund der gespaltenen Persönlichkeit die Grenzen verschwimmen. Während Alberts und Ritus Wanderung durch die Wüste erklärt ersterer dem Leser:

> That's how I learned why Ritu came on this trip in person, instead of sending a gray. It turns out she's handicapped, too. She can't make reliable copies. They often come out wrong.
> All right, millions of folks can't use kilns at all, suffering the disadvantages of just one, linear life. Bigots call them "soulless", thinking it happens to those who lack a true Standing Wave to copy. [...]
> Many *tens* of millions can animate only crude, shambling caricatures, able to mow the lawn or paint the fence – but no more than that.
> Ritu's problem is different. She imprints dittos of great subtlety and intelligence, but many are frankies, diverging radically. "When I was a teenager, they'd often come out of the kiln resentful, even hating me! Instead of helping to achieve my goals, some tried sabotaging them, or put me in embarassing situations."[12]

Später erst erfährt Morris (und damit auch der Leser), dass Ritu durchaus seit einigen Wochen bewusst ist, dass diese „Frankies" Kopien ihres anderen Egos sind. Sie erklärt das Verhältnis zu ihrem „Geistesbruder" mit einem metaphorischen Vergleich:

> "Albert, do you know what happens inside a chrysalis?"
> "A chrys... you mean a *cocoon*? Like when a caterpillar – "
> " – turns into a butterfly. People envision a simple transformation: the caterpillar's legs turn into the butterfly's legs, for instance. Seems logical, no? That the caterpillar's head and brain would serve the butterfly in much the same way? Continuity of memory and being. Metamorphosis was seen as a cosmetic change of outer tools and coverings, while the entity within – " [...]
>
> "People think the caterpillar changes into a butterfly, but that doesn't happen! After spinning a chrysalis around itself, the caterpillar dissolves! The whole creature melts into nutrient soup, serving only to nourish a tiny embryo that feeds and grows into something else. Something altogether different!" [...]

---

12 *Kiln People*, S. 268

> "Caterpillar and butterfly share a lineage of chromosomes, Albert. But their genomes are separate, coexisting in parallel. They need each other the same way that a man needs a woman ... to reproduce. Other than that – " […]
>
> "Which are you?" I asked.
> She laughed, a bitter sound that bounced harshly off the tunnel walls.
> "Oh, I'm the butterfly, Albert! Can't you tell? I'm the one who gets to flutter in the sunlight, reproducing in blithe and blissful ignorance.
> "That is, I used to be. Till last month, when I started to realize what was going on."
> My mouth felt dry as I followed up. "And Beta?" […]
> "Him? Oh, Beta works hard, I'll give him that much. He's the one with hungers. Ambitions. Voracious appetites.
> "And one more thing," she added. "He gets to remember."[13]

Im Falle Ritus stellt sich die Frage, welche ihrer Persönlichkeiten die echte ist. Die, die in der Lage ist, Kopien herzustellen und sich zu erinnern, oder die, die den organischen Körper kontrolliert? Setzt man den Terminus „Frankie" mit der Person Beta gleich, bieten sich einige Interpretationsansätze an, die schon in der Shelley-Forschung immer wieder auftauchen. Dort gilt das namenlose Monster oft als Alter Ego des Wissenschaftlers, als Mister Hyde des genialen Viktor Frankenstein. Dies korreliert mit der Situation Ritu Maharals. Doch bietet insbesondere ihre Metapher des Schmetterlings noch einen anderen, rein inhaltlichen Ansatz: So wie Beta Ritu braucht, um Nachkommen zu schaffen, benötigt Frankensteins Geschöpf Viktor, damit dieser ihm eine Frau (und damit, so die Furcht des „modernen Prometheus", die Möglichkeit von Kindern) schafft. Doch die Schöpfer rebellieren: Frankenstein weigert sich, dem Wunsch seines Geschöpfes stattzugeben, und Ritu beginnt systematisch mit der Vernichtung der Beta-Kopien.

Die Existenz der Monster ist in einem Fall auf Hochmut, im anderen auf übermäßigen Stolz zurückzuführen. Frankenstein will die Natur beherrschen und seine Qualitäten als Wissenschaftler unter Beweis stellen, indem er das Geheimnis des Lebens ergründet. Ritus Motive sind bei weitem nicht so ehrgeizig, doch auch sie will sich innerlich rechtfertigen. Sie müsste einfach nur mit der Erschaffung neuer Dittos aufhören, um Beta aufzuhalten – doch als Tochter Yosil Maharals, dem

[13] *Kiln People*, S. 440 ff.

Entdecker des Kiln-Prinzips, und Angestellte von Universal Kilns ist sie zu stolz, ihre Schwäche einzugestehen. Auch wenn es mehrerer Versuche bedarf, um eine funktionsfähige Kopie ihrer selbst zu erschaffen, legt sie sich immer wieder unter die Maschine, selbst als sie schließlich von Beta erfahren hat. Sie ist von der Technologie abhängig, die ihr immerhin ihren sozialen Status sichert. Denn Menschen, die sich nicht kopieren können, spielen auf einem Arbeitsmarkt, der von einigen wenigen Spezialisten beherrscht wird, keine Rolle.

Ritu Maharal und Albert Morris sind zwei verschiedene Varianten eines „modernen Prometheus". Während erstere fehlerhafte Golems schafft und Frankenstein nahe ist, hat Morris ein außergewöhnliches, fast schon prometheisches Talent für die Kiln-Technologie. Seine Dittos sind loyal, ausdauernd, mit vielen Freiheiten ausgestattet und ähneln eher echten Menschen als künstlich geschaffenen Sklaven. Auch der „Frankie" entspricht in keiner Weise dem üblicherweise kolportierten Bild des umherlaufenden Monsters. Vielmehr ist er der selbstbewusste Mensch, der sich von seinem Herrn (und in gewisser Weise von seinem Vater) lossagt, um sein eigenes Leben zu führen. Diese Unabhängigkeitserklärung, die der Frankie durch einen Anruf zu Beginn der Geschichte abgibt, ist nichts anderes als das Aufbrechen eines patriarchalischen Systems, das auf dem Einverleiben der Kinder basiert und damit die Taten des Titanen Kronos widerspiegelt.[14] Auch *Frankenstein* funktioniert im Grunde nach diesem Schema, da der „ungehorsame" und in diesem Fall ungewollte und verstoßene Sohn seinen Vater jagt (und sich später von diesem jagen lässt) – doch kann in diesem Fall das Geschöpf nicht den Platz des Vaters einnehmen, da es im wahrsten Sinne des Wortes eine Missgeburt ist. Für den grünen Ditto gilt dies nur partiell: Zwar ist auch er anders als seine Brüder, doch besitzt er keine der physiognomischen Nachteile von Frankensteins Monster. Er ist Bestandteil der Gesellschaft und wird nach der Aufdeckung der Verbrechen Yosil Maharals mit lebensechten Dittos ausgestattet, in die er sein Bewusstsein hineinkopieren kann, während der organische Albert

---

[14] Kronos, Vater der olympischen Götter, verschlang alle seine Kinder, da ihm geweissagt wurde, dass eines von ihnen ihn eines Tages vom Thron stürzen würde. Durch einen Trick von Rhea entging der gemeinsame Sohn Zeus diesem Schicksal, entmannte und fesselte seinen Vater und erstieg selbst den Thron der Götter. Vergleiche dazu unter anderem Lücke, *Antike Mythologie*, S. 509. Auch Prometheus stellte sich übrigens gegen seinen eigenen Vater: Bei dem Kampf der olympischen Götter gegen die Titanen stellte er sich auf die Seite des Zeus und somit gegen Iapetus (vgl. Ranke-Graves, Robert: *Griechische Mythologie*, S. 127)

Morris in einer Art Wachkoma lebt. Am Ende kann sein Bewusstsein das seines Vaters ersetzen. Er selbst wird wieder zu Albert Morris: eine Art ödipaler Austausch mit positivem Ende.

> Arriving at the cabin, I saw him lie down on the platten with his head – our head – between the tetragramatron tendrils, waving gently on all sides. I noticed that the transfer switch was pulled to INLOAD.
> After staring for several seconds, I asked, "Are you sure?"
> The last time we tried this, there had been a busy signal. The organic brain was full, or fully occupied, with something immensely large. No more room inside. No room for me at all.
> [...] *"She's all yours, Pinocchio,"* I heard my own voice say, and it had something else – a tone that said farewell.
> There would be room, now, I realized. A clean slate. A home to reimprint with all that I was and all I had become. Everything necessary for this wayward puppet to be a real boy.[15]

Der Bezug zu Pinocchio ist nicht zufällig gewählt, ist doch auch *Kiln People* zum Teil die Geschichte eines Reifeprozesses. Erst nach vielen Abenteuern kann der künstliche Junge (der „Frankie") zu seinem Vater (Morris) zurückkehren und seinen Platz als echter, organischer Sohn einnehmen. Damit ist die Nachfolge des Holzschnitzers Geppetto gesichert, so wie in *Kiln People* der Ditto für die fortdauernde Existenz von Albert Morris sorgt.

Natürlich ist nicht jeder Mensch in der Welt des Romans über die Ditto-Technologie erfreut. Zwei Gruppierungen spielen eine besondere, wenn auch untergeordnete Rolle: die so genannten "True Lifers" und die "Mancies". Erstere lehnen das Erschaffen von künstlichen Wesen aus religiösen und moralischen Gründen kategorisch ab und demonstrieren vor dem Gelände von Universal Kilns gegen die Anmaßung, in Gottes Territorium vorzudrängen:

> I mused over a few painted posters:
>
> There Is Only
> One Creator!

---

[15] *Kiln People*, S. 567

Brown Is Beautiful

Man-made "Life" Mocks
Heaven and Nature!

And, of course --
One Person:
Just One Soul

Naturally, these protestors were all archies, continuing a struggle that had been lost in both the courts and the marketplace before many of them were born. Yet they persisted, denouncing what they saw as technological arrogation of God's prerogatives -- condemning the daily creation of manufactured beings. Millions of disposable people.[16]

Die "Mancies" fordern dagegen erweiterte Rechte für die vergänglichen Dittos, die bislang nur als Besitz, als Sache gehandelt werden. Einen Golem zu verletzen oder gar zu vernichten gilt zwar als Straftat, lässt sich jedoch durch Ausgleichszahlungen ohne weiteres beilegen. Dittos haben dagegen keine eigenen Rechte: Sie müssen echten Menschen unter allen Umständen den Weg räumen, dürfen sie üblicherweise nicht berühren, dürfen ihnen selbst in Notwehr kein Leid zufügen. Damit ergibt sich eine offensichtliche Parallele zu Asimovs Robotergeschichten, in denen letztlich eine ähnliche Situation herrscht, die vor allem durch die drei Gesetze der Robotik forciert wird. Gegen diese Ungleichbehandlung geht die zweite Gruppierung vor. Ihre Slogans sind "end the slavery of Clay People", "Rights for Roxes" oder "all thinking beings have souls", die sich deutlich von denen der "True Lifers" unterscheiden.[17] Doch trotz ihrer gegenseitigen Animosität vereint sie ihr Hass auf Universal Kilns, eine Tatsache, die sich Vic Aeneas Kaolin, der Präsident des Unternehmens, im Laufe des Romans zu Nutze macht.

Reaktionen dieses Ausmaßes sind erst seit Beginn der Science Fiction denkbar geworden. So utopisch die Idee des „Kilning" auch ist, legt David Brin mit der dargestellten Situation doch einen Finger auf die Wunde der Moral. Wenn die Menschheit eine solche Technologie besitzen würde, wie würde sie sie einsetzen? Schon Čapek hat sich

---

[16] *Kiln People*, S. 41 f.

[17] Vgl. ebd., S. 42

indirekt damit auseinandergesetzt und in *R.U.R.* von einer zunehmenden Bequemlichkeit gesprochen, die durch den Einsatz und die Ausnutzung der Roboter sowie die damit verbundene Überproduktion entstanden ist. Brin folgt dieser Richtung und setzt dabei das SF-Element als Katalysator ein, um die soziologischen und psychologischen Probleme zu erörtern. Dabei ist das prometheische Prinzip der Verantwortung gegenüber der eigenen Schöpfung nur ein Aspekt. Viel wichtiger ist die entstehende Zwei-Klassen-Gesellschaft, die sich auch bei organischen Menschen fortsetzt. Jene, die keine Kopien ihrer selbst herstellen können, gelten als „seelenlos" und haben Schwierigkeiten, einen Job oder einen Partner zu finden.[18] Jene, die die Kiln-Technologie einsetzen können, sind entweder einfache Angestellte, die einen ihrer Dittos in eine Fabrik schicken, oder Spezialisten wie Albert Morris. Abhängig ist dies von der Qualität ihrer Schöpfungen. Morris ist ebenso wie sein Freund Pal und seine Geliebte Clara ein hervorragender Kopierer, dessen Dittos aufgrund ihrer Komplexität alle möglichen Aufgaben übernehmen können und beinahe menschlich wirken, wie auch der grüne Frankie gegen Ende des Romans beweist. Die Spezialisierung hat jedoch auch ihre Schattenseiten – sowohl im Roman als auch in der realen Welt. Brin sieht diese Tendenz auch dort immer deutlicher werden. In einer Rede, die er am 5. Juli 2002 vor der Libertarian Party National Convention in Indianapolis hielt, sagte er:

> „Aided by prodigious increases in technical knowledge and education, the professional classes have taken over a vast number of tasks people used to handle for themselves. Indeed, specialists have mostly kept up with our demands for more, ever more and better services. They seem likely to keep on getting better..." [19]

In Brins Roman droht die Bedeutung der Spezialisten noch weiter zuzunehmen und so jene, die nicht über besondere Fähigkeiten verfügen, endgültig vom Arbeitsmarkt zu verdrängen. Gegen Ende der Geschichte wird klar, dass Universal Kilns im Bereich des Tele-Imprintings Fortschritte gemacht hat. Mit dieser Technologie soll es möglich sein, über lange Distanzen Golems zu erschaffen, anstatt sie im eigenen Haus mit einer Seele auszustatten und sie dann unanimiert zu verschicken. Die Möglichkeiten, die daraus entstehen, sind Morris (beziehungsweise einem seiner Dittos) schon sehr früh klar:

---

[18] Vgl. *Kiln People*, S. 268. Im Roman ist das Entfernen der Imprint-Fähigkeiten sogar die Strafe für Kapitalverbrechen.

[19] Brin, David: *Essences, Orcs and Civilization: The Case for a Cheerful Libertarianism*

> Hell, I can see aspects that *I'd* loath, too. Maybe you could teleport anywhere in minutes. But cities would lose their individual charm. Instead of local experts and artisans holding sway, each town would wind up having the same waiters, janitors, hairdressers, and so on. The best of every skill and profession, duplicated a gazillion-fold and spread all over the world. No one else would have a job![20]

Zurück zu den rivalisierenden Gruppierungen in *Kiln People* und ihrer Verbindung zum künstlichen Menschen. Die "True Lifers" sehen den Schöpfungsakt als sakral an und bilden somit die religiös-konservative Basis, die alle Versuche des Menschen, es Gott gleich zu tun, als Blasphemie verdammen. Die Mehrheit der Bevölkerung hat sich jedoch inzwischen mit der neuen Technologie arrangiert und Lösungen gefunden, um auch die moralisch-ethischen Probleme in den Griff zu bekommen:

> For a rox, afterlife comes only by reuniting with its rig ... just as the rig achieves it someday by reuniting with God. That's how older religions dismiss the ambiguity, the moral quandary, the troublesome morality of making new intelligent beings from clay.[21]

Während sich bereits etablierte Religionen also mit der Existenz von Golems durch die Einrichtung einer weiteren Hierarchie-Ebene in ihrem Glaubenssystem arrangieren, entwickeln sich neue Ansätze, die den vom Menschen geschaffenen Sklaven offener gegenüberstehen. So taucht im Roman eine weitere Gruppe auf, die in einer ehemaligen Kirche Unterschlupf gefunden hat und verwundeten Dittos hilft. Die "Ephemerals" haben schon in der Zeit vor der im Roman erzählten Geschichte das Gebäude übernommen, nachdem die ursprünglichen Gläubigen aus der Gegend weggezogen waren und zur Beruhigung ihres Gewissens einen ihrer Dittos in die Kirche geschickt hatten. Da diese aber angeblich keine eigenen Seelen besitzen, die es zu retten gilt, war der so ausgelebte Glaube eine Farce, ein Versuch, das schlechte Gewissen der vergnügungssüchtigen Menschen zu beruhigen – Ironie des Schicksals, dass der Glaube an einen alleinigen Schöpfergott durch Wesen vorgespielt wird, für die Feuerbachs Ausspruch „Homo homini Deus est"[22] gilt. Denn letztlich erschafft sich der Mensch durch die Dittos

---

[20] *Kiln People*, S. 88

[21] Ebd., S. 102

[22] Feuerbach, Ludwig: *Das Wesen des Christentums.* Stuttgart 1984, Teil II, S.409

jeden Tag aufs Neue. Anders sehen es die Ephemerals, die das Erschaffen der Golems als von Gott gestattet ansehen:

> Once, human beings were as children, needing simple tales and naive visions of pure truth. But in recent generations the Great Creator has been letting us pick up His tools and unroll blueprints, like apprentices preparing to work on our own. For some reason, He's permitted us to learn the fundamental rules of nature and start tinkering with His craft. That's a fact as potent as any revelation.
> "Oh, it is a heady thing, this apprenticeship and the powers that go with it. Perhaps, in the long run, it will turn out to be a good thing.
> "But that doesn't make us all-knowing. Not yet.
> "Most religions hold that some immortal essence stays inside a real human being – the original body – when copies are made. The golem-duplicate is just a machine, like some kind of robot. Its thoughts are projections – daydreams – sent in a temporary shell to perform errands. To help make your ambitions come true.[23]

Das Vertrauen in einen allumfassenden Schöpfer ist bei dieser Glaubensgemeinschaft sehr viel größer als bei den "True Lifers", die nicht glauben können, dass solch ein Wesen eine Technologie wie DittoTech zulassen könnte. Während letztere den schöpfenden Menschen als neuen Prometheus sehen, der sich gegen die göttliche Ordung auflehnt, sehen die Ephemerals ihn als von Gott legitimiert an. Schließlich noch die "Mancies": Da ihr Interesse allein bei den Dittos liegt, positionieren sie sich nicht explizit bezüglich der Schöpferfrage. Allerdings fordern sie für die Golems Rechte, die denen der Menschen gleichen, und sprechen ihnen eine Seele zu. Für sie sind diese Kopien mehr als nur „Roboter" – es sind eigenständige Individuen. Damit gestehen sie allerdings den "Archies" wahre Schöpferkraft zu und stellen sie, ebenso wie die "True Lifers", auf eine Stufe mit Prometheus. Damit hat sich der Kreis vom Mythos zum modernen SF-Roman geschlossen. Die den antiken Quellen zugrunde liegenden metaphysischen, ethischen und moralischen Fragestellungen sind, wenn auch in angepasster Form, in diesem Genre zu finden. Die frühere zugrunde liegende Kosmologie, die zur Darstellung der Mythen diente, ist weitestgehend durch eine technologisch-wissenschaftliche Weltanschauung ersetzt worden. Inzwischen, dies beweist etwa die Einbeziehung der "Ephemerals", wenden sich die Menschen sogar

---

[23] *Kiln People*, S. 101 f.

wieder den Glaubensfragen zu, da sie in der modernen Welt trotz aller Erkenntnisse keine Antworten finden

6. Nachwort

Der Mythos vom menschgemachten Menschen ist, so hoffe ich in dieser Arbeit gezeigt zu haben, im Gegensatz zu anderen seiner Art noch lange nicht tot. Von seinen Wurzeln im Prometheus-, Pygmalion- und Golem-Mythos bis hin zur modernen Science Fiction hat er sich seine Aktualität erhalten. Er ist mehr als bloßes Geschichtsmaterial, mehr als nur eine Erinnerung an antike Glaubensvorstellungen. Das Streben der Menschheit nach der göttlichen Macht der Schöpfung ist, im Gegensatz zu anderen Begehrlichkeiten, unverändert und drückt sich in der Literatur in besonderer Weise aus. Dabei ist die zukunftsgerichtete und wissenschaftsbasierte SF das einzige Genre, das dem Mythos jenseits von den rein narrativen Strukturen noch eine Heimat geben kann. Die Probleme und Fragen, die mit der Schöpfung eines Menschen einhergehen, können nur in einem literarischen Umfeld reflektiert werden, das künstliche Menschen überhaupt zulässt. Dabei ist das Thema so aktuell wie nie, wie die verschiedenen von mir im Laufe der Arbeit angeführten wissenschaftlichen Projekte und Erfolge ansatzweise dokumentiert haben dürften. Humanoide Roboter sind nicht mehr länger nur ein Phantasieprodukt, und auch wenn es bis zur Gestaltung eines Androiden im Sinne Asimovs noch sehr lange dauern dürfte (wenn es überhaupt möglich ist), lässt sich der Aspekt des artifiziellen Lebens nicht mehr einfach als vernachlässigbar abtun. Es gehört vielmehr zu den Aufgaben der modernen Wissensgesellschaft, sich der Verantwortung bewusst zu werden, die sie gegenüber möglicherweise einmal kognitiven Robotern haben könnte.[1] Dahinter steht zugleich immer die Frage nach der Verantwortung des Forschers gegenüber seiner Entdeckung. Sowohl Frankenstein als auch Doktor Link, sowohl der fiktive Edison als auch der Erfinder Rossum, sie alle konnten sich nicht einfach von ihren Schöpfungen abwenden, ohne dabei Leid und Unheil auf die Welt loszulassen. Dies ständig in Erinnerung zu rufen ist eine der Aufgaben von qualitativ hochwertiger Science Fiction, die sich mit einer oder mehrerer der Formen des künstlichen Menschen auseinandersetzt. Dabei stützt sie sich auf die Tradition der hier angesprochenen Mythen, um auf die verschiedenen Möglichkeiten, die aus dem Wunsch des Menschen nach freier Reproduzierbarkeit erwachsen, hinzuweisen. Weitab von den religiösen Funktionen in der Antike stehen vor allem die Geschichten von Prometheus, Pygmalion und dem Golem für das Streben der Menschheit nach den letzten

---

[1] In Hinblick auf die bereits erfolgreichen Experimente in der Gentechnik stellt sich diese Frage bereits jetzt bei Klonen wie dem Schaf Dolly.

Antworten, zu denen auch die Geheimnisse der Schöpfung gehören. Die Science Fiction versucht, auf Basis der vorliegenden wissenschaftlichen Erkenntnisse auf diesem Weg voranzugehen und vor möglichen Fallgruben und Stolpersteinen zu warnen. Viele der vorhergesagten Probleme mögen gar nicht erst auftreten, viele der Wege nicht begangen werden. Dennoch sollten zumindest manche Szenarien bedacht werden, damit ein futuristischer Prometheus sowohl den Ketten des Kaukasus als auch dem Zorn eines vernachlässigten Geschöpfs zuvorkommen kann.

7. Bibliographie

7.1 *Werkausgaben*

- **Aischylos:** *Der gefesselte Prometheus. Die Schutzsuchenden.* Übersetzt von Walther Kraus. Stuttgart 1966
- **Aischylos:** *Prometheus.* Hrsg. von Martin L. West, Stuttgart 1992
- **Arnobius:** *Disputationem Adversus Gentes.* Hrsg. von Conradus Orellius, Leipzig 1816
- **Asimov, Isaac:** *The complete Robot.* London 1995
- **Ders.:** *The Rest of the Robots.* London 1986
- **Ders.:** *I. Asimov. A memoir.* New York 1994
- **Aesop:** *Fabeln.* Griechisch-Deutsche Ausgabe mit einer Übersetzung von Thomas Voskuhl. Stuttgart 2005
- **Ders.:** *Fabulae.* Hrsg. von Émile Chambry, Paris 1967
- **Apollodor:** *Bibliotheke.* Herausgegeben, übersetzt und kommentiert von Paul Dräger. Düsseldorf/Zürich 2005
- **Berger, Thomas:** *Adventures of the Artificial Woman.* New York 2004
- **Die Bibel:** Einheitsübersetzung der Heiligen Schrift. Stuttgart 1980
- **Binder, Eando:** *I, Robot.* In: *Amazing Stories,* Januar 1939
- **Boccaccio, Giovanni:** *Genealogie deorum gentilium.* Hrsg. von Vincenzo Romano, Bari 1951

- **Brin, David:** *Kiln People*. New York 2002
- **Buffon, Georges:** *Histoire Naturelle*. Band IV, Paris 1753
- **Butler, Samuel:** *Erewhon*. Mineola 2002
- **Butler, Samuel:** *Unconscious Memory*. New York 1920
- **Čapek, Karel:** *R.U.R.* In: Ders.: *Dramen*, S. 101-196
- **Ders.:** *Dramen*. Hrsg. von Manfred Jähnichen. Berlin/Weimar 1976
- **Cicero:** *De Natura Deorum*. Dietzingen 1995
- **del Rey, Lester:** *Helen O'Loy*. In: Silverberg Robert/Bova, Ben: *The Science Fiction Hall of Fame*, S. 62-73
- **Darwin, Charles:** *On the Origin of Species*. London 1859
- **Dick, Phillip K.:** *Do Androids dream of electric sheep?* London 1999
- **Fulgentius:** *Mitologiarum*. In: Helm, Rudolfus (Hrsg.): *Fabii Planciadis Fulgentii V. C.: Opera*. Leipzig 1898
- **Goethe:** *Faust. Der Tragödie erster Teil*. Stuttgart 1986
- **Harbou, Thea von:** *Metropolis*. Frankfurt a.M., Berlin, Wien 1984
- **Hesiod:** *The Homeric Hymns and Homerica with an English Translation by Hugh G. Evelyn-White. Works and Days*. London 1914
- **Ders.:** *Theogonie*. Deutsche Übersetzung von Otto Schönberger, Stuttgart 1999
- **Hyginus:** *Fabulae*. Stuttgart 1993

- **Levin, Ira:** *The Stepford Wives*. New York 2002
- **Milton, John:** *Paradise Lost*. London 1795
- **Münzer, Kurt:** *Pygmalion*. In: Schwabe, Toni: *Das Gespensterschiff*. S. 157-175
- **Ovid:** *Metamorphosen*. Deutsche Übersetzung von Hermann Breitenbach, Stuttgart 1971
- **Paley, William:** *Natural Theology; or, Evidences of the Existence and Attributes of the Deity. Collected from the Appearances of Nature*. London 1809
- **Panizza, Oskar:** *Die Menschenfabrik und andere Erzählungen*. Berlin 1984
- **Ders.:** *Die Menschenfabrik*. In: *Die Menschenfabrik und andere Erzählungen*. S. 42-71
- **Ders.:** *Der Corsetten-Fritz*. In: *Die Menschenfabrik und andere Erzählungen*. S. 71-102
- **Ders.:** *Ein Kapitel aus der Pastoral-Medizin*. In: *Die Menschenfabrik und andere Erzählungen*. S. 168-174
- **Pausanias:** *Helládos Periégésis*. Deutsche Ausgabe: *Beschreibung Griechenlands: Ein Reise- und Kulturführer aus der Antike*. München 2004
- **Phaedrus:** *Fabulae Aesopiae*. Hrsg. von Carolus Zell, Stuttgart 1828

- **Pratchett, Terry/Stewart, Ian/Cohen, Jack:** *Darwin und die Götter der Scheibenwelt*. München 2006
- **Schwabe, Toni:** *Das Gespensterschiff. Ein Jahrbuch für die unheimliche Geschichte*. Jena 1920
- **Shelley, Mary:** *Frankenstein or the modern Prometheus*. London 1992
- **Silverberg Robert/Bova, Ben:** *The Science Fiction Hall of Fame*. New York 1970
- **Steinmüller, Angela und Karlheinz:** *Andymon. Eine Weltraum-Utopie*. Stuttgart 1983
- **Strabon:** *Geografika*. Loeb Classical Library, Harvard University Press, 1917-1932.
- **Villiers de l'Isle-Adam, Jean Marie:** *Die Eva der Zukunft*. Übersetzt von Annette Kolb, Frankfurt/M 1984
- **Ders:** *L'Eve future*. Paris 1993
- **Vonnegut, Kurt:** *Galápagos*. New York 2006
- **Wells, H.G.:** *The Island of Doctor Moreau*. London 2005

7.2 *Online-Quellen*

- **Arora, Zoya:** *Laura Bush is no match for Teresa Heinz Kerry*. In IowaStateDaily.com vom 08.10.2004 (http://www.iowastatedaily.com/news/2004/10/08/HotTopics/Column

.Laura.Bush.Is.No.Match.For.Teresa.Heinz.Kerry-1101475.shtml), 12.02.2008

- **BBC News**, Online-Version, vom 7. März 2007: *Robotic Age poses ethical dilemma*. Zitiert nach: http://news.bbc.co.uk/2/hi/technology/6425927.stm, 04. 01. 2008
- **Bluebrain-Projekt des Brain and Mind Institute der École Polytechnique in Lausanne und IBM**: http://bluebrain.epfl.ch/page18924.html#16, 12.12.2007
- **Bratcher, Dennis:** *Psalm 139:16 and Predestination: Text Criticism and Interpretation*. Zitiert nach: CRI/Voice, Institute (http://www.crivoice.org/psa139.html), 02.09.2007
- **Brin, David:** *Essences, Orcs and Civilization: The Case for a Cheerful Libertarianism*. Zitiert nach: http://www.davidbrin.com/libertarian1.html, 18.02.2008
- **Eppstein, Isidore (Hrsg.):** *Sanhedrin*. Zitiert nach: http://www.come-and-hear.com/sanhedrin/index.html, 08.09.2007
- **Hatch, Susan:** *Katie Holmes called "Stepford Wife"* in The National Ledger vom 07.04.2006 (http://www.nationalledger.com/cgi-bin/artman/exec/view.cgi?archive=1&num=4721), 12.02.2008
- **Krishna Dvaipâyana Vyâsadeva:** *Bhâgavata Purâna*. Zitiert nach: http://bhagavata.org/index.html, 30.06.2007

- **MacDorman, Karl F.**: *Androids as an Experimental Apparatus: why is there an Uncanny Valley and can we exploit it?* Abstract zu einem Vortrag bei dem Workshop „Toward Social Mechanisms of Android Science" vom 25 bis 26 Juli 2005 in Stresa. Veröffentlicht unter: http://www.androidscience.com/proceedings2005/MacDormanCogSci 2005AS.pdf, 27.03.2008

- **Pew Resarch Center:** *Religion A Strength And Weakness For Both Parties.* Umfrageergebnisse veröffentlicht am 30. August 2005 unter http://people-press.org/reports/display.php3?ReportID=254

- **Schäfer, Joachim:** *Maria Magdalena,* aus dem Ökumenischen Heiligenlexikon, 2006 – http://www.heiligenlexikon.de/BiographienM/Maria_Magdalena.html , 30.06.2007

- **Spencer, Herbert:** *The Development Hypothesis*. In: http://www.victorianweb.org/science/science_texts/spencer_dev_hyp othesis.html, 21.07.2007

- *Suda*. In: http://www.stoa.org/sol-bin/search.pl?login=guest&enlogin=guest&db=REAL&field=adlerhw_gr&searchstr=pi,2506

- **Online-Bibeltexte:**

  - Elberfelder Bibel 1871, zitiert nach www.theunboundbible.org (30.08.2007)

  - Elberfelder Bibel, Mannheim 1905, zitiert nach ders.

- King James Bible, zitiert nach ders.
- Luther-Bibel 1545, zitiert nach ders.
- New American Standard Bible, La Habra, Kalifornien 1995, zitiert nach ders.
- Nova Vulgata. Bibliorum Sacrorum Editio, zitiert nach ders.
- Septuaginta, ed. A. Rahlfs (Stuttgart: Württembergische Bibelanstalt, 1971), zitiert nach ders.
- Westminster Leningrad Codex, zitiert nach ders.

- **UCS Satellite Database:** http://www.ucsusa.org/global_security/space_weapons/satellite_database.html, 14. 01.2008

7.3 *Forschungsliteratur*

- **Auerbach, Berthold:** *Spinoza. Ein Denkerleben.* Stuttgart 1880
- **Bauer, Michael:** *Oscar Panizza. Ein literarisches Portrait.* München/Wien 1984
- **Beer, Gillian:** *Darwin's Plots. Evolutionary Narrative in Darwin, George Elliot and Nineteenth-Century-Fiction.* London/Boston/Melbourne/Henley 1983
- **Bianculli, David:** *The Theory of Evolution, according to Vonnegut. [A review of* Galápagos*].* In: Mustazza, Leonard (Hrsg.): *The Critical*

Response to Kurt Vonnegut. Westport, Connecticut/London 1994, S. 275-277

- **Bloch, Chajim:** *Der Prager Golem*, Berlin 1920
- **Blumenberg, Hans:** *Arbeit am Mythos*. Frankfurt am Main 1979
- **Borges, Jorge Luis:** *Otras Inquisiciones*. In ders.: *Prosa completa 3*, S. 11-204
- **Ders.:** *Prosa completa 3*. Barcelona 1985
- **Bova, Ben:** *The Role of Science Fiction*. In: Bretnor, Reginald (Hrsg.): *Science Fiction: Today and Tomorrow*. S. 3-16
- **Bradbrook, Bohuslava R.:** *Karel Čapek. In Pursuit of Truth, Tolerance, and Trust*. Brighton/Portland 1998
- **Bretnor, Reginald (Hrsg.):** *Science Fiction: Today and Tomorrow*. Baltimore 1975
- **Ders.:** *Modern Science Fiction. Its meaning and future*. Chicago 1979
- *Brockhaus Religionen*. Mannheim 2007
- **Brooks Otis:** *Ovid as an Epic Poet*. Cambridge 1970, S. 191
- **Brown, Peter D.G.:** *Oskar Panizza: His Life and Works*. New York & Bern 1983
- **Campbell, Joseph:** *Myths to live by*. New York 1972
- **Čapek, Karel:** *The Meaning of R.U.R.* In: *Saturday Review, 136*. (21. Juli 1923)

- **Cassirer, Ernst:** *Philosophie der symbolischen Formen, II. Teil: Das mythische Denken*. Darmstadt 1994
- **Clarke, Arthur C.:** *Peacetime Uses for V2*, In: *Wireless Worlds*. Februar 1945, S. 58
- **Clareson, Thomas (Transkription):** *Science Fiction: The New Mythology*. In: *Extrapolation 10*, 1969
- **Dawson, Gowan:** *Darwin, Literature and Victorian Respectability*. Cambridge 2007
- **Dinter, Annegret:** *Der Pygmalion-Stoff in der europäischen Literatur*. Heidelberg 1979
- **Disch, Thomas M.:** *The Dreams Our Stuff is Made Of. How Science Fiction Conquered the World*. New York 1998
- **Dotzler, Bernhard J./Gendolla, Peter/Schäfer, Jörgen:** *MaschinenMenschen. Eine Bibliographie*. Frankfurt a.M./Bern/Paris/New York 1992
- **Draper, Michael:** *H.G. Wells*. London 1987
- **Elsaesser, Thomas:** *Metropolis. Der Filmklassiker von Fritz Lang*. Hamburg/Wien 2001
- **Febel, Gisela/Bauer-Funke, Cerstin:** *Menschenkonstruktionen. Künstliche Menschen in Literatur, Film, Theater und Kunst des 19. und 20. Jahrhunderts*. Berlin 2004
- **Feuerbach, Ludwig:** *Das Wesen des Christentums*. Stuttgart 1984

- **Frude, Neil:** *The Robot Heritage*. London 1984
- **Garrett, J.C. :** *Hope or Dillusion. Three Versions of Utopia: Nathaniel Hawthorne, Samuel Butler, George Orwell*. Christchurch, Neuseeland 1984
- **Golden, Kenneth L.:** *Science Fiction, Myth, and Jungian Psychology*. Queenston, Ontario 1995
- **Gunn, James:** Review zu *The Ultimate Egoist : Volume 1 The Complete Stories of Theododore Sturgeon*. In: The New York Review of Science Fiction #85, September 1995
- **Hand, Richard:** *Terror on the Air!: Horror Radio in America, 1931-1952*. Jefferson (North Carolina) 2006
- **Harkins, William E.:** *Karel Čapek*. New York/London 1962
- **Harris-Fain, Darren:** *Understanding Contemporary American Science Fiction*. Columbia (South Carolina) 2005
- **Henkin, Leo J.:** *Darwinism in the English Novel 1860-1910*. New York 1963
- **Idel, Moshe:** *Der Golem. Jüdische magische und mystische Traditionen des künstlichen Anthropoiden*. Frankfurt a. M. 2007
- **Jehmlich, Reimer:** *Science Fiction*. Darmstadt 1980
- **Kant, Immanuel:** *Geographische und andere naturwissenschaftliche Schriften*. Hrsg. von Jürgen Zehbe, Hamburg 1985

- **Kerényi, Karl:** *Prometheus. Das griechische Mythologem von der menschlichen Existenz.* Zürich 1946
- **Klíma, Ivan:** *Karel Čapek. Life and Works.* North Haven 2002
- **Knoepflmacher, U.C./Levine, George:** *The Endurance of Frankenstein. Essays on Mary Shelley's Novel.* Berkeley/Los Angeles/London 1979
- **Knoepflmacher, U.C.:** *Thoughts on the Aggression of Daughters,* S. 94. In: Knoepflmacher, U.C./Levine, George: *The Endurance of Frankenstein. Essays on Mary Shelley's Novel.* Berkeley/Los Angeles/London 1979, S. 88-119
- **Krause, Ernst:** *Erasmus Darwin. Translated from the German by W.S. Dallas, with a preliminary notice by Charles Darwin.* London 1879
- **La Ferla, Ruth:** *Perfect Model: Gorgeous, No Complaints, Made of Pixels.* The New York Times vom 6. Mai 2001, Section 9, Seite 1 und 8
- **De La Mettrie, Julien Offray:** *L'Homme Machine.* Leiden 1748
- **Lathers, Marie:** *The Aesthetics of Artifice.* Chapel Hill 1996
- **Levine, George:** *Darwin and the Novelists. Pattern of Science in Victorian Fiction.* Cambridge, Mass./London 1988
- **Lücke, Hans-K. und Susanne:** *Antike Mythologie. Ein Handbuch.* Reinbek 1999
- **Marvin, Thomas F.:** *Kurt Vonnegut. A Critical Companion.* Westport, Connecticut/London 2002

- **Masari, Roberto:** *Mary Shelleys »Frankenstein«: vom romantischen Mythos zu den Anfängen der Science-fiction.* Hamburg 1989
- **Mayer, Sigrid:** *Golem: Die literarische Rezeption eines Stoffes.* Bern/Frankfurt a. M. 1975
- **McInnis, Gilbert:** *Evolutionary Mythology in the Writings of Kurt Vonnegut Jr.* In: *Critique: Studies Contemporary Fiction*, Band 46.4 (Sommer 2005), S. 383-396
- **Mellor, Anne Kostelanetz:** *Mary Shelley. Her life, her fiction, her monsters.* New York 1988
- **Michel, Simone:** *Die Magischen Gemmen. Zu Bildern und Zauberformeln auf geschnittenen Steinen der Antike und Neuzeit.* Berlin 2004
- **Möller, Jan:** *Die Erben des Rabbi Löw – Golem-Schöpfungen der Gegenwartsliteratur (1993-2000).* Magisterarbeit, Bonn 2000
- **Morley, Christopher:** *Modern Essays.* New York 1921
- **Morse, Donald E.:** *The Novels of Kurt Vonnegut. Imagining being an American.* Westport, Connecticut / London 2003
- **Münker, Carsten/Pfänder, Jörg A./Weyer, Stefan/Büchl, Anette/Kleine, Thorsten/Mezger, Klaus:** *Evolution of Planetary Cores and the Earth-Moon System from Nb/Ta Systematics.* In: Science 301, S. 84-87, Juli 2003
- **Mustazza, Leonard (Hrsg.):** *The Critical Response to Kurt Vonnegut.* Westport, Connecticut/London 1994

- **Ders.:** *A Darwinian Eden.* In: Ders.: *The Critical Response to Kurt Vonnegut.* Westport, Connecticut/London 1994, S. 279-286
- **Nekula, Marek/Koschmal, Walter/Rogall, Joachim (Hg.):** *Deutsche und Tschechen. Geschichte - Kultur - Politik.* Bonn 2005
- **Noiray, Jacques:** L'Eve future *ou le laboratoire de l'Ideal.* Paris 1999
- **Oberg, Eberhard:** *Phaedrus-Kommentar.* Stuttgart 2000
- **Osterkamp, Ernst:** *Lucifer: Stationen eines Motivs.* Berlin/New York 1979
- **Parrinder, Patrick/Partington, John S. (Hrsg.):** *The Reception of H.G. Wells in Europe.* London/New York 2005
- **Parrinder, Patrick:** *Revisiting Suvin's Poetics of Science Fiction.* In Ders. (Hrsg.): *Learning from other worlds. Estrangement, Cognition, and the Politics of Science Fiction and Utopia.* S. 36-50
- **Ders. (Hrsg.):** *Learning from other worlds. Estrangement, Cognition, and the Politics of Science Fiction and Utopia.* Durham 2001
- **Panofsky, Dora und Erwin:** *Pandora's Box. The Changing Aspects of a Mythical Symbol.* London 1956
- **Philmus, Robert M./Hughes, David Y. (Hrsg):** *Wells, H.G.: Early Writings in Science and Science Fiction.* Berkeley/London 1975
- **Pinthus, Kurt:** *Lemberg und Metropolis.* In: *Das Tage-Buch, 8/3,* 15.1.1927, S. 97-103

- **Pontin, Jason:** *On Science Fiction. How it influences the imaginations of technologists.* In: *Technology Review* März 2007, S. 12
- **Prucher, Jeff:** *Brave New Words.* Oxford 2007
- **Raby, Peter:** *Samuel Butler. A Biography.* London 1991
- **Ranke, Kurt (Hrsg.):** *Enzyklopädie des Märchens. Handwörterbuch zur historischen und vergleichenden Erzählforschung.* Berlin/New York 1977
- **Ranke-Graves, Robert von:** *Griechische Mythologie. Quellen und Deutung.* Reinbek 1960
- **Rosenfeld, Beate:** *Die Golemsage und ihre Verwertung in der deutschen Literatur.* Breslau, 1934
- **Sauer, Liselotte:** *Marionetten. Maschinen. Automaten. Der künstliche Mensch in der deutschen und englischen Romantik.* Bonn 1983
- **Sawyer, Robert J.:** *Robot Ethics.* In: *Science* Vol. 318 S. 1037 (Ausgabe 5853 vom 16. November 2007)
- **Schmitz-Emans, Monika:** *Zur Einleitung: Theoretische und literarische Arbeiten am Mythos.* In: Schmitz-Emans, Monika/Lindemann, Uwe (Hrsg.): *Komparatistik als Arbeit am Mythos.* Heidelberg 2004, S. 9-38
- **Schmitz-Emans, Monika/Lindemann, Uwe (Hrsg.):** *Komparatistik als Arbeit am Mythos.* Heidelberg 2004
- **Schnackertz, Hermann Josef:** *Darwinismus und literarischer Diskurs: der Dialog mit der Evolutionsbiologie in der englischen und amerikanischen Literatur,* München 1992

- **Scholem, Gershom:** *Zur Kabbala und ihrer Symbolik*. Zürich 1960
- **Sherman, Stuart P.:** *Samuel Butler: Diogenes of the Victorians*. In: Morley, Christopher: *Modern Essays*. S. 21
- **Spark, Muriel:** *Mary Shelley. Eine Biographie*. Übersetzt von Angelika Beck, Frankfurt a. M./Leipzig 1992
- **Spark, Muriel/Stanford, Derek (Hrsg):** *My best Mary. The selected letters of Mary Wollstonecraft Shelley*. London 1953
- **Suvin, Darko:** *Metamorphoses of Science Fiction: On the Poetics and History of a Literary Genre*. New Haven 1980
- **Ders.:** *Positions and Presuppositions in Science Fiction*. Basingstoke/Houndmills/Hampshire/London 1988
- **Thiele, Eckhard:** *Karel Čapek*. Leipzig 1988
- **Todorov, Tzvetan:** *Einführung in die fantastische Literatur*. München 1972
- **Tönnisen, Cornelia:** *Kurt Münzer (1879-1944): Zwischen Nihilismus und Expressionismus*. In: Witte, Bernd (Hrsg.): *Oberschlesische Literatur 1900–1925*. Frankfurt am Main 2000, S. 149-177
- **Tucholsky, Kurt:** *Nr. 1*. In: Die Weltbühne, 10.09.1929, Nr. 37, S. 381
- **Van de Braak, Hans:** *The Prometheus Complex. Man's Obsession with superior technology*. Amersfoort 1995

- **Veltri, Giuseppe/Winkelmann, Annette:** *An der Schwelle zur Moderne: Juden in der Renaissance*. Leiden/Boston 2003
- **Völker, Klaus (Hrsg.):** *Künstliche Menschen. Dichtungen und Dokumente über Golems, Homunculi, Androiden und liebende Statuen*. München 1971
- **Weber, Max:** *Wissenschaft als Beruf*. Stuttgart 1995
- **Weisel, Ludwig:** *Der Golem*, in: Pascheles, Wolf (Hrsg.): *Gallerie der Sippurim: eine Sammlung jüdischer Sagen, Märchen und Geschichten als ein Beitrag zur Völkerkunde*. Prag 1847
- **Weiske, Benjamin Gotthold:** *Prometheus und sein Mythenkreis. Mit Beziehung auf die Geschichte der griechischen Philosophie, Poesie und Kunst*. Leipzig 1842
- **Wells, H.G.:** *Mr. Wells reviews a current film*. In: *New York Times*, 17.4.1927, S. 4, 22
- **Ders.:** Preface to *The Scientific Romances*. In In: Parrinder, Patrick/Philmus, Robert M. (Hrsg.): *H.G. Wells's Literary Criticism*. Brighton/Totowa, S. 240-245
- **Wilbey, Basil:** *Darwin and Butler. Two versions of Evolution*. London 1960
- **Wilpert, Gero von:** *Sachwörterbuch der Literatur*. Stuttgart 1989
- **Witte, Bernd (Hrsg.):** *Oberschlesische Literatur 1900 – 1925*. Frankfurt am Main 2000

- **Wöll, Alexander:** *Der Golem. Kommt der erste künstliche Mensch und Roboter aus Prag?* In: Nekula, Marek; Koschmal, Walter; Rogall, Joachim (Hg.): *Deutsche und Tschechen. Geschichte - Kultur - Politik.* Bonn 2005, S. 235-245

- **Woods, Henry F.:** *American Sayings – Famous Phrases, Slogans and Aphorisms*. New York 2007

- **Wortmann, Anke :** *Die künstliche Frau als Glücksversprechen*. In: Febel, Gisela/Bauer-Funke, Cerstin: *Menschenkonstruktionen. Künstliche Menschen in Literatur, Film, Theater und Kunst des 19. und 20. Jahrhunderts*. Berlin 2004, S. 42 f.

- **Wuttke, Dieter:** *Erasmus und die Büchse der Pandora*. In: *Zeitschrift für Kunstgeschichte*, Band 37, München/Berlin 1974, S. 157-159

- **Wylie, Philip:** *Science Fiction and Sanity in an Age of Crisis*. In: Bretnor, Reginald (Hrsg.): *Modern Science Fiction. Its meaning and future*. S. 221-241

- **Yoon-mi, Kim:** Korea drafts „Robot Ethic Charter". In The Korea Herald vom 28. April 2007

Zeitfracht Medien GmbH
Ferdinand-Jühlke-Straße 7
99095 Erfurt, Deutschland
produktsicherheit@kolibri360.de